LOS OJOS DEL CHE

FERNANDO ESCOBAR LLANOS:
EL ESPÍA DE GUEVARA Y SUS OPERACIONES
EN ÁFRICA, EUROPA Y AMÉRICA LATINA

Marcos Gorbán

LOS OJOS DEL CHE

Fernando Escobar Llanos:
el espía de Guevara y sus operaciones
en África, Europa y América Latina

Sudamericana

Los ojos del Che

© 2016, Penguin Random House Grupo Editorial, S.A.
Humberto I 555, Buenos Aires
© 2016, de la presente edición en lengua castellana:
Penguin Random House Grupo Editorial USA, LLC.
8950 SW 74th Court, Suite 2010
Miami, FL 33156
www.megustaleerenespanol.com

Diseño de portada: Penguin Random House Grupo Editorial / Rompo

ISBN: 978-1-945540-29-5

Printed in USA – Impreso USA

| Penguin
Random House
Grupo Editorial |

A mi vieja que un día se quejó porque no le había dedicado un libro y tuvo la generosidad de esperar que escribiera este para contarle lo que la admiro.
A mi viejo. No llegué a decirle que lo sentía gigante.
A Silvina, mi amor, mi elección, mi vida. Mi todo.
A Nicolás, que cada vez que me abraza me hace sentir protegido.
A Camila, que me llena la vida de amor, música y poesía.

Este libro fue posible porque hay gente como Ana Laura Pérez, Alberto Nadra, Vicente Battista, César Canessa y Tony López que me tuvieron paciencia y me ganaron en pasión.

Agustina Manuele ayudó con algunas investigaciones, y al mismo tiempo desgrabó, produjo, llamó, insistió, volvió a llamar, corrigió y no sé cuántas cosas más para que este libro fuera un poco mejor.

Fui comunista.

Ya no lo soy.

Hay un montón de razones por las que dejé de ser comunista. No tienen mucho que ver con este libro y necesitaría unas cuantas páginas para argumentarlas. Me resulta más útil contar por qué sí lo fui.

Mis viejos y mis dos hermanas mayores militaron en el Partido o en la Fede, que es como siempre se llamó a la Federación Juvenil Comunista. Jorge, mi hermano, no. Fue el único de la familia que nunca se afilió.

La guerra de Malvinas me sorprendió al comenzar el colegio secundario. Tenía trece años y hacía solo días que había respirado por primera vez gases lacrimógenos en la marcha del 30 de marzo de 1982. En la cantina del club Defensores de Banfield, después de la clase de educación física, escribí mis datos en una servilleta de papel y se la entregué al Momo, el responsable de los secundarios comunistas de Lomas de Zamora. Así es como me afilié.

Milité durante el último año y medio de la dictadura que se instaló en la Argentina desde 1976 hasta 1983, y los primeros seis o siete de la democracia. Fui a todas las marchas. Hice pintadas, repartí volantes, afilié gente, estuve en cientos de reuniones, me bajaron línea, bajé línea, puse un puesto de libros marxistas en la plaza de Lomas y hasta organicé la rifa de un chancho vivo en una esquina de Temperley para juntar plata. A propósito: el chancho se nos escapó cuando ya teníamos varios números vendidos. Por suerte el compañero que atajaba en los partidos de fútbol se tiró de palomita y lo volvió a capturar. Si no, hubiera sido un desastre.

Cuando el 9 de noviembre de 1989 cayó el muro de Berlín, trabajaba como periodista en el semanario del comité central del Partido. Me tocó ir a pedirles razones a los principales dirigentes para traducirlas en notas que explicaran qué era lo que pasaba en esos días. Hubo varias de esas notas que no llegué a publicar. A una, directamente ni la escribí. Después de varias argumentaciones, una integrante de la comisión internacional del comité central me explicó que "los compañeros alemanes cometieron algunos errores. En cambio en Rumania, el camarada Ceaucescu…". Al otro día cayó el gobierno rumano y el "camarada Ceaucescu" fue fusilado junto a su esposa, previo paso a que se conocieran los crímenes que habían cometido. Ni llegué a desgrabar el reportaje que había hecho.

1989 fue un año de derrumbes para mí. En enero se había muerto mi viejo y yo estaba despedazado. Tenía veinte años entonces. Veintiuno recién cumplidos cuando se cayó el muro.

En 2014, cuando empezó la aventura que me significó este libro, ya había vivido más de la mitad de mi vida sin mi padre. Muchas veces me detuve a pensar y a contabilizar el mundo que no conoció. Mi viejo no llegó a conocer el dvd, la computadora de escritorio, ni el teléfono celular, por ejemplo. No supo de televisión satelital, ni siquiera del cable y la opción de ochenta canales para mirar. Cuando mi viejo murió había un "campo socialista", y el máximo líder de los comunistas soviéticos era Mijail Gorbachov. Gorbachov… Gorbán… "somos primos por parte de abuelo", le dijo una vez a uno que le preguntó.

Cuando me topé con la historia del Losojo, se me cambiaron las preguntas. No me detuve más en el mundo que mi padre no llegó a ver. De pronto me sorprendí buceando en el mundo que vivieron mi madre y él, el del anecdotario familiar. Volví a escuchar nombres que creí olvidados. Me enteré de eventos familiares que no conocía. Y me llené de búsquedas nuevas.

Entonces, me pregunté qué clase de comunistas fueron mis viejos. ¿Qué significó para ellos ser de izquierda? ¿Por qué se hicieron del PC? La primera respuesta fue sencilla: querían un mundo mejor y creyeron que ese era el camino. Y porque al igual que muchos de sus compañeros de militancia —y a diferencia de muchos otros que también eran compañeros de la misma militancia— estaban dispuestos a poner el cuerpo para ayudar a otros.

Por lo general, cuando se habla del PC argentino y de la dictadura militar, se citan las aberraciones de la que fueron capaces los dirigentes de ese entonces. Que Videla era más democrático que Pinochet, que el acuerdo cívico-militar, que hay que comprender la coyuntura... Pero aquellos no eran los militantes. Eran los dirigentes. Paradójicamente, también entre los comunistas había diferencia de clases. O de castas. Estaban los que iban a dialogar con los dictadores. Y estaban los que, como mis viejos, se movían para publicar solicitadas que denunciaran el secuestro y la desaparición de personas, refugiaban gente en sus casas jugándose la vida, se metían con el agua hasta el pecho para evacuar inundados, y no dejaron de militar ni un solo día.

Aquellos mismos dirigentes partidarios que asistían a los almuerzos que organizaba la dictadura censuraban al Che Guevara. No me lo contó nadie. Me lo dijeron a mí. Me explicaron que el Che fue "un aventurerista", que padecía de "infantilismo revolucionario" y que estaba equivocado. Yo tenía catorce o quince años y militaba en la Fede. Necesitaba entender por qué se reivindicaba con tanto énfasis al General Pánfilov o a los héroes soviéticos y no al Che. Entonces hice lo que no se estilaba tanto en ese tiempo: pregunté.

El florido y repetitivo lenguaje de aquellos dirigentes tenía dificultades para explicar con claridad que había dos miradas. La de Cuba, encarnada por el Che, que hablaba de crear un foco guerrillero como el que se inició en la Sierra Maestra. Entendían que desde ahí se podían convocar adhesiones para crecer en medio de los combates, hasta desembarcar en la ciudad. La segunda mirada tenía que ver con el camino soviético y era la que alineaba a la mayoría de los partidos comunistas de América Latina. Para ellos, la sublevación la tenían que encabezar los obreros de las fábricas y se tenía que dar en la ciudad, no en el campo. Es obvio que esta es la simplificación más extrema y breve que puedo hacer. Trato de explicar de manera muy resumida las diferencias de aquel tiempo entre cubanos y soviéticos. En consecuencia, entre cubanos y comunistas argentinos.

Decía en el comienzo que ya no creo ser comunista. No considero que el sistema que alguna vez creí más humano y justo sea posible. Pasaron muchas cosas en el medio que me movieron la cabeza o me llevaron a cambiar el punto de vista. No viene al caso. Lo que sí viene es que sigo creyendo que un mundo mejor es posible. Y que la gente que pone el cuerpo y se la juega de manera desinteresada me sigue emocionando.

Por eso tengo ganas de dedicarles este libro a mis viejos y a los que, como ellos, hablaban de derechos humanos y de democracia pero no para ganar un subsidio o un premio cuando el tema se puso de moda, sino allá atrás en el tiempo, cuando quemaban las papas.

De qué se trató ser comunista, la moral y la agitación de los años sesenta, las diferencias que había entre los que hablaban de revolución en América Latina, y cómo era considerado el Che Guevara antes de que fuera un póster o un tatuaje, son elementos que explican algunas de las cosas que le pasaron al verdadero protagonista de este libro: el Losojo. O Fernando Escobar Llanos, como fue rebautizado por el Che. U Orlando, que es como le pusieron los padres cuando nació, por citar apenas los tres nombres que más usó a lo largo de su vida.

1

El problema es que fui por una historia y me encontré con dos. La segunda era mucho más compleja y tenía que ver conmigo, con mis raíces, con recuerdos desconocidos de mi familia y con algunos sucesos que tenía olvidados. Tanto que volver a recordarlos me movió algunos estantes.

Esto empezó como una aventura. Leía un libro que contaba historias secretas y pasadas del Partido Comunista. Un libro lleno de anécdotas que sucedieron cerca mío. A varios de los personajes de los que ahí se hablaba los conocí, o creí conocerlos bastante. De algunos otros oí con admiración y hasta con orgullo allá atrás, en mi adolescencia.

No sé por qué de entre tantas historias me atrapó justo la del Losojo. Puede que me haya seducido saber de su intimidad con el Che. Es posible. Hay otros pasajes que tratan de Guevara en ese libro y me llamaron menos la atención. Puede ser, también, que me haya enganchado el relato en primera persona que el propio Orlando escribió para publicar.

La historia a la que me refiero cuenta de Fernando Escobar Llanos, un ex militante de la Fede, que colaboró con el Che Guevara y que en ese trajín vivió siete años de aventuras clandestinas en tres continentes. Me lo representé ya viejo y retirado, sentado en la vereda de una casa de clase media baja, muy propia del conurbano bonaerense. Una casa de José León Suárez o de Aldo Bonzi, por ejemplo, con techo bajo, paredes sin revocar, con el ladrillo a la vista pero no por decoración sino por intemperie. Por esas cuestiones poéticas de la literatura o de la imaginación, me lo dibujé todavía fuerte, alto, flaco y capaz de disfrutar de la paz y del olor de los que son capaces las calles con árboles en las afueras de Buenos Aires. Así lo supuse. Y me dieron ganas de conocerlo.

En la vida leí cientos de libros. Muchos estaban escritos o protagonizados por gente admirada. Me apasionan los relatos intrigantes, locos o vertiginosos. Me gusta leer de todo. De historia, de fútbol, de amor, de intriga, de política, de economía, biografías, relatos en primera persona de hechos que sacudieron a la humanidad… todo. Y nunca se me ocurrió llamar al autor para pedirle que me presente al protagonista de una historia. Esta vez lo hice.

Mucho menos suponía, cuando llamé al autor del libro para preguntarle si Losojo existía, que me iba a topar con una historia de mi familia. Jamás se me pasó por la cabeza que este personaje, al que imaginaba viejo y tomando mate en una vereda suburbana del norte de Buenos Aires, me iba a llevar con su relato a las mismas calles del sur en las que nací, a Lomas de Zamora y a Banfield. Que hurgándole en la memoria me iba a volver a encontrar con la militancia honesta, infatigable y desmesurada de mi vieja o con esa omnipotente y desconcertante camaradería de la que era capaz mi viejo. Que abría una puerta para reconstruir con mi hermana la noche de noviembre del '76 en la que la secuestraron.

Quise conocer a un hombre que colaboró con el Che Guevara y terminé en Cuba, en la casa de los hombres en los que más confió el comandante guerrillero. En el corazón mismo del aparato de inteligencia que el propio Guevara montó, con la ayuda de Fidel Castro, para llevar a cabo la insurrección armada en Sudamérica.

Hablé con decenas de personas, hurgué en libros, documentos y archivos. No pude conseguir una sola prueba material que demuestre que la historia del Losojo es verdadera. Como se trata de una vida de secretos y de clandestinidad, es lógico que esas pruebas sean tan escasas. Porque fueron pocas, pero las hubo. Quienes las tenían las destruyeron o se las llevaron a la tumba. Todos los testimonios y los indicios indican que no miente. Que lo que dice que pasó, pasó. En los mismos lugares y con los mismos protagonistas que él cuenta. La cosa es si él estuvo o no. Nada lo ubica ahí. Pero nada y nadie lo desmiente. La clave está en los detalles. ¿Cómo pudo saberlos sino?

Se trata de creer o no creer.

Quizás se trate de marxismo mágico.

2

La historia de El Losojo
Parte I

Me llamo Fernando Escobar Llanos y me decían El Losojo.

Estos fragmentos son parte de una confesión personal.

Esta historia que voy a contar comienza en 1961 y llega hasta 1967. Tiene algunas lagunas propias de la clandestinidad, de la ilegalidad, y de algunos métodos aplicados por los militantes de los partidos comunistas de América Latina que, dada la época, tendían a ocultar y falsear datos para poder sobrevivir.

Eran tiempos en los que no se estilaba criticar las formas. Primero estaba salvar la vida. Después hablar de metodología.

No van a faltar exégetas, documentalistas, servicios de inteligencia, o historiadores que querrán saber nombres verdaderos o encontrar a determinados personajes en estas páginas. A todos les digo lo mismo: la mayoría de los protagonistas de esta historia ya están muertos. Los vivos están requeteviejos y no tienen nada que perder porque estamos hablando de historias de hace medio siglo. Además, algunos cambiaron su manera de pensar y hasta de ideología.

Todo comenzó el 18 de agosto de 1961, en Uruguay.

Ernesto Guevara de la Serna, el Che Guevara, asistía a la Conferencia de Temas Económicos en Punta del Este. En ese momento era ministro de Industrias de Cuba. Es sabido que después de esa conferencia cruzó el Río de la Plata de incógnito para visitar al presidente Arturo Frondizi en Buenos Aires.

Lo que no se sabe es que después pidió permiso para visitar a una tía, María Luisa de Castro Márquez, que estaba enferma y vivía en Beccar.

El punto es que aprovechó la ocasión para reunirse con un pequeño grupo de argentinos. Entre ellos estaba mi hermano mayor que era un importante dirigente del Partido Comunista de la zona en la que vivía. A *mi hermano, a su vez, lo había enviado a esa reunión uno de los fundadores del Partido, el mítico dirigente del Comité Central, Rodolfo Ghioldi. Por lo menos así me lo contó él antes de morir, en 1978.*

El Che le propuso a mi hermano que se sumara a otros argentinos y fuera con él a Cuba. Mi hermano le explicó que no podía porque estaba casado y tenía hijos muy pequeños. Entonces el comandante le pidió que le propusiera a alguien de suma confianza para que fuera en su lugar.

Y me propuso a mí.

Yo tenía veinticinco años. Me había alejado de la Federación Juvenil Comunista —la Fede— porque no estaba de acuerdo con el manejo de algunas personas del sector en el que militaba. Cuando mi hermano me propuso ir a Cuba en su lugar, yo andaba suelto y sin tarea.

El Che se iba a quedar unos días más en Montevideo. Me esperaba para reunirse conmigo en el hotel donde se hospedaba.

Fue sencillo. Acepté y se hicieron los arreglos para que viajara de inmediato. Pedí licencia en la óptica en la trabajaba y crucé a Montevideo con mi libreta de enrolamiento. Viajé en un destartalado buque de carga, lo único que puede conseguir con el apuro.

El Che alquilaba una habitación en un hotel que estaba sobre la avenida 18 de Julio. Me dijo que siempre que lo necesitara usara ese hotel porque los dueños eran simpatizantes de Fidel Castro y de la revolución. El personal parecía conocer al Comandante. Nos servían café de a litros.

La entrevista duró más de seis horas. Él quería saber de todo. Preguntó sobre mis ideas políticas. Le dije que era anarquista y medio comunista. Le conté toda mi vida y me preguntó todavía más. Se detuvo con mucho interés cuando le dije que me gustaba la vida militar, la historia y la geografía, que escribía poesías y también que a veces escribía en un diario argentino llamado El Mundo. *Eso le llamó mucho la atención y me preguntó si conocía a la gente de Radio El Mundo. Le dije que solo a algunos y de vista. Más tarde, en Cuba, me di cuenta por qué me lo preguntaba. En* El Mundo *había trabajado Jorge Ricardo Masetti, el Comandante Segundo, fundador de Prensa Latina y hombre de máxima confianza del Che. Masetti murió un par de años después en los montes de Salta. En ese momento dirigía el Ejército Guerrillero del Pueblo e intentaba hacer base en la zona.*

Cuando le conté que en el servicio militar había trabajado en la armería, me pidió que profundizara en detalles. Mientras duró mi instrucción militar, algo más de un año, trabajé en la limpieza, mantenimiento y reparación de todas las armas del regimiento. Disparé con todo tipo de fusil y ametralladora que había hasta ese momento. Yo era el que las probaba y las tenía que mantener en perfecto estado. Aprendí mucho de armas. Y me gustó.

En un momento de la charla me dijo que me necesitaba en Cuba, y me dio dinero para que viajara lo antes posible. Me preguntó si sabía inglés o francés, y me adelantó que cuando llegara a la isla me iba a poner un profesor de francés. Me comentó que él ya lo estudiaba.

Sus últimas recomendaciones fueron:

—Volvé a la Argentina. No hables con nadie salvo con tu hermano. Como todavía estas limpito, sacá urgente el pasaporte. Andá a las embajadas de Francia, España, México, Estados Unidos, Cuba, Checoslovaquia, Unión Soviética, Canadá y a cuantas se te ocurran de América Latina. Siempre con la misma excusa: sos periodista y necesitás conocer el mundo. Creo que vas a estar un mes en Cuba o más. Hasta ahora te necesito como educador, todavía estamos con el Plan de Alfabetización y si se me ocurre otra idea te la digo allá…

Me pidió que lo esperara y fue a otra habitación. Volvió con un cubano grandote que era parte de su escolta permanente y me dijo:

—Este hombre te va a esperar en el aeropuerto de Cuba cuando nos avises el día que llegás, supongo que será más o menos dentro de un mes. Él te va a llevar a mi casa o a una casa. Cuando tengas todo listo llamá a este número de teléfono y en clave decile cuándo llegás y la hora… por ejemplo si llegás el 20 de octubre a las 17 decís: "el campo está valuado en $ 710 102" que al revés es el 201017. Es solo una precaución. Llamá desde un teléfono público e identificate como el dueño de una inmobiliaria cualquiera.

Nos despedimos con un abrazo.

Hice todos los deberes y en noviembre llegué en Cuba. Ahí estaba el escolta que había conocido en Montevideo y sin hacer aduana, ni llenar papel alguno subí a un Jeep y me llevó a una casa en la zona de El Vedado. Un caserón inmenso, quizás una mansión expropiada por los revolucionarios.

Ahí me fue a ver el Che y se quedó a dormir con otros cubanos que eran parte de su custodia. Pasamos dos días conversando mucho. Tomábamos mate y fumábamos. Él se iba todo el día al Ministerio de Industria y a la noche volvía a la residencia. Todo lo que sucedía ahí tenía una especie de tono conspirativo.

Me hizo miles de preguntas y en un momento el que quiso saber fui yo.

—¿Cuándo me sumo a la campaña de alfabetización?

Me miró un largo rato y me contestó:

—Después de conocerte tengo otros planes para vos. Espero que estés de acuerdo en ayudarme.

Asentí. Entonces me propuso una tarea:

—Vas a ir con el oficial que te esperó en el aeropuerto. Vas a recorrer con él una parte de la isla. Quiero que veas cómo es nuestra geografía. En un momento, él te va a dejar solo en un pueblo cerca de La Habana, y vos vas a tener que regresar a esta casa, solo, sin preguntarle a nadie. Lo vamos a hacer esta misma noche. Te vamos a dar algo de dinero. Si te perdés, preguntás adónde queda La Habana y me buscás en el Ministerio de Industria. ¿Estás de acuerdo?

Por supuesto que lo estuve. Ya sabía dónde estaba viviendo. Las veces que salí, había hecho mentalmente el plano para regresar. En la puerta estaba el nombre de la calle y en el fondo había una especie de polígono de tiro.

Sentí que la prueba no era difícil. Y sabía que habría más.

Salimos. Primera mala medida: íbamos en un Jeep descubierto. To-mamos la carretera central y fuimos para el lado de Pinar del Río. Mental-mente tomé la hora de salida, el primer cartel decía Marianao. Llegamos a las cercanías de un pueblo llamado Artemisa. Nos internamos en una zona de montañas y desde allí, y antes de entrar en los altos cerros, pegamos la vuelta y fuimos en dirección contraria, o sea hacia Santiago de Cuba. Al cabo de un rato me fijé en el reloj, miré hacia mi izquierda y vi nítidamente los edificios altos de La Habana. Imposible perderse. Seguimos una hora más y el capitán dio otras vueltas en un pueblo desconocido. Me hizo bajar y se fue. Era un pueblo bastante solitario. Había algunos bohíos y casas muy bajas. Calculé que estaba a unas dos horas de La Habana.

Caminé con rumbo sur, me encontré con un pantanal que supuse lleno de cocodrilos y me volví. Tomé una calle de "macadam" y la seguí. Un avión pasó cerca. Seguí caminando a tientas pero siempre hacia el sur. No le erré. Encontré la Carretera Central. Deduje que ahí debía tomar hacia el oeste, y así llegué caminando a La Habana y al barrio El Vedado.

Todavía tengo clara y presente la sensación de incertidumbre y de miedo. Pero sobre todo la bronca que me daba pensar que podía perder la vida ahí en la montaña o que podría haber sido atacado por cocodrilos.

Todo eso se me cruzó en la cabeza varias veces. Pensé en volver a mi país, a mi casa. En irme para que nadie se mofara de mí o me pusiera pruebas tontas y tan peligrosas.

Encima mi hermano me había dicho que iba a Cuba como educador y ahora estaba metido en cosas que no tenía del todo claras.

No me perdí en el campo, pero sí me costó bastante encontrar la residencia porque no sabía cuáles eran las calles laterales. Di un montón de vueltas hasta que distinguí ese descampado que había en la parte de atrás de la casa.

El Che y el capitán me estaban esperando. Me felicitaron entre risas y me palmearon la espalda. Había demorado cuatro horas en volver. Me confesaron que estaban seguros de que lo haría bien, pero que calculaban que lo iba a lograr recién con la claridad del día.

Cuando bajó la euforia, me clavó una mirada profunda y me dijo:

—Bueno, che… sos callado, reservado, inteligente y tenés una mirada de distraído que engaña. Pero estás muy atento a todo. Te voy a encargar algunos trabajos especiales. Vamos a comenzar en la Argentina. Allí será el teatro de acción por el momento y después avanzaremos. Pero primero hay que bautizarte y te vamos a enrolar en el ejército cubano. Ya veremos cómo y cuándo tendrás que volver.

Nos pusimos a buscar un nombre nuevo para mí. Acordamos que iba a usar el mismo nombre de pila que había usado en el PC de la Argentina. El apellido de un camarada ferroviario que era muy amigo mío, y también el apellido de mi madre.

Creo que fue la única vez que el Che se nombró a sí mismo en tercera persona. Se puso firme y formal. Me clavó esa mirada tan del Che cuando se ponía serio, y en un tono entre emocionado y compañero me rebautizó.

—En nombre de Camilo Cienfuegos, de Fidel Castro y en nombre del Che Guevara, yo te bautizo Fernando Escobar Llanos.

3

Me permito disentir con el Che. Bueno, disentir si es verdad lo que dice Orlando. Porque Orlando cuenta que cuando el Che le ofreció colaborar con él, le dijo a modo de elogio que tenía una mirada distraída que era capaz de engañar a cualquiera. Y para mí no tiene una mirada distraída. Más bien diría que es una mirada picante, buscadora, llena de picardía, desafiante y, sobre todo, desconfiada. Eso es lo que me transmite la mirada de este hombre que no puede ser considerado viejo por más que ya esté cerca de llegar a los ochenta. No sé cómo habrá mirado cuando tenía veinticuatro o veinticinco años. No sé cómo habrá sido antes de transitar por tantos peligros, tantos países y tanta gente. Es posible que ya no tenga la misma mirada que creyó ver el Che cuando lo conoció en 1961. Pero si la tiene, si es la misma, de distraída no tiene nada. Si de verdad el Che creyó ver eso, para mí que se equivocó.

Otra cosa es saber si de verdad el Che le dijo eso. No hay manera de probarlo. Pero así es como lo recuerda Orlando. O como cree recordarlo. Y esto no es un juego de palabras o el divertimento de relativizarlo todo para que el libro parezca interesante. Orlando es un tipo de barrio con un apellido español que omito por su expreso pedido. Un hombre que nació en el conurbano bonaerense y que un día que no se había imaginado jamás, se tuteaba con varios de los protagonistas del siglo XX. Esto sucedió hace más de cincuenta años y solo queda la certeza de aceptar que lo que se recuerda no fue exactamente como se lo recuerda.

Pero si descansamos en la honestidad de quien nos lo cuenta, es probable que no estemos demasiado lejos. Paradójicamente, convenimos en que la memoria y los años pueden ser amigos, pero no siempre confiables. Y eso no quiere decir que se nos mienta.

También sucede que todos vivimos momentos que nos quedan impresos a lo largo de la vida. Y de esos momentos es que habla Orlando. Como aquella madrugada habanera en la que pudo volver a la casa de El Vedado, por ejemplo.

Cuenta que el Che lo esperaba con mate en la cocina, acompañado por los más íntimos de su escolta. Amanecía en Cuba. Y para él era el primer día de una vida nueva. Una vida que tenía que ocultarles a todos los demás. Hasta a su propia familia.

El Che quiso probar esa madrugada si Orlando era capaz de orientarse solo y en la noche en un lugar desconocido. Orlando no lo sabía, pero tenía por delante un par de años en los que iba a jugar un juego parecido al de esa noche en la Argentina, en Bolivia, en Paraguay, en Chile, en Francia, en Checoslovaquia, en África…

Por eso el Che estaba radiante esa mañana. Por lo que venía. Orlando insiste cada vez que puede en recordar que en esa intimidad que se inauguraba, él lo llamaba Ernesto. Ni Comandante ni Che, Ernesto. Y que a partir de ese día iban a tejer una relación de confianza y respeto.

Vaya uno a saber cómo habrá sido cuando tenía veinticuatro años. Lo cierto es que hoy la mirada de Orlando no se parece a lo que el Che dijo ver en él y por la que le dio la tarea de ser —nada menos— como sus propios ojos.

4

En el invierno del 2014 me escribió un mensaje Alberto Nadra. Me contaba que había publicado un libro y que me lo quería regalar, a pesar de que hacía más de veinte años que no nos veíamos.

Siempre le tuve mucho cariño a Alberto. Es el menor de los hijos de Fernando Nadra, aquel legendario dirigente que fuera la cara visible del Partido Comunista Argentino durante casi tres décadas. Alberto fue también dirigente del Partido y de la Fede. Lo conocí a mis diecinueve años. Él era subdirector de *Qué Pasa*, el periódico del PC. Fui a verlo para pedirle trabajo.

Me citó en la redacción que en ese momento tenía el periódico, sobre la calle Río de Janeiro al doscientos, en el límite entre Almagro, Villa Crespo y Caballito. Tres años antes, en esa misma casa, me había pasado un enero completo en una escuela intensiva de marxismo, dialéctica e instrucción política.

Me recibió en su oficina. Conversamos un rato. No recuerdo de qué, pero sí tengo clara la sensación de comodidad que me hizo sentir. Esa era una entrevista importante: por fin iba a trabajar de periodista y estaba bastante nervioso.

Me encargó una nota sobre el fenómeno de las radios libres que junto con la democracia habían empezado a florecer en todo el país. Explicó lo que quería de esa investigación y me presentó a Horacio, el jefe de redacción del periódico a quien se la tenía que entregar cuando la tuviera lista.

Esa fue la primera nota que publiqué. La edición en la que salió hablaba de la silbatina al presidente Alfonsín en el acto inaugural de la Sociedad Rural de Palermo. Era agosto de 1988.

Hace años que Alberto dejó el Partido. Se fue un poco antes que yo, a comienzos de los '90. Nos citamos en un bar de Palermo porque quería regalarme *Secretos en Rojo*, en el que cuenta aventuras, heroicidades, miserias y tragedias de un PC que él conoció desde bien adentro. En esas páginas me topé con la historia de Orlando, o de Fernando Escobar Llanos, o mejor dicho: del Losojo.

Alberto lo conoció a mediados de los ochenta, cuando trabajaba como secretario de Athos Fava, el dirigente más encumbrado del PC argentino de aquel entonces. En medio de un viraje político e ideológico, el Partido revisaba la posición que había tenido respecto al Che cuando peleaba en Bolivia. Ya no querían decir, como decían hasta entonces, que era un aventurero o que tenía actitudes de ultraizquierda. Ahora, con el nuevo rumbo, se lo quería reivindicar. Para ello se necesitaba gente que pudiera dar testimonio confiable y de primera mano sobre las pasiones de aquellos días. Fava le dio a Alberto la misión de contactar a un compañero que hacía mucho se había desvinculado de la estructura partidaria, pero del que sabían que además de ser militante propio, también había sido hombre de Guevara.

Con el correr de las charlas, entraron en confianza y Orlando le contó más. Cosas que nunca antes había contado. Quedaron amigos. Y de alguna manera también confidentes. Cuando Alberto decidió publicar *Secretos en Rojo* le pidió que le escribiera algo sobre lo que había vivido, y el hombre, que también presume de haber sido periodista y escritor, se sentó frente a la computadora y le regaló el texto con el que yo me topé.

—Alberto, ¿este hombre sigue vivo? —le pregunté apenas pude—. Lo quiero conocer.

Estaba vivo, sí. Pero había que preguntarle si aceptaba exponerse ante otra persona que no gozase de su máxima confianza. Era comprensible. Las historias de secretos, nombres de guerra y clandestinidad abundan entre los comunistas. Sobre todo entre los viejos comunistas, los que militaron en dictadura, durante la guerra fría o en los tiempos en que la vida valía menos que el periódico que tenían que repartir.

Nadra me llamó un mes después con la gran noticia. "El viejo" aceptaba entrevistarse conmigo.

—Parece que conoció a alguien de tu familia— dijo Alberto.

La cita fue a mediados de septiembre en su departamento, cerca de aquella casona en la que alguna vez funcionó el periódico del PC. Pregunté si podía llevar conmigo a César, uno de mis sobrinos, que también es productor de televisión y conoce mucho mejor que yo de la vida del Che.

Si no era verdadera la historia que me iban a contar, necesitaba alguien que me ayudara a despegar y a separar "lo que es" de lo que a mí me gustaría que fuera. Si era cierta, en cambio, necesitaba con quien compartirla y sopesarla para saber qué hacer.

Alberto, César y yo nos citamos a las diez de la mañana en una esquina de la avenida Rivadavia y caminamos hasta el departamento de Orlando, no muy lejos de ahí. Él mismo bajó a abrirnos y cuando le tendí la mano para saludarlo, me sorprendió con un beso y una palmada en la espalda. Subimos los cuatro en el mismo ascensor.

Ancho de espaldas y bastante grueso aunque no gordo, noté que si bien parecía bajo, era de estatura mediana. Tenía el cabello escaso y canoso peinado para atrás. El bigote también era canoso, pero más tupido que la cabellera. Mirada de espada. Quería ser agradable y cálido. Cuando se lo proponía, también podía ser bastante ácido. De lo que nunca se pudo desprender fue de la desconfianza. Estudiaba al otro en permanente estado de alerta. Se cuidaba de no hablar de más y por eso muchas veces exageró en hablar de menos. No le importaban las pausas, y si tenía que pensar las respuestas, las pensaba. No le molestaba el silencio que se instalaba en la mesa en esos momentos, mientras jugueteaba con la pipa que fumaba de vez en cuando, entre cigarrillo y cigarrillo.

Apenas pudimos conocer a la esposa: una mujer agradable, simpática y algunos años menor que él. Cuando entramos al departamento se preparaba para salir y terminaba de acomodar una bandeja con diferentes saquitos de té, una cafetera llena y una pava caliente para el mate. Nos dejaba a solas. En el living, un poco más allá, entre dos sillones que se veían tan viejos como cómodos, había una mesita ratona sobre la que estaba suspendida una partida de ajedrez.

—Ella juega muy bien —nos dijo el viejo—, me gana bastante seguido.

La disposición de las piezas en el tablero parecía darle la razón. Si es que ella jugaba con las blancas.

Como suele suceder entre la gente que se tantea cuando recién se conoce, la charla comenzó sobre gustos e infusiones. Pidió permiso para fumar como si no fuera su propia casa y de pronto se largó a contar. Me llamó la atención que se dirigiera sobre todo a mí. Alrededor de la mesa éramos cuatro, pero el foco parecía ser yo.

—En el año 62, a la vuelta de un entrenamiento en Cuba, llegué con el tobillo muy inflamado. Apenas podía caminar. Los compañeros me mandaron a que me atendiera tu viejo. Me acuerdo que sacó una jeringa enorme, con una aguja como de diez centímetros de largo, y me hizo una infiltración. Yo soy medio llorón para eso de las agujas… je… así que me acuerdo que grité un poco. Pero también que el dolor se me pasó casi enseguida…

—Y mi viejo, ¿sabía quién eras?

—No. Nunca lo supo. Era un gran tipo tu viejo. No me quiso cobrar.

—¿Y por qué no te quiso cobrar? —El tuteo se instaló desde el primer momento.

—Después de ponerme la inyección, cuando ya me había calmado el dolor, me dijo: "Andá tranquilo. Con lo flaco que estás y la cara de pobrecito que tenés, no puedo sacarte ni un peso".

El sarcasmo y la falta de diplomacia, tan típicos en mi padre.

Entendí que ese era el motivo por el que aceptó recibirme y contar de sus aventuras con el Che. Me emocionó toparme de una manera tan inesperada con el recuerdo de mi viejo, y sentí que con aquel gesto solidario me había abierto las puertas de este personaje. Pero no. No tenía ni idea de todo lo que me iba a enterar en las próximas entrevistas. No sabía que esa mañana empezaba una experiencia que al mismo tiempo iba a ser un viaje hacia mi propia historia y a la de mi familia. Un viaje, en definitiva, hacia algunos rincones de mi propia identidad.

5

Curiosidad. Ansiedad. No sabía por dónde empezar a preguntar. Cuando sin querer alguien lo trataba de "usted", volvía a pedir que lo tuteáramos.

—¿Quiénes más conocen tu historia?

—¿Acá en la Argentina? Solo Alberto. Bueno, y ahora también ustedes dos. Aunque a fondo a fondo… nadie.

—¿Y tu mujer? ¿Y tus hijos?

—No. No la conocen. Saben que estuve en Cuba y que viajé mucho. Y saben que hice algo, sí. Pero exactamente qué… no lo saben. Creen que trabajé de exportador, y eso es todo.

—¿Estás dispuesto, entonces a que ahora lo sepan?

—Y… supongo que sí.

Con César cruzamos las miradas. Fueron apenas unas décimas de segundo. De productores que somos nomás, imaginamos la escena en la que el Losojo se sienta ante los hijos y los nietos para contarles la parte de su vida que no conocen. Una cámara lo toma a él que cuenta la historia. Otra clavada en la cara de los familiares para verles la reacción.

—¿Tenés fotos con él?

—Solo hay una. Y la tengo guardada en un lugar seguro. Dejé esa foto e instrucciones claras de qué hacer con ella el día que me vaya.

César le preguntó entonces si se había guardado algún objeto que hubiera pertenecido al Che. Nos contó que Guevara solía llevar siempre con él un equipo de mate y que tenía varios equipos iguales. Un día cualquiera, como si nada, le dio algunos de esos mates a Orlando para que se deshiciera de ellos. Creía que no necesitaba tantos y le empezaban a incomodar. Orlando los repartió y se quedó con uno.

—…es ese de ahí —dijo y señaló con simpleza una pequeña repisa al lado de la mesa en la que estábamos.

Sobre una fuentecita de plata había un mate con una terminación de metal trabajado. Nos quedamos en pausa, mirándolo absortos y sorprendidos. No nos atrevimos ni a tocarlo. César cortó el silencio, emocionado:

—¿Ese mate no es el que tiene en una de las fotos más conocidas? Esa en la que tiene una boina… es la que está muy flaco… —César se enderezó entusiasmado y me volvió a mirar, con las pupilas encendidas.

—Exacto. Es ese mismo.

No había llevado conmigo la cámara de fotos. Le pedí permiso para tomar una con el celular. Y me lo dio.

El departamento no tiene wi-fi. Le preguntamos si nos prestaba la computadora para buscar la imagen que recordó César y así comparar los mates. Nos acompañó hasta una habitación, frente a su dormitorio. Corrió la silla y me señaló una PC grandota a la que le había pegado un montón de papelitos llenos de anotaciones. No hizo falta teclear mucho. Apenas escribí "Che Guevara" y "mate", apareció la foto de la que hablaba mi sobrino. Sí, parecía el mismo.

Volvimos al comedor. El entusiasmo nos había acelerado. El mate que tomábamos se había enfriado, pero no me importó. Cebé uno y le di una chupada a fondo. Necesitaba volver a mojarme la boca.

—¿Entonces es el de la foto?

—No lo sé. Es posible. Tenía varios mates iguales. Yo me quedé con este. No sé si es el de la foto. Puede ser. O no. ¿Cómo saberlo?

La mañana de nuestro primer encuentro, Orlando nos contó una gran parte de la historia. No toda, por supuesto. Para eso iba a necesitar visitarlo varias veces. Porque, más allá de lo extenso del relato, él mismo se encargó de repetir que había mucho de lo que no se acordaba. Cosas que se le fueron borrando con el tiempo y con el miedo. Porque no solo pasaron casi cincuenta años de la muerte del Che. En la Argentina también pasaron dos dictaduras. En esos años, dice Orlando, por precaución se deshizo de unos cuantos objetos que lo podían dejar "pegado". Ahora que el peligro ya pasó, no tiene ni idea de lo que hizo con grabaciones y documentos que no quiso guardar en su casa.

Con el correr de las semanas y de las entrevistas el problema se volvió más palpable y dramático. Ahora, si quería contar, tenía que hurgar en la memoria. Le costaban mucho algunos detalles y sobre todo los nombres. Él mismo lo confesó e insistía en eso como enojado. Había imágenes que se le desdibujaban. A veces se le mezclaban los años, y se le cruzaban situaciones. Necesitaba tiempo para pasarlo en limpio. Eso era lo que pedía. Tiempo.

Esa mañana tuvimos también la certeza de que había anécdotas que no contaba. Sentimos que las borroneaba a propósito porque no terminaba de confiar. Los años de ilegalidad fueron demasiados como para abrirse de un día para el otro.

Prometió volver a recibirnos a la semana siguiente. Cuando nos estábamos por ir, pidió que lo acompañara de nuevo al escritorio. A solas me comentó que aún se sentía escritor y periodista. Y señaló la computadora.

—Acá tengo algunos textos. Cuando hablé con Alberto para el libro que estaba preparando, y después, cuando me dijo que venías vos, me senté a escribir para ver qué recordaba. Acá está todo lo que hice hasta el momento. Sin corregir, por supuesto. Es un relato de lo que vivió el Losojo y digamos que también hay algunos cuentos "autoficcionados".

Cuando era sobre el Losojo, hablaba en tercera persona. Como si no hubiera sido él. Como si se tratara del protagonista de una historia de aventuras al que prefería contar desde afuera. Solo usaba la primera persona para recordar las discusiones con el Che. Aseguraba haberlas tenido. Y eso lo enarbolaba desafiante y satisfecho.

—Hace muchos años que decidí deshacerme del Losojo. Tiré algunas cosas, y es como que dejé todo a un lado. Incluso en mi cabeza. No podía seguir viviendo así. Uno no puede vivir toda una vida en la clandestinidad o sintiéndose perseguido.

Me pidió entonces que tomara nota de algunos nombres que recordaba de aquella época. Eran para chequear, para buscar, para saber en qué andaban ahora esas personas. Ellos sabían de él. No lo conocieron como el Losojo, pero sí como Fernando Escobar Llanos. Aunque no todos fueran sus camaradas en esa aventura, supieron de su actividad con el Che y podían dar fe de eso.

A la mañana siguiente, dejé a mis hijos en el colegio y me senté a leer los textos que Orlando me había confiado.

31

Abrí la carpeta que me que había copiado de su computadora el día anterior. Eran más de una docena de documentos en Word. Desordenados. Muchas veces repetidos, y algunos mezclados entre sí. Quedaba claro que los estaba trabajando y que todavía no les había encontrado la vuelta. El más importante era un relato en primera persona del Losojo. Alberto usó una parte de ese texto para su libro. Yo también lo pensaba a usar. Pero completo.

El más extenso de los documentos era el más caótico y a la vez el más rico en información. Una especie de bitácora de los recuerdos de Orlando, setenta páginas con cuentos, entrevistas, recortes de internet, listas… un extenso ayuda memoria que escribió sobre el Losojo, es decir, sobre sí mismo y sobre sus actividades secretas.

Cuando llegaba a las últimas páginas, encontré una lista que me dejó mudo: era la lista de los médicos que atendieron al Losojo en diferentes momentos y en distintos países.

Con un lenguaje escueto y militar, Orlando usó un código abreviado para diferenciar a los que conocían su verdadera actividad de los que no:

LOS MÉDICOS QUE ATENDIERON AL "LOSOJO":
(C.C) CON CONOCIMIENTO
(S.C.) SIN CONOCIMIENTO
Mario Zipilivan (S.C.)
Luis Gorbán (C.C.)
Luis Brunati (S.C.)
Pavel Dvoloviak (C.C.)

Estaba mi padre.

Cuando le pregunté a Orlando si mi viejo estaba enterado de lo que él hacía con el Che, me contestó que no. Pero el listado me decía lo contrario. ¿Qué sabía mi padre? ¿Hasta dónde sabía? ¿Cuánto conoció en realidad a Orlando?

Tenía demasiadas preguntas para hacerle y toda una semana por delante hasta volver a verlo.

6

Esa mañana de noviembre, apenas entré al departamento, no le di tiempo ni para calentar el agua. Lo saludé y le hice la pregunta que me había dado vueltas toda la semana.

—Cuando me atendió por lo del tobillo, tu viejo no sabía nada. Nos conocíamos, claro. Y sabía que militaba en el Partido. Pero él tenía más relación con mi hermano Alfredo que era el secretario de Lomas, adonde militaban tus viejos. Alfredo era mi hermano mayor, el que viajó con Rodolfo Ghioldi a Uruguay para entrevistarse con el Che. Él fue el que me contactó con Ernesto.

Pero me importaba lo de mi viejo y traté de enfocarlo en eso.

—Me torcí en un entrenamiento y me dolía mucho el tobillo. Fue cuando volví del primero de los viajes a Cuba.

Orlando me explicó que al volver de esa primera experiencia, se instaló en la casa de sus padres, en Lomas y se preparó para cumplir la tarea que le había encomendado el Che. Pero como no se lo podía contar a nadie, estaba obligado a llevar la misma vida que había hecho hasta entonces. Para disimular, tenía que manejar todo con la mayor normalidad de la que fuera capaz.

Le pregunté en varias oportunidades por qué en ese momento no era un militante orgánico del Partido, con una tarea asignada. Lo había sido antes, y volvería a serlo después, aunque de manera confidencial. En ese momento no lo era. Siempre trató de gambetear esa respuesta. Se refugió en el mismo pudor que encontré después en todos los viejos militantes que entrevisté para saber de aquellos años. Hasta en mi propia madre. Como ellos, Orlando cubrió algunos detalles con un manto de silencio y respuestas difusas o políticamente correctas.

—Tuve mis diferencias metodológicas —fue lo más claro que conseguí sacarle hasta ese momento.

A partir de la segunda entrevista, a su pedido, empezamos a vernos a solas. La primera vez que nos sentamos frente a frente fue esa mañana de noviembre. Él quería imponer autoridad y delimitar el terreno de juego. Yo estaba intrigado por saber hasta dónde sabía mi padre y qué papel había tenido en esta historia.

Me explicó que aún no había tomado la decisión de contarle a su familia. Necesitaba pensarlo un poco más. Me clavó la mirada que de distraída no tenía nada y me convenció de lo duro que le resultaba contar sin sentir miedo o resquemor.

Cuando vio que lo entendía, retomó el hilo de lo de mi viejo.

—Volví de Cuba y me quedé un tiempo acá en Buenos Aires, bueno, en Lomas de Zamora, cerca de mi familia. A pedido de mi hermano, o mejor dicho: por indicación de mi hermano, me acerqué otra vez al Partido. En ese momento di una mano para la campaña electoral que empezaba. En esa época frecuenté bastante a tus viejos. Yo vivía a dos cuadras de tu casa, en Pueyrredón al seiscientos, en Banfield.

Puede parecer un dato ridículo pero a mí me impactó. Con el tiempo y el correr de las entrevistas iba a comprobar que a Orlando se le mezclaban los tiempos y podía olvidar o confundir algunos nombres, pero de las direcciones se acordaba con memoria de superdotado. Cuando se lo hice notar, me contestó medio en broma, medio en serio, que era porque en eso consistía parte del trabajo que hizo para el Che.

Mi madre vive en la misma casa en la que nací. La que mis viejos construyeron a finales de los años cincuenta, a una cuadra del límite entre Banfield y Lomas, casi nueve kilómetros hacia el sur de la Capital Federal. Apenas la fui a visitar, pasé por la calle Pueyrredón. Orlando no recordaba cuándo fue la última vez que anduvo por esa zona. Sin embargo, la casa que nombró estaba ahí, en esa dirección.

—Una tarde, estaba en tu casa junto a un grupo de compañeros. Ayudábamos a tu mamá que era la que organizaba y dirigía el trabajo de los fiscales del Partido en esas elecciones. Había que ir a buscar a unas personas que iban a ser fiscales en el barrio San José, detrás de Temperley. En eso tu papá salió del consultorio y cuando escuchó la conversación me lanzó las llaves y me dijo: "Andá a buscarlos vos, llevate mi auto".

La casa es de dos plantas. Arriba, los dormitorios. Abajo la cocina, el comedor, el living y al frente, a la calle, tres habitaciones y un baño que mientras mi viejo vivió y hasta mucho después, fueron "el consultorio". Mi padre trabajaba ahí. Pasado el mediodía, la sala de espera se llenaba de pacientes. Él atendía hasta la noche, asistido por una enfermera que más que enfermera era una secretaria que cobraba la consulta. Cuando mi viejo terminaba de atender a una persona, entraba ella y él se escapaba para el living o la cocina. La mayor parte de las veces para abrir la heladera a servirse un chorro de soda o manotear alguna golosina. Estar en el living de casa y ver salir a mi viejo del consultorio tal como contó Orlando, es una escena que habré vivido no menos de cuatro mil veces. Debe ser uno de los momentos que más añoro en la vida.

—Yo andaba en moto —siguió Orlando—. Pero nunca había manejado un auto. No dije nada. Era un Fiat cuadradito. Subí y me puse a estudiar cómo manejarlo. Muy diferente a la moto no podía ser. Probé varias veces hasta que lo pude arrancar. Fui despacito. Experimentaba y aprendía a la vez. Así fue que aprendí a conducir coches. Nunca antes lo había hecho. Por supuesto que nunca lo supieron. Ni tu viejo, ni los compañeros que llevé hasta tu casa.

Yo no había nacido, pero por lo que supe, mi viejo en aquellos años andaba en un Falcon rural. Después se compró un Peugeot 404 y más tarde cambió por un 504, el auto que prefería y que con los años renovó por modelos más nuevos, hasta el final. Apenas pude, llamé a mi vieja para preguntarle. Así fue como me enteré de que antes del Falcon mi viejo tuvo un Fiat 1100. "Un Fiat cuadradito", tal como recuerda Orlando. Otra vez, lo que contó era cierto. Nuevos detalles que Orlando me reveló de mi familia en los tiempos en los que yo no había llegado. Los personajes que habitan en su historia son mis propios padres que, compruebo, siempre se comportaron del mismo modo. No estuve ahí. Nací seis años después. Pero la escena de mi viejo que sale del consultorio y revolea las llaves del auto para que alguien vaya a hacer un trámite, también la viví en muchas ocasiones. Alguna vez con mi hermano, alguna vez conmigo... y parece que se dio tal cual un tiempo antes con Orlando.

—En uno de los viajes que hice a La Habana, tenía que llevar algunos medicamentos. Los busqué en varias farmacias pero no los conseguí porque era un remedio difícil de conseguir en ese momento en Buenos Aires. Fui a ver a tu papá y se los pedí a él. Le dije que eran para mí y que necesitaba bastantes porque me los tenía que llevar a un viaje. Él me preguntó para qué quería yo remedios para la malaria. Se lo tuve que aclarar. No todo, pero algo le conté: "Soy un hombre de la revolución cubana", le dije. Y no necesité explicarle más. A los dos días me consiguió muchísimas cajas de esa medicación. No sé cómo hizo, pero las consiguió. Él sabía que yo trabajaba para Cuba. Nunca supo bien de qué, porque no se lo conté. Y mucho menos supo del Losojo.

7

A las dos o tres semanas se relajaron las defensas y empezamos a pisar territorios de los que Orlando jamás había hablado. Contaba la historia a jirones y algunas veces mezclaba los tiempos. Saltaba de África a Praga. De Cuba a Buenos Aires, previo paso por Uruguay. A veces se equivocaba los años y al rato se corregía.

Me impresionó el tiempo que le llevaba pensar algunas respuestas. No siempre contestaba al pie de la pregunta. A veces sí, por supuesto. Pero en otras, se quedaba en silencio. Era como si hiciera fuerza para pensar. Miraba el mantel, jugueteaba con una miguita de pan, o se quedaba golpeando la pipa ya vacía en busca de esos recuerdos que en ese instante se le escapaban. No le molestaba el silencio y yo trataba de no forzarlo. Lo dejaba así. Sobre todo me costaba no influir en las respuestas. Él tenía que contestar lo que yo le preguntaba. Y esa respuesta tenía que ser lo más pura posible, aunque no fuera lo que yo esperara.

Grabé las conversaciones. Le costaba respetar una línea de tiempo. Se tomaba la cabeza. Cerraba los ojos con fuerza. Era mucho lo que tenía guardado y empezaba por donde podía, no por donde quería yo.

—Es que fue hace tanto… —se disculpaba— y traté de olvidarlo.

Le di un grabador digital. Le enseñé a usarlo y le mostré cómo podía descargar los archivos de audio directo a la computadora. Tomó puntillosos apuntes de las instrucciones en un papelito, y se entusiasmó. Pero con cuidado. Al final no grabó ni un solo minuto por su cuenta. Me dijo que no tenía tiempo para sentarse a reconstruir recuerdos. Que le costaba. Que trabajaba cinco días a la semana y que tampoco le era fácil sentarse a grabar en su casa el sábado o el domingo cuando su actual compañera no conocía del todo sus andanzas. El contárselas era una de las decisiones que tenía pendientes.

En alguna de las charlas, a mi pesar, me encontré llenándole los espacios de la memoria. Sabía partes de la historia por lo que investigaba en paralelo a las conversaciones que teníamos, y había fechas o sucesos históricos que tenía presentes y me ayudaban a entender de manera aproximada cómo se articulaban los tiempos. Porque en eso, Orlando se enredaba con bastante facilidad. Me propuse entonces ir de nuevo hasta el cuarto en el que tenía la computadora. Abrió la carpeta con los documentos de la historia que trataba de escribir. Le recordé que en la primera visita ya me los había dado. Me dijo que no. Que eso no era todo. En un gesto de entrega, me dio la carpeta entera.

Me llevé la carpeta digital, repleta con sus textos. Los leí casi con hambre. Creo que con una pequeña pulida, son la mejor manera de contar la historia de Fernando Escobar Llanos, El Losojo.

8

La historia de El Losojo
Parte II

El Che me demostró en esos días que me tenía respeto, no cariño, respeto. Conversábamos mucho de historia y de política argentina. Me escuchaba con atención. Siempre quería saber qué era lo que yo pensaba de lo que sucedía en nuestro país.

Después de varias semanas en Cuba, volví a la Argentina. Entré por el Uruguay. Lo primero era cumplir con un encargue especial. Debía llamar a un número de teléfono y decirle a la mujer que me atendiera, que él la esperaba ansiosamente. Más tarde supe que esa mujer era su mamá: Celia de la Serna.

Poco tiempo después, Celia me invito a tomar el té en San Isidro. Ahí la conocí en persona. Me contó que se iba a Cuba y que el hijo le había dicho que tenía que ponerse en contacto conmigo para que yo le indicara cómo llegar a Montevideo. Le había dicho, también, que confiara en la ruta que yo le iba a dar y que me pidiera ayuda para salir del país.

Yo sabía cómo llegar, pero necesitábamos un amigo con coche. Lo consiguió ella. Viajamos los tres. Elegí el camino más apropiado. No importa cuál, hoy ya no es importante. Llegamos a Montevideo pasando la frontera sin ningún tipo de control ni papeleo. La dejé en el mismo hotel de la avenida 18 de Julio y volví por otro camino. Fue el primero de los viajes de este tipo que hice a las órdenes de Ernesto. Con el tiempo me fui convirtiendo en un experto en salir y entrar de la Argentina sin aduana, sin papeles y hasta sin documentos.

La misión a la que me aboqué entonces consistía en investigar cómo se podía entrar y salir de países limítrofes sin que quedara registro alguno. El Che me dio plata para que armara esos viajes como salidas de fin de semana. Así fue que estudié los cruces de Paraguay, Chile, Uruguay, Bolivia y Brasil. Cuando podía, además, viajaba de manera legal con mi pasaporte y escribía notas para publicar en el diario El Mundo, en el que colaboraba.

La cabeza se me llenó de mapas, planos, calles, avenidas, rutas, caminos de tierra y pueblos olvidados. No sabía quién iba a usar toda esa información ni para qué. Eso no era tema mío.

Todos los fines de semana viajaba solo. Me armé una disciplina sólida para no fallar en esa tarea. Nada de bebida ni de mujeres. Únicamente cigarrillos y alguna que otra copita de Fernet Branca. El Fernet me gusta puro, no con Coca Cola como se toma ahora. Puro.

Al poco tiempo me compré una moto muy potente y empecé a hacer los viajes como alguna vez los hizo el Che. Recorría pueblos y ciudades hasta aprendérmelos de memoria. El punto era el cruce. Por dónde entrar y por dónde salir. Estudiar posibles vías de escape… Después, mientras estaba en el pueblo, no tenía mucho más que hacer. Me sentaba solo y fumaba uno tras otro. A veces pensaba mucho. Otras veces era dejar pasar el tiempo hasta volver a salir.

Un día, a través de un contacto, recibí una nueva orden: Tenía que profundizar a fondo mis conocimientos de francés.

Empecé a viajar mucho más. Por indicación de Ernesto, fui a Europa y al África para hacer la misma tarea. Visité El Cairo, Angola, El Congo, Tanzania. Estuve también en Praga. Y viví unas semanas en París para practicar el idioma. Nadie sabía adónde iba ni qué era lo que hacía. Jamás lo comenté. Ni siquiera con mi hermano Alfredo, que era el único que estaba al tanto de para quién trabajaba yo.

Siempre solo. Siempre austero. Ni mujeres, ni amigos, ni joda. Nadie me tenía que identificar. Nadie lo podía saber.

Una vez instalado en París, el Che me hizo llegar la dirección de una mujer que vivía en Marsella. La contacté. Era una heroína de la resistencia que había luchado en contra del nazismo. Ernesto no la conocía personalmente, pero los españoles republicanos que se habían ido a vivir a Cuba se la recomendaron y allá fui yo.

Ella estaba avisada de mi visita. Me quedé unos días en su casa. Aproveché para reconocer el puerto y dilucidar cómo se podía hacer para salir de Francia y cruzar el Mediterráneo hasta la costa norte de África.

Ya dominaba en parte el francés y no me costaba practicarlo. Mientras tanto, estudiaba posibles vías de entrada o de escape. El Che nunca me dijo cuáles eran sus planes, pero de tanto vagar solo, meditar y leer lo que escribía, sabía que no se iba a quedar quieto.

No me equivocaba.

9

Cuando empezamos a entrevistarnos, Orlando tenía setenta y nueve años y vivía con su mujer en un departamento de tres ambientes en Caballito. Me contó que trabajaba de lunes a viernes en tareas de prevención para la salud en un organismo nacional. No tenía un escalafón alto. Ni siquiera se consideraba funcionario. Siempre se cuidó de no faltar ni un solo día y solía viajar por toda la provincia de Buenos Aires para cumplir con su tarea. Lo busqué en Google para chequear que lo que me decía era cierto y sí. En internet pude encontrar la lista del personal permanente de ese organismo. Entre ellos, figuraba Orlando.

También está orgulloso de haber sido periodista. Después de *El Mundo* trabajó en *Crónica*. Dice que escribía en Internacionales, pero que una vez se quejó porque no los dejaban firmar las notas y en castigo lo mandaron a Deportes. Ahí entrevistó al mítico Ringo Bonavena.

—Bonavena, uf, fue hace tanto… lo mataron hace más de cuarenta años… —comenta, como si la historia con el Che no fuera aun más antigua.

Entre las profesiones y oficios que este hombre enarbola, está el de escritor. Se atribuye decenas de poesías y de cuentos. De eso me hablaba una mañana, entre mate y mate, cuando de repente me volvió a sorprender. La atención se me había dispersado y vagaba por otras latitudes cuando creí escuchar que había sido presidente de la Sociedad Argentina de Escritores. Se lo pregunté y, en efecto, eso fue lo que había dicho.

—Un gran amigo, el escritor Carlos Paz, me dijo que se iba

a postular como presidente de la SADE pero solo si yo aceptaba ir como su vice. Le respondí que me parecía una locura, pero insistió.

Carlos Paz nació en diciembre de 1940 y escribió *Eva Perón, peronismo para el socialismo*, *Hernández y Fierro contra la oligarquía*, entre otras obras. Fue asesor en temas culturales de la Cámara de Diputados de la Nación y del Concejo Deliberante de la Ciudad de Buenos Aires, por citar algunas de sus muchas actividades. Entre los miembros activos de la SADE se lo reconoce como uno de los más fervientes impulsores de la ley del libro. Y, en efecto, fue presidente de la sociedad que nuclea a los escritores argentinos, desde 1998 hasta el 2001, cuando murió de un infarto.

Orlando estaba ahí para acompañar al amigo que le pidió apoyo. Con la muerte de Paz, se sorprendió a sí mismo como presidente de la sociedad de gestión y representación de los escritores. Y después fue reelecto por otro período, hasta el 2005. Información chequeada. Y cierta. En esto también dice la verdad. Y lo dice la propia SADE en los buscadores de internet. Ahí está la lista de los presidentes a lo largo de toda la historia. Ahí aparece junto con Leopoldo Lugones, Ezequiel Martínez Estrada, Leónidas Barletta, y Jorge Luis Borges, entre otros.

Cuando empezaba a procesar la investigación de este libro llegó a mis manos *El impostor*, de Javier Cercas. De alguna manera, el protagonista de esa novela tenía puntos en común con Orlando.

Enric Marco era un viejo catalán que presidió la asociación que reúne a los españoles sobrevivientes al Holocausto nazi y que años después de que se lo condecorara, y premiara por todo lo que hizo en defensa de la memoria, se descubrió que era un impostor. Que nunca había estado como prisionero en un campo de concentración tal como había contado. Es más, hasta había viajado a la Alemania nazi a trabajar como voluntario en una fábrica de armas.

Es fantástico cómo Cercas desnuda la personalidad de Marco a lo largo del libro. Y cómo se van exponiendo todos los embustes que el viejo montó en el relato de su vida. Porque no fue solo un supuesto sobreviviente de los campos nazis. También fue secretario general la Central Nacional de Trabajadores cuando cayó el franquismo, y se vistió de héroe de la resistencia en contra de la dictadura… cosa que tampoco había sido. Ni resistente. Ni anarquista. Ni siquiera trabajador más que en su propio taller mecánico.

Lo apasionante es que el Marco que describe Cercas es mucho más complejo y tornasolado que lo que uno llega a suponer a simple vista. Quizás porque, como tantos, estoy acostumbrado a las impostaciones, es que había caído en el prejuicio de simplificar la caracterización de Marco como la de un simple corrupto. Pero no es así. Basta decir que, según el libro, la asociación de sobrevivientes nunca tuvo mejor gestión que la de este hombre. Y que no solo no robó ni un centavo, sino que hizo crecer las arcas de la organización mediante aportes y reconocimientos de los que él no tocó ni un euro. El tema es más complejo, es más humano. Se trata sencillamente de la historia de un narcisista genial. Un tipo que tuvo la necesidad de ser protagonista, de estar ahí, de ser reconocido y que para lograrlo supo inventarse una historia que todos le creyeron.

Cercas cuenta que Marco se inventó un pasado, y que España se lo creyó. ¿Cuánto de esto puede haber en Orlando? Fue la pregunta que me hice de inmediato. Porque todas las historias que relata son verosímiles, pero también era verosímil lo que contaba el español. Así como el protagonista de Cercas estudió lo que hicieron los nazis con los republicanos españoles que pudieron capturar, así mi nuevo amigo pudo haberse estudiado la historia del Che. Es cierto. Como también es cierto que no tiene una sola prueba que lo ubique donde dice que estuvo. Hay, dice, una única foto que lo une con el Che, pero esa foto "está bien guardada".

Existen, sí, algunas diferencias entre los dos personajes que colocan a Orlando en una posición más ventajosa.

Cuando fue descubierto, Marco se defendió con una frase tan cínica como fantástica: "Lo mío no es una falsificación. Es una distorsión de la historia". Y se plantó en que había que instalar el drama del Holocausto y recuperar la memoria de lo que fue capaz de hacer el fascismo. Argumentó que para eso era necesario inventarse un pasado que lo convirtiera en alguien que debía ser escuchado por lo que vivió. Como bien dice Cercas, más que del impostor, eso habla de la sociedad que escuchó lo que quiso escuchar y que compró al personaje.

Así lo explicó el propio Enric Marco en una entrevista para

la Televisión Española: "Yo no necesitaba hacerme pasar como un prisionero de los campos de concentración del nazismo. Pero decirlo hacía la verdad más seductora".

En un documental sobre el caso, la periodista Carmen Vinyoles, que reporteó a Marco en varias ocasiones antes de que en 2005 explotara el escándalo, cuenta: "...lo hemos entrevistado muchas veces y nos ha relatado la historia entera de su vida. Te das cuenta de que de todos los hechos históricos que se han ido produciendo a lo largo del siglo XX, él ha estado presente en ellos de una manera muy principal".

En el mismo documental, el filósofo Miguel Catalán, de la Universidad Cardenal Herrera Oria, dijo: "Él percibe lo que el público quiere escuchar, y es lo que él les da. El responsable no es Enric Marco, los responsables son todos aquellos que lo escuchan, es decir: todos nosotros".

A mí me puede pasar lo mismo que a los españoles con Marco. Es el principal temor que me invade cada vez que lo escucho a Orlando. Hay una vieja frase que se dice con sarcasmo entre los periodistas argentinos: "No dejes que la verdad arruine una buena historia". Ese es el punto que hace crisis a cada momento. Porque Orlando —como Marco— cuenta una historia apasionante, de película. Pero ¿fue cierta? Si toda una sociedad fue embaucada por un hombre que dijo haber estado ahí, ¿cómo no caer en la misma trampa?

Pero los mecanismos de Orlando no se parecen a los de Marco: cada vez que le hice una pregunta puntual sobre un determinado hecho, Orlando se corrió, se restó protagonismo, o directamente confesó no haber estado ahí.

—¿Vos hiciste entrar al Che en Bolivia? —le pregunté una vez.

—No, esa fue Tania. La que armó el operativo de Bolivia fue ella —contestó.

En otra ocasión...

—¿Estuviste en Bolivia? ¿Integraste en algún momento la guerrilla?

—No, Ernesto no me dejó ir. Yo quise, pero no me lo permitió. Me dijo que mi misión estaba acá.

A diferencia de Enric Marco, protagonista de todas las historias de la España post franquista, Orlando se quedó afuera de los acontecimientos trascendentes, a pesar de que hoy no habría nadie capaz de desmentirlo si se le ocurriera atribuírselos.

Enric cultivaba el perfil más alto que estuviera a su alcance. Sabía de todo. Respondía sobre todo. Lo importante era estar y figurar.

Orlando es todo lo contrario. Habla recién ahora, cincuenta años después, cada tanto vuelve a dudar y se escabulle por un tiempo. Cuenta repleto de reservas y de olvidos que no llena con suposiciones o aspavientos.

Dice Javier Cercas en *El impostor*:

(…) en un tiempo saturado de memoria, ésta amenaza con sustituir a la historia. Mal asunto. La memoria y la historia son, en principio, opuestas: la memoria es individual, parcial y subjetiva; en cambio la historia es colectiva y aspira a ser total y objetiva. La memoria y la historia también son complementarias: la historia dota a la memoria de un sentido; la memoria es un instrumento, un ingrediente, una parte de la historia. Pero la memoria no es la historia.

Completa más adelante:

Un historiador no es un juez, pero la forma de operar de un juez se parece a la de un historiador: como el juez, el historiador busca la verdad; como el juez, el historiador estudia documentos, verifica pruebas, relaciona hechos, interroga a testigos; como el juez, el historiador emite un veredicto. Este veredicto no es definitivo: puede ser recurrido, revisado, refutado; pero es un veredicto. Lo emite el juez o el historiador, no el testigo Este no siempre tiene razón. La razón del testigo es su memoria, y la memoria es frágil, y a menudo interesada: no siempre se recuerda bien; no siempre se acierta a separar el recuerdo de la invención; no siempre se recuerda lo que ocurrió sino lo que ya otras veces recordamos que ocurrió, o lo que otros testigos han dicho que ocurrió, o simplemente lo que nos conviene recordar que ocurrió.

Tomo el análisis de Cercas casi como un precepto bíblico. En consecuencia, está claro que éste no es un libro de historia. Es un libro que habla de la memoria de este hombre, un testigo, tan subjetivo y parcial como lleno de vergüenzas y silencios.

Está claro, también, que Orlando no responde a la tipología del narcisista capaz de atribuirse cualquier aventura con tal de figurar. Es casi lo antagónico al personaje que describe y cuenta el escritor español. Eso me empuja a creerle. Por más fantástico que suene muchas veces lo que cuenta.

Tengo información para chequear. Un sinfín de agujeros que cubrir. Sé desde el comienzo que voy a toparme con unas cuantas dificultades, porque cuando se camina en terrenos de falsificaciones y clandestinidades, el asunto se pone pantanoso y en algunos casos imposible.

Cada uno podrá optar entre creer o no.

En mi caso, estaba en camino de creerle.

10

El problema es que hace cincuenta años le prometió al Che Guevara que no iba a contar nada. Que se llevaría el secreto a la tumba. Y ahora le pesaba. Creía que no tenía sentido seguir guardándoselo. Además, había noches en que lo vivido se volvía una sombra que no lo dejaba dormir. No estaba arrepentido de nada, no. Pero el recuerdo de la muerte del Che le seguía doliendo como si hubiera sido ayer. Es de lo único que casi no podía hablar porque se le quebraba la voz.

Le dije que quería escribir un libro sobre su aventura y estuvo de acuerdo. Se quedó callado cuando le pregunté cómo veía la producción de un documental. Esa idea se me instaló desde el primer día, pero cada vez que se lo sugerí, obtuve un silencio como respuesta.

Una de las tantas mañanas de mate y conversación, sacó el tema de la nada y me sorprendió. Me dijo que había estado pensando lo del documental la última semana.

—Estoy dispuesto. Voy a poner la cara y a contar lo que viví. Solo te pido que me tengas un poco de paciencia. Tenés que entender que llegó un momento en el que quise olvidarme del Losojo.

Me contó entonces que se había imaginado una sala de cine llena de gente. Que las personas aplaudían de pie el final de la película. Que en ese momento yo lo presentaba y él entraba y daba la cara.

Y que de una buena vez —agrego yo— tenía el reconocimiento que el secretismo le había negado.

En paralelo a las entrevistas para el libro, puse primera para producir el documental.

—¿Qué pasó con la foto en la que estás con el Che? —le volví a preguntar.

—Es una sola foto. La tengo muy bien guardada en una especie de caja de seguridad.

—¿En un banco?

—No. Se la entregué a un cura jesuita, con instrucciones precisas de qué hacer con ella el día que yo no esté.

—Quisiera verla. Es obvio, ¿no?

—Es posible… —Y no dijo más. Acabábamos de conocernos. Aún tenía que ganarme su confianza.

Me tiró la bomba una semana después. Acababa de llegar a su departamento y buscaba en el bolso la libreta de apuntes para empezar la entrevista, cuando me dijo un poco abochornado que había llamado para recuperar la foto y ahí se enteró de que el jesuita había muerto. Se había decidido a recuperar la foto después de la charla que habíamos tenido la semana anterior. La persona que le atendió el teléfono le dijo que el cura había fallecido hace tiempo, y que, a su pedido, fue cremado junto con todas sus pertenencias. No anotó el nombre de la persona con la que habló. Para él, ya no tenía importancia.

No quedó nada. Se perdió la única foto que existía como prueba documental de su relación con el Che.

Se sentó a la mesa, en el mismo lugar de siempre. Cebó el primer mate y lo envolvió el silencio de los derrotados. Clavó la vista en el mantel. La foto había sido tomada en África, mientras estaban en el campamento de una de las tribus aliadas. Él, Losojo, posaba junto a dos o tres negras para que el Che les sacara una foto. Pero un francés amigo que trabajaba para la Unesco, les sacó la foto a ellos. Tomó la foto de la foto. En la imagen que había obtenido el francés, y que era la que acabábamos de perder, posaban Losojo y las negras, y frente ellos, tomando el retrato para el que posaban, el Che Guevara.

—¿Cómo se llamaba el cura?

—No me acuerdo bien el apellido. Sonaba alemán. Openheimer… Steiner… algo así. Yo lo visitaba algunas veces en una casa en la que vivía, por la zona de Belgrano, pero creo que esa no era la iglesia en la que él estaba… habría que ver…

De pronto, el hombre se llenaba de inseguridad. Estaba desorientado por primera vez. En sus planes, él se tenía que morir antes que el custodio de sus secretos.

—¿Solamente esa foto tenía?

—No. También algunos papeles.

De regreso a casa me puse a hurgar en internet en busca de datos que me pudieran confirmar el relato del viejo. ¿Existió ese cura? ¿Era cierta la historia? ¿O este hombre se inventó una de espías y yo se la seguía? Por un lado pude chequear y dar por verdaderos varios datos surgidos de las primeras entrevistas. Pero la foto era clave. ¿Se quemó? ¿O nunca existió? Por momentos sentía que era un globo inventado para apuntalar el relato del momento. Cuando la charla avanzó y le propuse investigar para el libro, ya no pudo volverse atrás. Terminé de consolidar esa idea y se me desmoronó de inmediato. No pudo haber mentido de una manera tan infantil —me dije— esa foto está y la tengo que encontrar. ¿Y si estuvo y no la consigo porque se quemó de verdad? Hasta el momento era la única manera de comprobar la veracidad de la historia del Losojo. Si es que era cierta.

Los buscadores de internet negaron conocer a un cura que se hubiera llamado Openheimer u Oheimer o a otro con un apellido similar. Probé las diferentes combinaciones que se me pudieron ocurrir. Combiné sonidos, di vuelta palabras, y nada. Intenté con apellidos similares y no fui a parar a sacerdote alguno. De pronto, tropecé con un dato que me descolocó. Se me ocurrió googlear el nombre que Losojo adoptó al llegar a Cuba. Hay un cura jesuita en Colombia que se llama Alfonso Llano Escobar. Demasiado parecido al Fernando Escobar Llanos, con el que se rebautizó después del primer entrenamiento. Que sea jesuita no es un dato menor. Una de las instrucciones que tenía Losojo era la de entablar relaciones con los jesuitas en todos los países a los que fuera. "El Che —me dijo— confiaba en los jesuitas. Decía que ellos nunca iban a traicionar".

—¿Qué tienen que ver el padre Alfonso Llano Escobar con Fernando Escobar Llanos?

—Nada. No lo conozco ni sabía que había un cura que se llamaba así. Mi nombre lo elegimos con Ernesto en el 61, en Cuba, cuando viajé por primera vez.

Se me ocurrió otra manera de rastrear en internet: Escribí "jesuita fallecido" en la barra del buscador.

En octubre de 2014 había fallecido en Valencia el padre Alfredo Tamayo. No. En julio le había tocado al padre Nicolás Mihaljevic, quien fuera confesor de Jorge Bergoglio cuando aún no se había convertido en el Papa Francisco. No, tampoco debe ser él. Aunque, ¿por qué no? Anoté el nombre por las dudas. Lo difícil del apellido, quizás…

La lista de jesuitas fallecidos fue más larga de lo que suponía. Delimité la búsqueda a "jesuita argentino fallecido".

Mucha información sobre el padre Jorge Loring, que murió a finales del 2013 a los noventa y dos años. Unos meses antes, a los ochenta y tres, murió el padre Joaquín Piña, que llegó a tener un papel de mucho peso en la vida política de la provincia de Misiones… Curioso el dato de la longevidad de los jesuitas. Pero de Openheimer ó algo que sonara parecido, ni noticias. Hasta que en la decimoquinta página apareció un nombre posible. En la mañana del 27 de diciembre de 2011 falleció el padre José María Meisegeier, jesuita. La noticia dice que fue sepultado en el cementerio de San Miguel, por lo que —entiendo— no debe ser la persona en cuestión. A Losojo le dijeron que el cura que tenía la foto pidió ser cremado junto con sus pertenencias. Recién en este punto me saltó lo extraño del dato. ¿Un cura que pida ser cremado? Por lo menos es una versión sospechosa. Al revisar las crónicas y necrológicas de la época, otro dato me llamó la atención: el padre Meisegeier era nombrado en algunos artículos como el "cura de los humildes". En otras se lo incluyó en la lista de los más conocidos exponentes del movimiento de sacerdotes por el Tercer Mundo. Había un dato que era curioso: solo las notas que conservan una relativa formalidad lo llamaban por el nombre. En la mayoría, en cambio, usaban el apodo.

Marqué el número de teléfono de Orlando.

—¿Cómo se llamaba el cura?

—No sé, no me acuerdo el apellido. Sonaba alemán, como te dije, pero no lo usaba nunca. Yo le decía Pichi, como le decíamos todos.

Dice una crónica publicada en 2011 que el cura jesuita José María Pichi Meisegeier fue "un luchador por los derechos económicos, sociales y culturales, ratificado por una vida militante hasta el momento de su partida". Creó y presidió una organización no gubernamental de entidades autogestionarias. En la mayoría de las páginas de internet se hablaba directamente del padre Pichi.

Pichi Meisegeier fue nada menos que el cura que sucedió al padre Carlos Mugica en la villa de Retiro en 1974, cuando lo asesinó la Triple A, Alianza Anticomunista Argentina.

Se lo nombré y sí, lo confirmó. Era él. Meisegeier. Estaba seguro. Era el cura que cuidaba los tesoros del Losojo. No fue cremado, como le dijeron. Estaba enterrado en San Miguel. De la foto, no había noticias. Al menos por el momento.

11

José María "Pichi" Meisegeier murió a los setenta y cinco años por una septicemia. La suya no fue una muerte sorpresiva para la gente que lo quería. Al parecer, los años lo habían maltratado y estaba enfermo.

Hijo de inmigrantes alemanes, era conocido como el "padre Pichi", para todo el que se le acercara. Algunos diarios de la época lo bautizaron "el cura villero". Desde que se hizo sacerdote, en 1965, fue parte de la orden de los jesuitas y se convirtió en un querible y contenedor referente de Dios para todos los pobladores de la villa miseria de Retiro, muy cerca del Río de la Plata y de los edificios más altos de Buenos Aires.

El padre Meisegeier fue un militante de la Teología de la Liberación. Desde 1974 dio misa en la capilla de Saldías, en un sector de la villa, adonde se hizo notar enseguida por proteger a los vecinos de los desalojos y de la violencia policial. Se puso al frente de la iglesia Cristo Obrero inmediatamente después de que un comando terrorista de la Triple A asesinó a su amigo y compañero, el padre Carlos Mugica. Ahí, en la villa de Retiro, amparó gente, organizó cooperativas y peleó por el derecho a la vivienda y al techo digno, hasta que en 1980 sus superiores eclesiásticos lo trasladaron a otra zona, probablemente no tan peligrosa, por lo menos en apariencia.

Todos los que lo conocieron hablaron del padre Pichi con ternura. Y en ese tono tierno había un brillo de admiración y de complicidad con la picardía que al parecer lo distinguió tanto de los demás. Al morir tenía setenta y cinco años, pero algunos lo evocaban como un adolescente rebelde e insubordinado. Un tipo que —al parecer—

no se calló nada y se desvivió por proteger al que lo necesitara, sin importar quién ni dónde. Un cura meticuloso y divertido que coleccionaba manifiestos, fotografías, documentos teológicos o revolucionarios y hasta panfletos que levantaba de la calle y encarpetaba con minuciosidad.

Orlando recordaba que visitaba al padre Pichi en una casa en Belgrano. Se le borró la dirección, pero tenía en claro que no era una iglesia ni una parroquia. Pichi vivía ahí con otra gente, por lo que quedaba en evidencia que esa no era su casa particular. Fue hace tanto que no podía precisarlo. Lo visitó varias veces en esa época, pero ahora no recordaba cómo llegar.

Habló mucho con Pichi. Casi fue su cura confesor, pero bueno, Orlando es marxista. Y los ateos no se confiesan. Aunque Orlando también fue el Losojo, el que le entregó siete años de vida al Che. Por eso, quizás, es que una mañana me contó que se reconocía jesuita. Que no era religioso, pero sí jesuita.

Revisé la historia del padre Pichi y me costaba individualizar dónde era que se reunía con el Losojo. No era en la villa de Retiro, eso está claro. Tampoco en una iglesia. Por fin me lo explicó Julio, el coordinador del Secretariado de Enlace de Comunidades Autogestionarias (Sedeca), fundado por Pichi en la década del '80, que se dedica a dar capacitación, contención y microcréditos para la vivienda a la gente humilde. Desde que Pichi no está, Julio lleva el día a día, muchos se refieren a él con cariño y sobre todo con respeto porque fue uno de los colaboradores más queridos por el cura.

Pichi Meisegeier murió en 2011 en el Colegio Máximo, en San Miguel. A ese lugar lo trasladaron cuando se enfermó.

Antes había vivido en el convento Regina Martyrum, en la zona de Congreso, en el corazón de la Capital Federal. Había sido trasladado ahí por indicación de su superior en la orden de los jesuitas. Nadie dice que haya sido castigado. Pero lo dan a entender. Cada vez que lo pregunté, me esquivaron la respuesta. Sí queda claro que Regina Martyrum no era el ámbito de Pichi.

Años atrás, hasta que fue destinado al convento, Pichi vivió en el Centro de Investigación de Acción Social, el CIAS, una casa en la zona de Belgrano. Esa es la casa, concluí. A esa casa iba a visitarlo el Losojo. Julio la describió y volvieron a aparecer las coincidencias.

La historia se repetía. Orlando trajo un dato de la antigüedad. Un dato que rescató de la memoria y con esfuerzo. Borroso, pero con indicios que facilitaron la confirmación cuando se lo investigó. No mentía. Esa casa en la que contó que visitaba al cura era real. Era el CIAS y estaba en la calle O'Higgins al 1300, en Belgrano. No figuraba en ningún lado, pero estaba ahí. No había foto ni documento que demostrasen que Pichi y Orlando se veían en ese lugar pero, ¿de qué otra manera pudo haberlo sabido?

El padre Pichi dejó bibliotecas y archivos llenos de carpetas, fotos y documentos. Accedí a las cajas de fotos y papeles que quedaron en Sedeca. Estaban en pleno proceso de escaneado y clasificación.

En Sedeca no estaba la foto del Losojo con las negras africanas y el Che. Pregunté si pudo quedar en Regina Martyrum, donde vivió el Pichi hasta enfermarse. Me confirmaron que saberlo iba a ser casi imposible. Cuando Pichi murió, la gente de Sedeca recuperó gran parte del material que había en Regina Martyrum. Al parecer todo lo importante estaba ahora en Sedeca. Otras cosas fueron enviadas por los jesuitas a Córdoba, a la casa central de la orden y pueden haberse perdido. En el convento, al parecer, no quedó nada.

El punto es que tampoco allí está todo. Porque en Sedeca se encuentra lo reunido después de la muerte de Pichi. Pichi coleccionaba fotos. Archivaba documentos. Clasificaba papeles. Parece que el archivo y el resguardo de la memoria eran una obsesión para él.

En la Universidad Católica de Córdoba funciona el Archivo Carlos Mugica, Colección Padre Meisegeier, con todo lo que Pichi pudo reunir sobre la vida del sacerdote asesinado.

Y yo que buscaba una foto que le dieron para que escondiera.

No me fue difícil imaginarlos en una tarde cualquiera en la casa de Belgrano. Uno cebaba mate y escuchaba. Sabía escuchar. El otro contaba historias que no le podía contar a nadie más. Como si hubiera estado ahí, vi el momento en que Orlando le daba un sobre. Ese sobre contenía algunos papeles importantes y una foto para que el Pichi guardase y protegiera.

Pícaros. Cómplices. Incorrectos. En ese entonces a las puertas de la vejez.

El problema es que el Pichi murió hace cuatro años. Y vaya a saberse dónde habrá quedado ese sobre.

12

Era un domingo de lluvia en Buenos Aires. Pero no un domingo de lluvia común. Era un domingo de lluvia del siglo veintiuno. De lluvia torrencial, tropical e inundadora.

Había quedado en encontrarme con Gonzalo Arias, un amigo, sociólogo y experto en comunicación política, en un hotel lujoso de la zona de Retiro. Lo había citado ahí un cliente y me propuso vernos después de su reunión, para tomar algo y terminar de ajustar algunos detalles de un trabajo en ciernes.

Sentados en el bar, mirábamos lo gris de la ciudad. Un río furioso parecía atravesar la avenida 9 de Julio. Era una tarde ideal para quedarse en casa, pero estábamos ahí, a la espera de que la lluvia amainara y la inundación bajara para irnos.

Acerca del proyecto que teníamos entre manos ya nos habíamos dicho todo. Lo lujoso del bar y lo extravagante de trabajar en ese hotel un domingo por la tarde nos tentó a probar algo exótico y pedimos un mate de vodka. Estaba riquísimo. El mate y la jarra parecían de plata, lujosos como el lugar. El hielo helaba el vodka, que a la vez era combinado con algún cítrico y quedaba delicioso cuando se lo tomaba en mate. Desconozco la marca de la yerba que le daba el toque final.

Gonzalo cebaba, cuando se me ocurrió contarle del Losojo, de la historia que yo empezaba a investigar y del camino que tenía que hacer para chequear la información. Le conté que todos los datos me cerraban pero que no tenía ninguna prueba documental que demostrara de manera concluyente que fuera cierta. Le dije que andaba detrás de una foto y llegué a la anécdota del jesuita de apellido alemán que terminó llamándose Meisegeier.

—¡¿Pichi?! —preguntó Gonzalo casi a los gritos y lanzó una carcajada—: Boludo, ¡yo me crié con él! Era un genio, el Pichi.

Buscó un número en la memoria del celular, y llamó a uno de sus mejores amigos: el sobrino del cura. Otra cuota de magia en el camino de la investigación. Jamás se me hubiera ocurrido que iba a llegar de esa manera a la familia Meisegeier. Apenas le contestó el sobrino, Gonzalo le habló de mi búsqueda, del personaje misterioso llamado el Losojo y del cura de apellido alemán que resultó ser nada menos que Pichi.

Gonzalo me contó que tanto la familia como los amigos intentaron que Pichi les hablara de Mugica, de los curas del Tercer Mundo o de las cosas que vio en esos años tan duros de la Argentina. El propio Gonzalo lo taladró varias veces a preguntas. Pero el cura se pasó de discreto. Del Losojo, del Che, o de la foto africana, nadie supo jamás una palabra.

La noticia deseada por mí llegó cuando pude confirmar la presunción: Ni Pichi había sido cremado, ni sus cosas incineradas. Eso le habían dicho a Orlando cuando llamó al número en el que antes contactaba al cura, pero le habían mentido. Entonces supe que la familia también se había quedado con fotos de Pichi.

—Por favor, ¿podés buscar una en la que hay unas negras africanas posando con un tipo que las abraza para un tercero, que a su vez les saca una foto? Es la foto de una foto… ¿entendés? —le pidió Gonzalo al sobrino del cura.

No. No recordaba haber visto una imagen así. Pero podía ir a la casa de Luis, el hermano del Pichi. Él y su mujer tenían más cajas en las que buscar. Y más historias para contar.

Gonzalo me consiguió el teléfono y para que me ubicara, me explicó que si bien Luis es el hermano de Pichi, la gran confidente del cura fue Beba. Él confiaba mucho en ella. Pichi encontraba en la casa del hermano un lugar de contención. Y en la cuñada, una oreja cómplice.

Lo clara y cristalina que era la voz de Beba en el teléfono, no hizo más que adelantar lo cálida y tierna que es en persona. Me invitó a la casa, en el borde norte de la Ciudad de Buenos Aires. Toqué el timbre una mañana de noviembre. Viven cerca de las vías del tren, en una de las pocas zonas de casas bajas que le quedan a la ciudad.

El que abrió la puerta fue Luis. Alto, canoso y jovial, la energía que emanaba parecía desmentirle los años. Beba y Luis debían pasar de los setenta con holgura. El tiempo que llevaban juntos no les apagó el amor. Se hablaban con la dulzura y el sosiego de haber compartido toda una vida. A Beba se le encendían los ojos cuando contaba de los hijos. Los señalaba y los nombraba en las fotos que poblaban el living típico de una familia de clase media que todo lo tiene, pero a la que nada le sobra.

Adoraban a Pichi. En esa casa, con el hermano y la familia, el cura había almorzado cientos de veces. Ellos lo contenían y lo escuchaban cuando tenía ganas de hablar. Pero, por sobre todo, supieron respetarle los silencios. Hablaban de él y lo volví a imaginar pícaro y vivaz.

Conozco un montón de gente que se hubiera horrorizado con la anécdota que contó Luis, pero él la contaba con ternura y hasta con una sonrisa llena de melancolía. Sucedió en plena dictadura militar, durante un almuerzo de domingo en el que Pichi les pidió que le dieran techo y comida a un curita que había tenido problemas con el superior de la iglesia en la que estaba destinado. No tenía donde dormir y les pidió el favor a ellos. Beba completó al recordar que el cura vivió varias semanas con ellos. Recién cuando se fue, se enteraron de que no era cura sino un militante de izquierda al que Pichi escondió porque los militares lo buscaban para hacerlo desaparecer.

Beba se perdió en un cuarto y a los pocos minutos regresó con tres cajas llenas de fotos. La mala noticia era que el padre Pichi había sido aficionado a la fotografía: le encantaba tomar fotos y dejó miles. Muchas lo tenían de protagonista y otras muchas lo tenían como reportero, detrás de la cámara. Abrimos las cajas, revolvimos, buscamos e identificamos. Yo revisaba momentos. Ellos los revivían. Ahí estaba condensada una gran parte de la historia de Pichi.

Pichi en misa en la villa de Retiro. El día que se ordenó como sacerdote. Pichi con otros curas de la villa. En el bautismo de un bebé que hoy debe tener casi cuarenta años. Decenas de fotos del movimiento de curas del Tercer Mundo en las que no se lo veía a él porque oficiaba de fotógrafo.

Un detalle me llamó la atención: no había fotos del padre Mugica. Solo un par de rollos del cortejo multitudinario el día de su entierro. Pero de Mugica vivo, ninguna. Les comenté el detalle y me explicaron que todas esas fotos estaban en el museo. En la Universidad Católica de Córdoba funciona el Archivo Carlos Mugica, Colección Padre Meisegeier. Una recopilación cuidadosamente protegida que el padre Pichi legó a la Universidad después de muchos años de reunir fotos, escritos y documentos sobre su amigo asesinado.

En las carpetas que tenía la familia de Pichi no estaba la foto del Losojo. Tampoco en Sedeca. Me tocaba ir a la Universidad.

13

20 de abril de 2015

Hola Gabriela. ¡Mucho gusto!

Mi nombre es Marcos Gorbán. Trabajo como productor de televisión y en los ratos libres trato de ser escritor. Viajo a Córdoba el 13 de mayo y quería aprovechar la oportunidad para acceder al Archivo Mugica de la Colección Meisegeier.

Te cuento el motivo: Estoy escribiendo un libro sobre un maravilloso personaje que hasta hoy nadie conoce y que fue parte de la historia del Che Guevara pero en las sombras. Es una historia apasionante. Más allá del testimonio de este personaje, te imaginarás, estoy chequeando información y tratando de contrastar datos. Hasta el momento, todo cierra. Todo lo que cuenta parece ser verdad. El tema es que no existe prueba documental. Solo existía una foto de él con el Che. Para que estuviera segura, se la dio en custodia al padre Pichi Meisegeier.

Con el fallecimiento del Padre, estoy rastreando todos los archivos para ver si puedo recuperar esa foto que es todo un documento histórico.

Iré a Córdoba por una conferencia y postergué un día mi regreso a Bs. As. para ver si por esos milagros de la vida puedo encontrar esa foto entre todos los documentos que el Padre les legó. ¿Será posible revisar los archivos?

Quedo en espera de una respuesta con la ilusión de que sea positiva. Un beso grande y gracias

Marcos Gorbán

Por fortuna, la horrible costumbre de no contestar mails ni llamados a Córdoba no llegó. O por lo menos a la Universidad Católica de Córdoba.

20 de abril de 2015
Estimado Marcos,
No hay ningún problema en recibirte, ¡será un gusto! nosotros estamos de 8 a 20 en el campus de la universidad camino Alta Gracia. La dirección es Armada Argentina 3555.
Te paso el link si te interesa ir viendo mientras tanto:
http://www.ucc.edu.ar/biblioteca/biblioteca_seccion.php?sec=40&pag=658#lectura
Ahí tenemos algunas fotos digitalizadas de la colección y están listados los archivos de lo que contienen las cajas.
Respondiendo a tu pregunta, ¡claro que podés consultar la colección!
Y te vamos a acompañar en tu búsqueda, ojalá la encontremos.
Te esperamos por aquí, mientras tanto voy buscando algo.
Cordialmente,
Gabriela

No era un frío penetrante el de ese mediodía cordobés. Recuerdo otoños muchísimo más fríos, sobre todo en las afueras de la ciudad. Me subí al taxi sin tener muy en claro la distancia. Un riesgo del que pude salir ileso en materia financiera. Veinticinco minutos después bajaba en el campus universitario, un paraje verde absoluto, rodeado de bases militares, frente a la ruta que lleva hacia el interior de la provincia.

La Universidad Católica de Córdoba es administrada por los jesuitas y consta de varios edificios modernos, muy amplios, vidriados y en consecuencia luminosos. A la derecha de la entrada principal está el Rectorado. Enfrente, es decir, a la izquierda de la entrada, unos doscientos metros de césped más allá, está el edificio de la Biblioteca Jean Sonet, donde me esperaba Gabriela.

Llegué cuando salía un grupo de chicos. A pesar de la ansiedad, me di unos segundos para semblantearlos y de paso ambientarme. Jóvenes, radiantes. Nada parecía preocuparles. Muy a tono con lo pulcro del lugar. La universidad parecía una isla en las afueras de la ciudad que es, como casi todos los suburbios latinoamericanos, un paisaje de asfalto quebradizo, ómnibus que humean gasoil, y algunas camionetas desvencijadas. Pero eso sucedía más allá de la cerca. Acá, de este lado, estaba la casa de altos estudios y su biblioteca mullida, pulcra y alfombrada.

El enorme salón de lectura se veía casi vacío. A un lado, un comedor en el que una docena de estudiantes tomaban apuntes en silencio, con una vianda al alcance de la mano. Del otro lado, una hilera de oficinas que daban a la sala central. En la mesa de entradas me señalaron una de esas puertas. Era la oficina de Gabriela.

Debía tener mi edad, o tal vez un poco menos. Había ambientado la oficina buscando que lo pequeño no impidiese lo confortable. Era lógico, pasaba muchas horas allí. El escritorio de la computadora, que seguramente permanecía siempre encendida, también estaba despejado. No era de esos escritorios repletos de papeles desperdigados que hablan de trabajos pendientes dejados a la vista para no ser olvidados. Había una pizarra de corcho en la pared. Y algunas tiritas de colores señalando importancias. Era una oficina pequeña pero cálida. Y cálida era también Gabriela, que apenas me recibió me dio una mala noticia. Había revisado el archivo, y no pudo encontrar una foto como la que le describí. Pidió que no me desalentara y buscó un manojo de llaves en uno de los cajones. Me había esperado para que juntos revolviésemos a fondo. Que no la hubiese encontrado en un primer rastreo no quería decir que no estuviera.

Para llegar al archivo había que ir por un pasillo angosto y bajar un par de escaleras que, aunque limpias y recién pintadas, desentonaban con el lugar. El espacio ya no era amplio ni alfombrado. El archivo no estaba en un sitio mullido como el resto de los libros. Estaba en el sótano. Todo el material permanecía bajo llave, en dos placares nuevos de casi dos metros de alto por uno de ancho. Frente a los armarios, en un espacio cómodo aunque austero y reducido, había una mesa y un par de sillas ubicadas para trabajar ahí mismo. Una escena tan propia de lo clandestino y de lo oculto.

Gabriela abrió los armarios. El material estaba en cajas celestes o en carpetas. Ordenado y clasificado con cuidado, por temas y por años. Era una colección que guardaba algunos objetos y un sinfín de fotos, volantes que Meisegeier había recogido en la calle, escritos y documentos sobre Mugica, sobre el movimiento de sacerdotes del Tercer Mundo, sobre la villa de Retiro y sobre lo que pasaba a su alrededor hasta que lo asesinaron el 11 de mayo de 1974. En medio de tanto papel había un sobre rotulado con la letra del propio Pichi: "Pañuelo que perteneció al padre Mugica".

Sacamos las cajas de a una. Las abrimos y esparcimos el contenido sobre la mesa. La colección se dividía por años, por organizaciones, hasta por países. Todo estaba rotulado y bajo control. Había cualquier cantidad de artículos periodísticos con anotaciones y comentarios al margen que había hecho el cura de puño y letra. Apenas nos pusimos a trabajar comprendí que alguien ya había pasado por ahí. Era demasiado raro que pudiéramos encontrar la foto del Che Guevara con el Losojo y las africanas. Si la propia Gabriela, después de tanto trabajo no la había encontrado, seguro que ahí no estaba. Igual seguimos con la pesquisa. La memoria que guardaban esas cajas era apasionante en sí misma. Cada imagen contenía una historia conmovedora que valía la pena mirar.

Al cabo de dos horas el rastreo había terminado. Quedé empachado de Mugica y vacío del Losojo y del Che. Pero la desilusión parecía más instalada en Gabriela que en mí. Le hubiera encantado ayudar y quizás percibía que no haberla encontrado hizo que la búsqueda fuera en vano. No fue así.

Gabriela me invitó de nuevo a su oficina y convocó a Sandra, la directora de la Colección. Sentí que en esa biblioteca seleccionaron al personal por su buena onda y predisposición. Sandra ostentaba varios títulos universitarios y una carrera prolongada en la materia. Era la persona con la que se había contactado Pichi para armar el archivo. Sandra y Gabriela trabajaron con él hasta el último día y presumían de ello. Trataban con llanura y le ponían una energía tal al ayudar, que si algunos miles las imitaran, otra sociedad seríamos.

Sandra revisó su propio correo en busca de la lista de invitados a la inauguración del archivo. Abrieron sus agendas, buscaron números y contactos que me ayudasen en la investigación.

Me dieron los teléfonos del Regina Martyrum por si quería buscar ahí. Mostraron que había una página en Facebook llamada "Colectivo de teología de la liberación 'Pichi' Meisegeier", y sugirieron que los contactase. Me dieron las coordenadas de varios amigos de Pichi, y de Matilde Blanco, a la que dijeron que tenía que llamar sí o sí. Matilde fue la persona que ayudó a Pichi a clasificar y armar el archivo Mugica. Los ganchitos de colores que dividían y organizaban por tema los documentos, la letra grande y clara que lo catalogaba todo, los cartelitos que marcaban el camino, eran de Matilde.

Salí de la Universidad con tarea para el hogar.

Apenas llegué a Buenos Aires llamé a los teléfonos que había conseguido en Córdoba.

A Matilde le encantó la historia de mi búsqueda. Ella fue la más estrecha colaboradora de Pichi en materia de archivos y colecciones. Si hay alguien que conoció a fondo todos los papeles que fue guardando el cura a lo largo de los años, es ella. Y nunca había visto una foto como la que le conté. Sugirió que llamase a Héctor, uno de los mejores amigos de Pichi y autoridad también de Sedeca, como Julio.

Héctor volvió a direccionarme a Sedeca. Todo lo de valor que tenía Pichi al momento de morir tenía que estar ahí. El resto quedó en Regina Martyrum y al parecer fue enviado a la curia, o se perdió.

La foto del Losojo con el Che no estaba entre las colecciones, archivos y recuerdos que guardaron la familia, los amigos y las organizaciones en las que trabajó Meisegeier. Si para ocultarla o protegerla Pichi la había escondido entre las páginas de un libro, en una caja o en cualquier otro lugar, ya no estaba. Se perdió. Y con ella, la única prueba que podía demostrar de manera tajante que lo que decía Orlando era cierto.

14

La historia de El Losojo
Parte III

Alfredo, mi hermano mayor, era secretario zonal de Lomas de Zamora. En 1962 me dijo que tenía que volver a incorporarme de manera orgánica a las filas del Partido Comunista Argentino. Hacía un tiempo ya que me había separado y ahora tenía que volver a vincularme. Le pregunté si tenía que dejar de hacer lo que estaba haciendo con el Che, porque en definitiva había sido Alfredo el que me había enviado el año anterior a entrevistarlo en Uruguay. La orden fue seca y cortante:

—De eso no se habla ni conmigo ni con nadie.

Cumplí a rajatabla. Me convertí en militante del PC, y a la vez seguí trabajando de manera clandestina con el Comandante.

Para que mi reingreso al Partido fuera formal, mi hermano envió a un cuadro de menor rango que él para que me encuadrara en una tarea específica. A este tipo no lo nombro porque aún está vivo y no tiene mayor importancia en esta historia. Creo que tampoco tiene importancia dónde milité, los cargos que tuve y algunas macanas que me mandé.

El hombre vino a verme a casa. Como yo siempre fui de tomar mucho mate, le cebé unos cuantos en la cocina. Le comenté que estaba dispuesto a llevar adelante la tarea que se me encomendaba, pero que no podía dejar de hacer lo que estaba haciendo hasta ese momento. Por supuesto que quiso saber a lo que me refería y no le mentí. "Hago trabajos de campo", le contesté. Y evité las precisiones.

Para ese entonces ya eran muchos los que sabían que casi todos los fines de semana iba "al campo". Por suerte, no nos detuvimos demasiado en el tema.

—No hay problema, seguí con lo tuyo— dijo, y nunca hasta hoy tuvo idea cabal de cuál era mi verdadera ocupación.

Lo curioso es que ni mi hermano ni ese dirigente me afiliaron al Partido. Dieron por hecho que ya había llenado la ficha en alguna otra ocasión. O quizás no, no lo sé. Pero el punto es que nunca estuve afiliado al Partido Comunista. Todos daban por sentado que sí, y como nadie me lo preguntó, tampoco tuve que aclarar.

Así es como volví a militar. En paralelo, seguí adelante con la misión que me había encomendado el Che. Pero eso mis camaradas no lo sabían.

15

Orlando está orgulloso de lo discreto que siempre fue. "Me voy al campo", decía casi todos los fines de semana de 1962, y encaraba rumbo a Chile, a Paraguay o a Bolivia, sin ser detectado. Durante más de un año, en silencio, había hecho un trabajo de cartografía paralelo y eficiente.

Remarca y repite cada vez que puede lo importante que fue para él mantener la disciplina en todo momento. Trabajaba para el Che Guevara. Era un hombre de la revolución socialista en América Latina.

En ese tiempo es que volvió a militar en el PC. Fue la época en la que más cercano a mis padres estuvo. En ese 1962 fue que mi viejo lo atendió por la torcedura del tobillo, y que aprendió a manejar en el Fiat 1100, mientras le daba una mano a mi vieja en una campaña electoral.

Orlando no cuenta, no quiere decir, cuál fue la tarea que le dieron cuando se volvió a vincular. En busca de alguno de los comunistas de esos años, se me ocurrió preguntarle a mi madre, y me nombró a varios. Vivos, solo tres: Luis, ex responsable sindical del PC argentino, que en aquel entonces era dirigente en Lomas de Zamora; un viejo amigo de la familia llamado Adolfo y su cuñado, Juan Carlos, que en tiempos de Orlando, era el Secretario del Partido Comunista en Llavallol, un barrio fabril al suroeste de Lomas de Zamora.

—¿No te acordás de Juan Carlos? —me preguntó mi vieja mientras buscaba en una agenda ajada y manuscrita el número de teléfono que le había pedido—. Vivió en casa cuando vos era chiquito. Te encantaba jugar con él.

Suelo ponerme fastidioso cuando me preguntan si me acuerdo de una persona que jugaba conmigo cuando yo tenía tres o cuatro años. Y ahora que estoy cerca de los cincuenta, todavía más. Sé que es un reproche tonto, y supongo que en mi familia no es en la única que se preguntan estas cosas. Lo que sucede es que se da con demasiada frecuencia. El punto es que de este Juan Carlos no me acordaba nada a pesar de que —según me cuenta mi vieja— había vivido seis meses en casa.

Ya sea por la sucesión de dictaduras que vivieron a lo largo de la vida, o por los años de militancia tantas veces clandestina, o tal vez porque durante décadas en la Argentina tener una participación política, y mucho más en la izquierda, fue un camino lleno de espías, traiciones, cárceles y desapariciones, lo cierto es que lograr que los viejos comunistas cuenten las historias de su tiempo suele ser una empresa imposible. Hay que atravesar un muro que combina pudor, discreción, desconfianza y, sobre todo, un código de lealtad y de silencio que fue forjado a fuego.

Los entiendo y los conozco. En mis años de militancia, en los ochenta, también era así. No se podían decir cosas importantes por teléfono. Los servicios escuchaban. No se podía llevar encima información alguna que pudiera comprometer a otros compañeros. Se hablaba en clave. Se miraba sobre el hombro para chequear que atrás no hubiera algo sospechoso. No se confiaba a primera vista en nada ni en nadie.

Y a esos usos de la militancia en dictadura hay que sumarle la cultura de ese secretismo tan soviético que en el PC de la Argentina se aplicaba a pie juntillas. Las decisiones de los compañeros resultaban sagradas aunque no supiéramos quiénes eran esos compañeros ni a razón de qué habían decidido tal o cual cosa. Todo era a puertas cerradas en pos de la "vigilancia revolucionaria". En esa etapa de mi vida aprendí a reunirme a solas. A pedirle a cualquiera que se retirara de una sala en la que con otro teníamos que conversar de algo que, por más que me esfuerce ahora, no creo recordar que fuera peligroso o prohibido. El punto era compartimentar la información. O hacer valer la cuestión escalafonaria de los militantes. Esa modalidad imponía respeto. Daba importancia. En definitiva, creíamos que cualquier cosa que hiciéramos era porque estábamos tejiendo la revolución.

Los viejos que compartieron el Partido con el Losojo no se afiliaron como yo en épocas del general Galtieri. Ellos militaron a riesgo de entregar la vida en épocas de Lonardi, de Aramburu, de Onganía, de Lanusse, de Videla y de toda la lista de dictadores que tuvo la Argentina en la segunda mitad del siglo veinte. Por eso no me sorprendió la reticencia que tuvieron cuando los llamé para preguntarles por Orlando y por aquellos tiempos de militancia en Lomas.

Tenía una lista de tres personas que lo conocieron cuando se volvió a vincular al Partido: Adolfo, Luis y Juan Carlos.

Adolfo me mandó a decir que no se acordaba de nada.

Luis, lo mismo. No tenía problemas en reunirse conmigo. Podía ser en la casa de mi madre, inclusive. Pero tenía serias dudas de que pudiera servirme para algo la charla. Porque no se acordaba demasiado. O quizás yo necesitaba información que él no tenía. Una de las veces que lo llamé a la casa para coordinar, me atendió la esposa. Muy dulce, muy cariñosa sobre todo cuando supo de quién era hijo. Pero a continuación pasó a decirme en un tono de reproche dolido y orgulloso que hoy se estila remover demasiado donde ya no se necesita. Que la cultura del chisme ya lo tomó todo y que hay que tener mucho cuidado con lo que se dice. Porque en aquellos años, el contexto…

Si quiero ser fiel a los códigos de la época, debo decir que con Juan Carlos establecimos una cita en un bar de Banfield un jueves a la mañana.

No lo conocía. Me mandó un mensaje de texto para avisarme que estaba en camino y que tenía barba y camisa a cuadros. Me senté a esperarlo en una de las mesas que están en el centro del salón de un amplio bar estilo pizza-café que desde hace más de veinte años está en la esquina de Maipú y Alsina. A unas siete cuadras de la casa en la que nací.

Llegó con una demora de diez minutos. Lo reconocí apenas abrió la puerta y empezó a buscar con la mirada. Canoso, lentes con marco de metal un poco maltratados por los años, camisa a cuadros y boina negra, Juan Carlos era nuevo para mí. Nada en él me remitía a un amigo de mi niñez o a una persona que recordara viviendo en casa. Vivió seis meses en una habitación que hoy está medio abandonada en el subsuelo, pared de por medio con el garaje. Ese cuarto, que alguna vez fue la habitación de estudios de mis hermanas y que en otra época mi viejo usó como depósito o bodega, años antes, muchos años antes, fue la vivienda de Juan Carlos.

Él se acuerda muy bien de esos días. Mi padre se enteró casi de casualidad que estaba buscando una pieza para vivir y lo invitó a quedarse en casa, así, sin más. Durante seis meses vivió ahí. Eso fue entre 1962 y 1963. Cinco años antes de que yo naciera. Difícil entonces que me acordara de Juan Carlos. El nene con el que jugaba era mi hermano Jorge, que entonces sí, tenía cinco o seis años. Fronteras que se le borronean a mi vieja cuando camina para atrás en el calendario en busca de recuerdos.

—En esa época me hacía llamar Ernesto —dice Juan Carlos, al tiempo que revuelve el café que el mozo le acaba de dejar. Y se me ocurre que ahora que está canoso y usa barba y boina negra se parece al poeta nicaragüense Ernesto Cardenal.

La anécdota arrancó de la nada. Antes de irse a vivir con mi familia, alquilaba una casa que en el baño tenía un calefón a alcohol. Un día, cuando se bañaba, hizo un mal movimiento y rompió el calefón. El alcohol encendido se le derramó encima. Corrió a los gritos y en llamas. En la desesperación rompió el vidrio de la puerta del baño. Al fuego lo pudo apagar enseguida, pero se cortó. Le sangraba el brazo y tenía vidrios incrustados.

Necesitaba un médico con urgencia. Lo llevaron a mi casa.

—"¿Qué elegís? ¿Punto arroz o punto cruz?" —cuenta que le preguntó mi padre, y se arremanga la camisa para mostrarme, como si fueran medallas de guerra, unas diez heridas zurcidas en forma de cruz que le pueblan el antebrazo. Recuerdos que le dejó mi viejo hace más de cincuenta años. Juan Carlos está orgulloso de sus cicatrices. Y a mí me inundó una melancolía inesperada.

Tuve que hacer un esfuerzo importante para volver a enfocarme en Orlando, en el Losojo, en la militancia de los años sesenta en Llavallol. Para eso es que nos habíamos encontrado esa mañana en ese bar.

Sí, Juan Carlos se acordaba de Orlando con toda claridad. Juan Carlos era el secretario del PC en Llavallol, y Orlando era la persona de la comisión de organización zonal que lo visitaba con periodicidad. En la jerga partidaria, Orlando era el hombre del escalafón superior del Partido que "atendía" al barrio. El dirigente que tenía como misión contener e informar a Juan Carlos en su militancia. Claro que se acordaba de él.

Juan Carlos calcula que militó con Orlando desde 1963 hasta 1965. De la actividad paralela con el Che Guevara, se enteró por mí esa mañana en el bar. Después de constatar que no lo sabía, se lo conté. Me escuchaba con los ojos redondos como dos relojes. "De eso no podés hablar conmigo ni con nadie", le había dicho Alfredo, el hermano, a Orlando. Y se ve que le hizo caso.

Cincuenta años después, en Banfield, Juan Carlos no salía del asombro y, a la vez, revisaba aquel tiempo y caía en la cuenta de que podía ser. Sabía que Orlando había ido a Cuba algunas veces por tareas que no tenía muy en claro, pero sí, hablaba mucho de lo que pasaba en la isla y a ellos, los jóvenes del momento, se les llenaba la cabeza de pajaritos.

Lo que entonces le hacía ruido a Juan Carlos —se daba cuenta ahora — es que el tema militar estaba muy presente en el discurso de Orlando. Cuando el Partido invocaba a Cuba era para hablar de alfabetización, socialismo o reforma agraria. Las palabras de Orlando —dice— se relacionaban más con la defensa en armas de la revolución.

—No era de los combates que hablaba, sino de los resultados de algunos combates —repasa ahora Juan Carlos—. Para nosotros era como una fantasía lejana. Pensá que en ese tiempo todo pasaba por el cine, lo que ahora se ve en la televisión, antes era en el cine. Y cuando escuchabas sobre guerrillas o combates, de inmediato lo remitías a escenas que habías visto en alguna película.

—¿Qué es lo que querés decir? ¿Que Orlando contaba historias inventadas?

—No, eso no. Que hablaba de cosas que había visto y que nosotros solo habíamos visto en el cine… Que había ido. Que había estado.

—¿Ustedes sabían eso? ¿Vos podés confirmar que Orlando iba a Cuba con asiduidad?

—No, porque a nosotros no nos llegaba esa clase de información. Teníamos un entusiasmo enorme por todo lo que pasaba en la isla, y escuchábamos con muchas ganas a cualquiera que estuviera vinculado a la revolución cubana. Pero nosotros no conocíamos esta cuestión. Es decir, todo es probable. Pero no lo sabíamos. No lo puedo confirmar. Yo no lo sabía con certeza hasta hoy.

Juan Carlos tiene un buen recuerdo de Orlando. Habla de él con respeto. Es muy difícil penetrar en el bosque de palabras que conserva como buen viejo comunista. Es cortés y prudente. Lo que dice lo dice entre líneas. Y cuando se refiere a las últimas veces que lo vio trata de ser más cuidadoso aún.

Parece que Orlando fue separado del Partido. Ese es el motivo por el que dejó de militar. "Separar" a un militante quería decir que se lo suspendía, o peor aún, que se lo expulsaba. Se lo desvinculaba de la organización, se lo separaba de los compañeros y de los amigos, nadie podía acercarse a él. Se lo hacía a un lado propiamente dicho. Juan Carlos se manejó en puntas de pie cuando intenté profundizar en los porqués.

—Creo que fueron cuestiones de índole moral.

Las "cuestiones de índole moral" pueden ser inagotables. Caben el hurto, el robo, la pedofilia, la traición, la corrupción en todas sus vertientes… pero tratándose del PC de aquel momento, creí suponer por dónde venía la cosa y lo pregunté.

—¿Una mujer?

—…tuvo una dificultad con el trato a una compañera que no era su mujer…

—Salió con otra…

—Salía con varias… lo que nos preocupó a nosotros fue el caso de una compañera, que podía ser la nuestra o la de cualquier otro compañero…

Quise profundizar en el tema pero me esquivó. "Es lo que se comentaba en ese momento", dijo y negó tener pruebas, por lo que no acusó y pidió comprensión hacia la moral que los comunistas tenían en los años sesenta, cuando recién salían de las aguas del estalinismo. Aguas que podían ser más castas y represivas que las de la Iglesia católica.

16

Aproveché que estaba en Banfield y me quedé a comer con mi madre.

Como cada vez que la visité en el último tiempo, llamó al restaurante de la esquina y pidió una milanesa a la napolitana gigante y con papas fritas. Los ochenta y tres diciembres que ese día tenía a cuestas fueron un buen argumento de impunidad.

Le conté que venía de conversar con Juan Carlos. Me preguntó cómo estaba, y antes de que pudiera responderle, soltó una risa atropellada. Es que le vino a la memoria una anécdota que describió a la perfección el vínculo que los unía. Y me la regaló.

—Juan Carlos se casó al poco tiempo que se fue de acá —comenzó mi madre—. Le pidió a tu papá que fuera testigo en el registro civil. Lo gracioso es que cuando llegamos al registro había dos o tres salas y en todas iba a producirse un casamiento. Tu papá me miró entre serio y confundido y me preguntó cuál era el apellido de Ernesto, bueno de Juan Carlos. No sabíamos a qué sala teníamos que ir porque no sabíamos cuál era su verdadero nombre.

Un par de horas después manejaba camino a casa y hacía un recuento de toda la gente que se instaló a vivir con nosotros a lo largo de los años. Nunca me había detenido a pensarlo antes. Supongo que como crecí con eso, debió parecerme normal. Pero después de la charla con Juan Carlos y de algunas anécdotas que me contó, caí en el detalle de que mi casa fue el refugio de tanta y tan diversa gente.

Por supuesto que el primero que me viene a la mente es Alejandro, mi amigo de toda la vida. Nos conocimos a los trece o catorce años, en 1982. Militábamos en la Fede y ambos cursábamos nuestro primer romance adolescente. Nuestras novias eran amigas entre sí y nos presentaron. Salimos dos o tres veces juntos, y después las chicas nos dejaron casi en simultáneo. No nos unió el amor, tampoco el espanto, pero sí el primer desamor.

Con Alejandro compartimos además el primer cigarrillo, la primera borrachera, la primera semana de vacaciones en la costa y sin padres. Caminamos mil veces las veredas de Banfield, de Lomas, de Claypole y de barrios insospechados a los que todavía no sé cómo llegamos. Seguimos siendo amigos treinta y algo de años después. Y algunas veces nos acordamos del día en que mi viejo le preguntó por qué viajaba tanto.

Ale vivía en Claypole, unos veinte kilómetros al sur de Lomas, a treinta entonces, del centro de la ciudad. Cursaba el secundario en un colegio especializado, en Barracas, al sur de la Capital. Salía todos los días a las cinco de la mañana y volvía a la casa por la noche. En ese entonces vivía con la mamá, pero Ema cocinaba en una clínica de Adrogué y cuando le tocaba el turno de la noche, pasaban días sin verse. En esa casa de la calle Baizán vivían solos. Francisco, el papá de Ale, había fallecido cuando él tenía once años. Los dos hermanos mayores estaban casados y vivían lejos de ahí.

Una de las tantas noches en las que Ale se quedó a cenar en casa, de la nada, como si fuera lo más natural del mundo, mi viejo le preguntó por qué no se venía a vivir con nosotros para estar más cerca del colegio. Al otro día llegó con una valija y se instaló. Compartimos el cuarto algo más de dos años.

Me conmueve un poco pensarlo hoy. No sé si sería capaz de un gesto así con un amigo de mis hijos. Pero me encanta haber vivido en esa casa y con esa manera de ver la vida. La mía, la de mis viejos, era una casa abierta o un aguantadero, como me la definió hace poco un amigo. Algunos años antes, un empresario muy amigo de la familia quebró. Había quedado con deudas hasta la cabeza. Los acreedores lo buscaban por todo Buenos Aries para cobrarle de cualquier manera. Y cuando digo de cualquier manera, lo digo de modo literal. Pudo normalizar la situación y honrar las deudas. Pero hasta tanto, se escondió en casa. Él y la familia. Toda gente muy querida por nosotros aún hoy. Necesitaban refugio y lo tuvieron. Sin mayores complicaciones ni preguntas.

No es que sobraran habitaciones. La casa tenía cuatro dormitorios. Mis viejos en uno, mis hermanas en otro, mi hermano y yo en el tercero, y en el cuarto mi abuela, la tía que venía a instalarse algunos meses al año desde Neuquén, y el amigo de turno que se tuviera que quedar. En el peor de los casos, nos amuchábamos y en alguno de los cuartos se podía instalar una familia entera de ser preciso.

No hablo de quedarse a dormir. Porque ahí sí fueron cientos. Todos llevábamos gente a dormir a casa. Gente de todo tipo, color y nacionalidad. La lista es tan larga como insólita: compañeros de estudios, novios y novias, amigos de cualquiera de nosotros, tías o tíos que llegaban de algún lugar del mundo, el poeta Armando Tejada Gómez cuando venía a cenar y no se podía volver manejando porque el vino había hecho de las suyas... Recuerdo un dirigente del Frente Patriótico Manuel Rodríguez de Chile que alojé yo, otro dirigente pero del PC colombiano, que estaba vinculado a las Farc, que le trajeron a mi viejo para que lo hospedara un par de días... qué sé yo. Perdí la cuenta. Me divierte hacer memoria para tratar de contabilizarlos.

Creo que el caso más insólito fue el de una prima que de tan lejana no la conocíamos. Un día nos enteramos de su existencia porque nos llamaron de una comisaría de Burzaco o de Rafael Calzada para avisarnos que estaba detenida por ejercer la prostitución. Creo recordar que además tenía una enfermedad venérea contraída en la práctica del oficio. Estaba en tratamiento y en vías de curarse. La liberaron a los pocos días. No hace falta decir adónde fue a vivir. Todo un cuarto para ella porque en ese momento no estaban ni mi abuela ni mi tía.

Recuerdo ahora otro detalle y se me instala una sonrisa. En este caso, mi viejo estableció un límite. Cuando estuvo detenida se puso de novia con un policía. Ese fue el límite. Ella podía vivir con nosotros. Y él podía visitarla, si quería. Pero a casa él no entraba. Me viene la imagen que encontraba al volver de la escuela: ellos sentados en un banquito en el porche, o en la vereda. Charlaban. Me imagino que hacían planes a futuro.

Nací y crecí en una casa abierta, que daba refugio. Una casa a la que, ahora me entero, tantas veces acudió el Losojo sin que mi familia supiera con claridad a qué se dedicaba.

A mi entender, en este bendito país héroes hay y hubo muchos.

Desde José de San Martín, que se hubiera podido quedar muy cómodo en España, hasta el padre Pichi Meisegeier, sin ir más lejos.

En otra medida, quizás, siento que lo fue mi viejo. Y que lo es mi vieja. Ellos abrieron la casa aun en dictaduras y fueron refugio de todo el que lo necesitó. Protegieron a su costo a santos y a pecadores. Y aunque alguna vez lo pagaron caro, jamás fueron por ahí a pedir recompensa ni reconocimiento.

Son mis héroes. En el sentido más literal y contundente de la palabra.

Hay días en los que siento que cuando me meto a hurgar en la vida del Losojo y de los viejos que militaban en esos años tan pesados, en realidad estoy tratando de entender qué es lo que hicieron mis padres.

17

La historia de El Losojo
Parte IV

Un día de 1963, mi hermano Alfredo me citó en una casa que yo no conocía para decirme que se iba a formar un contingente especial del Partido para ir a Cuba, y que yo iba a ser parte de ese contingente.

El Partido había hecho un acuerdo secreto con los cubanos para que unos ciento cincuenta militantes recibieran instrucción militar y entrenamiento allá en la isla. Se iban a enviar tres grupos de cincuenta personas. Yo iba a ir en el primero. Es más, era el subjefe a cargo del grupo, detrás de un gordo medio charlatán que militaba en otra región de Buenos Aires.

Así es como volví a Cuba por segunda vez.

En el aeropuerto nos esperaban Gregorio Tavosnanska y un tal Suárez, que eran los responsables del PC argentino ante el Gobierno de Fidel Castro. Ese día, por casualidad, también estaba en el aeropuerto Alicia Eguren, la esposa de John William Cooke, que preguntaba sorprendida por qué habían llegado tantos argentinos en menos de un mes.

Es que no llegamos todos juntos ni al mismo tiempo. Fuimos cayendo a lo largo de tres o cuatro semanas desde diferentes ciudades del mundo a las que habíamos viajado, triangulando desde la Argentina.

En La Habana, no hicimos control aduanero ni de migraciones. Nos metieron en un camión del Ejército y nos llevaron directo a esa misma casa que yo recontra conocía. La del barrio El Vedado, adonde me había entrenado y me había entrevistado con el Che dos años antes.

Nos instalamos en la casona. A los pocos días vino el Che acompañado por algunos de los jefes guerrilleros que pelearon con él en Sierra Maestra. Saludó a los cincuenta del contingente. A cada uno le dio la mano y para cada uno tuvo alguna palabra. Cuando llegó a mí, se detuvo apenas un segundo imperceptible para apretarme la mano dos veces. No me dijo nada.

Apenas esos apretones y la mirada sonriente y cómplice que se clavó en mí. Nadie se dio cuenta de que ya nos conocíamos. Ni de que en vez de decirme "mucho gusto", en silencio y con un gesto, solo para nosotros fue un "qué hacés, tanto tiempo".

Nunca supe si la decisión de que yo formara parte de ese grupo fue del Partido, o fue un pedido del Che. Lo que sí me quedó claro fue que a esa estadía la íbamos a aprovechar de manera muy intensa.

Nos dieron uniformes. Nos presentaron a los dos responsables políticos que iban a acompañar al grupo y a los oficiales que estarían a cargo de la instrucción. Nos esperaban clases de manejo de armas, de táctica militar y de pelea cuerpo a cuerpo.

Los instructores más importantes eran tres: Angelito, Palo y Tatatá. Palo y Tatatá eran dos cubanos que venían peleando con el Che desde Sierra Maestra. Ellos estaban a cargo de enseñarnos el manejo de las armas. Palo era un negro flaco pero tan fuerte que le tocabas el brazo y era como tocar un palo de madera. De ahí el apodo. Y a Tatatá le decían así porque explicaba el manejo de las armas con onomatopeyas. "Mueves esta palanquita y entonces hace tatatá…", nos decía, por ejemplo, al detallar cómo era el paso de modo manual a modo automático de un Fal.

Angelito era un español que había peleado en la guerra civil del '36 hasta que se refugió en la Unión Soviética. El tipo sabía un montón y era el que nos enseñaba el arte de la táctica y la estrategia de guerra.

Después de unos días, nos trasladaron a un campamento cerca de la ciudad de Guanabo. Era el famoso Campo Cero o Punto Cero. En algunos lados vi que lo escriben con "z", Campo Zero, no sé por qué.

Los libros de historia y los diarios internacionales hablaron bastante de Campo Cero. Le crearon alrededor una historia que lo hizo mitológico. Dicen que ese fue el "campus" de adiestramiento de líderes terroristas y de los guerrilleros más célebres. Que por ahí pasaron el Subcomandante Marcos, el colombiano "Tiro Fijo" Marulanda Vélez, los sandinistas nicaragüenses, Carlos "El Chacal", los Montoneros, el ERP y miles de combatientes más.

Ahora en internet hay fotos de ese lugar que fueron sacadas con satélites espías. Pero hace cincuenta años, en 1963 estábamos muy lejos de todo eso.

Campo Cero eran unos cientos de hectáreas con llanos, mucho follaje, y nada más. La construcción tenía una cocina espaciosa, un tinglado con cincuenta hamacas, ningún baño y un pozo enorme que nunca supimos para qué se usaba.

Los integrantes de la escolta personal del Che, los custodios, vinieron varias veces a entrenar con nosotros mientras estábamos ahí.

Cerca de nuestra posición, como a unos mil metros, había otra instalación parecida adonde recibía instrucción militar un grupo de hondureños.

Vivimos en Campo Cero unos cinco o seis meses. El régimen era estricto, nos levantábamos muy temprano, hacíamos gimnasia, entrenábamos en defensa personal, después desayunábamos y de ahí a caminar y a practicar tiro. A mí al principio me dieron un FAP, un fusil automático pesado. Pero para las caminatas me dieron una Uzi, una ametralladora de fabricación israelí que es muchísimo más liviana.

Después de la práctica de tiro, a comer. El almuerzo siempre fue lo más aburrido. Todos los días lo mismo: arroz, bananos y frijoles.

Dormíamos una siesta liviana en las hamacas, y a la tarde salíamos a hacer caminatas. A veces hasta la noche. Algunos días caminábamos hasta cincuenta kilómetros. Cruzábamos ríos, pantanos, arroyos o pequeñas estribaciones serranas. Nos entrenábamos en caminar, caminar y caminar sobre todo tipo de terreno.

Para bañarse estaban las lluvias y las tormentas. Y un par de huracanes serios y amenazantes que tuvimos que soportar.

Cada semana se llevaba a cabo un ejercicio diferente de táctica y estrategia. Se planteaba una situación de ataque guerrillero y aquel que mejor lo resolviera era nombrado jefe. Ese jefe podía formar su estado mayor con los hombres que creyera más hábiles para el próximo simulacro. Me cansé de ser primer y segundo jefe. Y allá íbamos: un grupo atacaba y el otro defendía. Toda la situación era real menos los balazos. Me hacía acordar a los juegos de cowboys de mi niñez. Cuando había que disparar, hacíamos el sonido con la boca: Pum… pum, pam… pam.

En cada escaramuza estaban detrás los instructores cubanos. Cuando veían que el ejercicio decaía… bueno… ahí sí venían los balazos de verdad. Al aire o por encima de nuestras cabezas al grito de "vamos che, cabrones".

Cuando estaba por salir de Buenos Aires, mi hermano me sumó un problema… o digamos un desafío. Habían puesto como jefe de la delegación argentina a un gordo charlatán que no tenía mucha idea de qué iba la cosa. Supongo que tendría algún amigo bien posicionado o algo que hizo que lo nombraran jefe. "Lo primero que tenés que hacer allá —me dijo mi hermano— es moverle el piso a ese tipo. Tenés que sacarlo de ahí". No me fue muy difícil. Cuando llegamos, juntó a todo el grupo y dio un discurso

81

de apertura, como inaugurando el entrenamiento. Apenas terminó, me preguntó si, como su segundo, quería decir algo. Y ahí nomás, delante de todos, dije que lo que acababa de escuchar no tenía nada que ver con lo que el Partido había marcado como línea del XII Congreso. Me puse a tirarle con el libro de la línea del Partido que me había llevado conmigo. Fueron dos o tres situaciones de esas, más algunas cosas incómodas que tuvo que vivir, y el gordo pidió volverse a Buenos Aires.

Así fue como quedé al frente del grupo. En el entrenamiento fui uno más. A la cabeza muchas veces, pero uno más. Nadie tenía que saber de mi trabajo para el Che.

Siempre me pregunté quién me eligió para estar en el primer grupo de comunistas que viajó a entrenarse a Cuba. La decisión se tomó apenas unos meses después de que me reintegrara a la militancia del PC. La complicidad en el saludo del Che cuando me vio la primera vez, me hace suponer que fue él el que desde la isla pidió que me sumaran. Y esa pregunta me dispara otra: ¿Acaso mi hermano me pidió que volviera a militar para poder cumplir con el Che y mandarme a Cuba en ese contingente? Nunca se lo pude preguntar.

Cuando nos instalamos en Campo Cero, me empecé a ver con Ernesto por lo menos una vez cada quince días. Delante de todos le decía "Comandante", pero cuando nos quedábamos a solas era Ernesto. Siempre le dije así. Nos reuníamos para planificar las tareas que tenía que hacer una vez que terminara la instrucción.

Ernesto me mandaba a buscar por la noche, después de todas las actividades oficiales. Solía mandar un Jeep militar que me llevaba a La Habana. Los encuentros fueron siempre en el Ministerio, en la ya conocida residencia de El Vedado, o en el consultorio de un dentista que había sido guerrillero y que le prestaba el lugar para reuniones secretas.

Que yo sepa, nadie me vio entrar ni salir.

Solía volver a Campo Cero a la madrugada. Como a las cuatro o cinco. Siempre antes del amanecer. Me dejaban cerca y yo llegaba caminando. Las pocas veces que un guardia me vio por ahí, le dije que había ido al baño y pareció bastarle. De todos modos tenía ayuda. Los responsables políticos que habían combatido con Ernesto y con Fidel sabían de mis salidas. Y cuando alguien preguntó por mí, fueron los que me cubrieron.

18

Dicen los libros de historia que Francisco Ciutat de Miguel nació en España el 28 de octubre de 1909 y murió en Cuba el 30 de noviembre de 1986. Llegó a Teniente Coronel de Infantería en el ejército republicano y ante el triunfo de Franco se refugió en la Unión Soviética y se enroló en las filas del Ejército Rojo desde el que peleó contra los nazis en la Segunda Guerra Mundial. Más tarde se convirtió en asesor militar y en esa función llegó a Cuba, adonde fue conocido como Angelito.

Los cubanos entienden que Angelito fue tan importante para la capacitación del ejército que sus restos fueron depositados en el panteón de las Fuerzas Armadas Revolucionarias del cementerio de Colón, en La Habana, junto con varios de los héroes de la revolución.

Angelito existió y estuvo en Cuba. Está en Cuba. Tan presente como en la memoria de Orlando.

A mediados de 2014 la Editorial Sudamericana publicó *Fue Cuba*, un libro de Juan Bautista "Tata" Yofre. Creo estar en las antípodas ideológicas del Tata pero no puedo dejar de reconocer que es un investigador bien documentado. Fue el titular de la Secretaría de Inteligencia del Estado durante los primeros años del menemismo. Sabe de espionaje, de información, de operaciones.

En las páginas 39 y 40, relata:

En marzo de 1959 un representante del Partido Socialista Popular de Cuba (lo que es hoy el Partido Comunista), se reunió con el mariscal Vasily Sokolovsky, jefe del estado mayor del Ejército Rojo, para discutir la ayuda militar soviética al triunfante Ejército Rebelde. (...)

Ese encuentro tuvo dos consecuencias importantes. La primera: Dio lugar a la resolución del Presidium del Comité Central del PCUS de enviar a Cuba diez asesores hispanosoviéticos con la misión de reorganizar y convertir al Ejército Rebelde en una fuerza militar moderna. Uno de esos asesores, que llegó a La Habana el 4 de marzo de 1960, y fue conocido por los cubanos como Ángel "Angelito" Martínez Riosola (su verdadero nombre era Francisco Ciutat de Miguel, y los soviéticos lo bautizaron como Pavel Pavlovich Stepanov), es recordado según las palabras del comandante Belarmino Castilla Más como "el hombre que llevó a las FAR a la organización y la estrategia militar modernas".

En la página 139, Yofre da cuenta de Campo Cero, el lugar al que en 1963 fue trasladado el contingente de cincuenta comunistas argentinos liderado por Orlando o, como se hacía llamar entonces en la isla, por Fernando Escobar Llanos:

> Punto Cero, la base de entrenamiento para la "preparación especial de tropas irregulares" ("PETI"), fue fundada después de Playa Girón, en 1961; luego estas unidades se multiplicarían. "Mi primer alumno, lo recuerdo bien, fue (Jorge) Ricardo Masetti", contó años más tarde "Benigno", Dariel Alarcón Ramírez, oficial cubano compañero del Che en Bolivia y fundador-director de ese centro de entrenamiento.

Jorge Ricardo Masetti fue el periodista argentino que participó de la fundación de la agencia de noticias Prensa Latina. Hombre de máxima confianza del Che, Masetti se instaló en la isla con el triunfo de la revolución y a la par que fundaba y hacía crecer la agencia cubana, comenzaba a planificar y a desarrollar lo que iba a ser el primer intento del Che de instalar un foco guerrillero en el norte argentino.

Masetti pasó a la historia como el Comandante Segundo, el líder del Ejército Guerrillero del Pueblo, el grupo que se entrenó en Cuba y en Argelia, para acampar un tiempo en Bolivia y después entrar a Salta a instalar en el monte un campamento guerrillero. Aunque nunca se lo explicitó, los integrantes del grupo dieron por sentado que Masetti era el Comandante Segundo porque el Primero era el Che. La misión del EGP era consolidarse en la zona, mientras se tejían redes logísticas, de reclutamiento y de abastecimiento. Cuando todo estuviera listo, iba a llegar el Che Guevara, y se iba a poner al frente de la revolución en la Argentina.

El pintor mendocino Ciro Bustos integró el EGP. Entrenó en Cuba y en Argelia bajo las órdenes de Masetti y cuenta su experiencia en *El Che quiere verte*, el libro que publicó en 2007 para tratar de quitarse de encima el mote de delator que una gran parte de la izquierda latinoamericana le puso después de haber sido detenido en Bolivia junto a Régis Debray. La detención de Bustos y Debray fue la antesala de la caída y posterior asesinato del Che, en octubre de 1967.

A diferencia de Masetti, Bustos sobrevivió a la experiencia salteña de 1961. En el libro cuenta que su misión era tejer las redes de reclutamiento en todo el país, y para eso, fue entrenado en Cuba. Llegó a la isla un poco después del triunfo de la revolución y se sumó a un pequeño grupo de argentinos que iba a ser instruido y entrenado en las artes guerrilleras por los hombres de Guevara.

El relato de Bustos tiene notorias coincidencias con el de Orlando.

Orlando recuerda que en el manejo de las armas tenían como instructor a un negro cubano que había peleado con el Che en la sierra y que explicaba con onomatopeyas. Por eso es que le decían "Tatatá".

Bustos cuenta en el libro que uno de los instructores del grupo era un cubano que había sido presentado como "Piripitipán", porque solía simular el sonido de las balas cuando enseñaba a usar las ametralladoras. Si a eso le sumamos la confesada dificultad de Orlando para recordar con claridad algunos nombres del pasado, bueno, es claro que se puede estar hablando de la misma persona.

Así es como Ciro Bustos describe la escena de una de las reuniones que el grupo tuvo con el Che en Cuba:

> (…) nos encontrábamos todos de un lado de la mesa, frente a un héroe solitario que se despatarraba en la silla desburocratizando su cuerpo agotado, mientras pedía un vaso de agua y un café que Piripitipán se apresuró a servirle.

En otro pasaje de *El Che quiere verte*, Bustos narra con lujo de detalles un momento clave del entrenamiento que también tiene puntos en común con lo que recuerda Orlando:

El aprendizaje continuó, teórico y práctico, y un tráfico de expertos disputaba cada día las mejores y mayores cantidades de horas de clases. Ya más avanzado el curso, un nuevo personaje, invitado especial rodeado de secreto, sin voz ni voto pero con ojo clínico, hizo su aparición. Se trataba de un doble General, español y soviético. Masetti lo llamó Angelito al presentarlo. Mayor de sesenta años, de aspecto ciertamente angelical y rozagante en su uniforme sin insignias y sus formas y maneras suaves, no muy alto, algo regordete y de escaso pelo, hablaba un sorprendente español. Angelito iba a concurrir algunos días como espectador a nuestras sesiones de entrenamiento, cosa que inició a partir de ese mismo instante. Durante las pausas para la comida o el descanso, hablaba animadamente, tirándonos de la lengua con el evidente propósito de medir si contábamos con algún rescoldo de inteligencia. Angelito era un admirador de las tácticas guerrilleras del Che en la Sierra Maestra y, sobre todo, en el Escambray que, según contaba, se estudiaban en los cursos de Estado Mayor de las Academias Militares soviéticas. Decía que el Che había logrado una síntesis del operar guerrillero con la blitzkrieg alemana permanente. Angelito había vivido tanto el fracaso como la victoria, la amargura y la gloria. Héroe de la Guerra Civil Española, se había retirado con el contingente de combatientes del Partido Comunista emigrados a la Unión Soviética cuando la hecatombe, donde se incorporó al Ejército Rojo y participó en la ofensiva de la victoria hasta la toma de Berlín. Con el grado de General, fue enviado por el Comité Central del PCUS a Cuba con la misión de asesorar en la formación de un ejército profesional de nuevo cuño. A pesar de su edad, nos hacía demostraciones de un magnífico estado físico —que él consideraba un elemento primordial—, dándose una vuelta en el aire como un gimnasta, a partir de la posición de firme. Su nombre, Francisco Ciutat, catalán.

Bustos entrenó en Cuba en 1960. Orlando cuenta haber estado en 1961 y en 1963, al comando de cincuenta militantes del Partido Comunista argentino. Más que sugerentes, las coincidencias en el relato de ambos para mí son contundentes. Dos historias distintas que se cruzan en la isla, a comienzos de la década del '60. El Che Guevara es el que los convoca y la Cuba revolucionaria el contexto. Los mismos entrenadores. Los mismos lugares. Los mismos métodos. Ciro Bustos hoy vive en Suecia. Quiso irse bien lejos de quienes lo acusan de haber delatado al Che en Bolivia. Desde allá escribió el libro para tratar de defenderse y desmentir esa versión. Orlando es uno de los que están seguros de que Bustos lo entregó.

Una mañana de tantas, cuando me lo contó, el enojo se le instaló en las pupilas. Alzó la voz para imponerse a la incipiente sordera que lo incomodaba y al ruido de los colectivos que pasaban frente a la ventana del departamento. Fuera de toda discreción, confesó entonces que en un momento había pensado seriamente en viajar a Suecia a matarlo, pero que después descartó la idea por estúpida.

19

Orlando cuenta que los cincuenta comunistas que fueron a entrenar en 1963 viajaron por separado. Se dividieron en pequeños grupos y tomaron caminos diferentes. Lo que iban a hacer era tan secreto que no había margen para ser descubiertos. Él viajó con dos hombres más. Para llegar a Cuba, en 1963, tuvo que dar una vuelta tan insólita como larga. La Habana está a siete mil kilómetros de Buenos Aires, a ocho o nueve horas de vuelo en avión comercial. Sin embargo, después de la revolución, únicamente se podía llegar a través de México. Solo del DF despegaban los aviones que aterrizaban en la isla. Y desde Checoslovaquia, en el corazón de Europa.

Orlando viajó a París. Y de París, a Praga. Ese era EL cruce. No era tan simple como cruzar de un país a otro. El puente, en verdad, era entre el sistema capitalista y lo que llamaban el campo socialista. Entre los países alineados a las políticas de Estados Unidos y la OTAN, y los países aliados a la Unión Soviética y el Pacto de Varsovia. Desde Praga, vuelo directo a La Habana. Es decir: once mil kilómetros a París, novecientos de ahí a Praga, y ocho mil quinientos de Praga a La Habana. Más de veinte mil cuatrocientos kilómetros y tres días de viaje.

—Es que siempre que iba a Cuba pasaba por Praga —recuerda ahora Orlando. La hoy capital de la República Checa era el punto de partida para muchas de las operaciones secretas de la época. Allí podía estar semanas en espera de un viaje o de una orden que llegara desde la isla. Recuerda que por Praga pasaron muchos guerrilleros y combatientes de los movimientos de liberación de América Latina y

África. Eso convirtió a Checoslovaquia, y sobre todo a su bellísima capital, en el paraíso de los espías y de los servicios de inteligencia de todas las potencias en la Guerra Fría.

No es una casualidad entonces encontrar en *El Che quiere verte*, que Ciro Bustos, Masetti y todo el grupo guerrillero, se instalaron algunas semanas en Praga después de entrenar en Cuba. Cuenta Bustos que Praga era la puerta de entrada y de salida de Cuba. Que al llegar allí se encontraron con contactos cubanos que les entregaron nueva documentación y los ayudaron en la construcción de una "leyenda" para sus nuevas identidades. Después de esperar algunas semanas en la capital checa, salieron rumbo a Argelia y más tarde a Bolivia, para entrar a la Argentina por el norte.

"Cuba tenía por entonces dos vías de salida en el mundo occidental para sus 'vuelos' comerciales" (lo que era un eufemismo ya que los viajeros siempre eran —de una manera o de otra— oficiales): México y Praga. El grupo saldría vía Checoslovaquia en un primer escalón de espera a que las tareas de infraestructura sobre el terreno (…) se completaran", cuenta Bustos.

En *Fue Cuba*, del Tata Yofre, hay un capítulo completo dedicado a la "Operación Manuel". Esa investigación explica por qué las coincidencias entre los relatos de Bustos y de Orlando no son una casualidad.

Yofre cuenta en la página 278:

Tras la crisis de los misiles, Cuba quedó más aislada de lo que ya estaba. Salir de La Habana en un vuelo comercial, sin llamar la atención, no dejaba de ser un problema y, salvo la ruta La Habana-México, las restantes que conducían al continente latinoamericano fueron cayendo una a una. Para aquellos que querían evitar ser individualizados por los servicios de Inteligencia occidentales —que espiaban en la capital azteca— la ruta a Praga de Aerolíneas Checoslovacas fue una alternativa importante.

Con documentos pertenecientes a lo que alguna vez fue el espionaje checo, Yofre sostiene que durante los años sesenta entre el servicio de Inteligencia cubano y el de Checoslovaquia pusieron en funcionamiento lo que se denominó "Operación Manuel".

Consistía en tomar a Praga como centro de paso o instrucción para los representantes de los movimientos revolucionarios de América Latina, o de aquellos que querían viajar a Cuba sin que fuera asentado en su pasaporte. La gran mayoría de los que se trasladaban a La Habana lo hacían para recibir instrucción militar y volver a sus países de origen a promover la "revolución". Ya para abril (1963), el Ministerio del Interior de Checoslovaquia, cuyo servicio de Inteligencia funcionaba bajo el nombre de Administración Primera, tenía registradas a 78 personas. (…) ellos aceptaban la tarea como algo natural dentro de la gran cooperación "revolucionaria" que había entre los dos servicios. Sin embargo, lo que más llamó su atención fue que no habían recibido ninguna solicitud especial para oficializar el mecanismo. De allí que se iniciaran conversaciones en marzo de 1964. En un informe que se le hizo llegar el 26 de marzo al agente checo "Velebil", se expresa:

"…el principal objetivo de la operación es la educación y la formación de cuadros revolucionarios de América Latina, y la organización de grupos de combate, capaces de operaciones independientes en sus países. Los amigos cubanos proceden del principio de la necesidad de dar el máximo apoyo a todas las formas de lucha para la liberación de América Latina.

"La operación está dirigida por el Servicio de Inteligencia cubano y los candidatos son seleccionados por las organizaciones revolucionarias en cada uno de los países (…) Los amigos cubanos coordinan con los representantes de los partidos comunistas de América Latina establecidos en La Habana, o que viajan a Cuba para establecer las modalidades y alcance de la cooperación, pero la operación no se limita únicamente a los miembros de los partidos comunistas. También se ofrece formación a miembros de grupos o facciones nacionalistas y antiestadounidenses".

Ni *Fue Cuba* ni *El Che quiere verte* mencionan a Orlando como una persona de confianza de Guevara, tal como él dice haber sido. Ni Fernando Escobar Llanos ni el Losojo son nombrados en las dos publicaciones. Cuando se lo menciono, Orlando hincha el pecho con orgullo y sonríe.

—Eso es porque hice bien mi trabajo —dice lleno de picardía—. Yo era el hombre invisible. Si no aparezco por ningún lado es porque lo hice bien. Porque fui invisible.

Sigo sin contar con pruebas que demuestren que es verdad lo que cuenta Orlando. Y a cada paso que doy encuentro más y más indicios de que lo que dice puede ser cierto. Orlando pudo haber leído el libro de Ciro Bustos antes de las primeras reuniones conmigo. Convengamos que pudo hacerlo si quería inventarse una historia. Pero el de Yofre salió después.

Hasta el momento Orlando no tiene nada que me demuestre que fue Fernando Escobar Llanos, el Losojo.

Pero a esta altura me convenzo cada vez más que no pudo saber cosas como las que me contó, si no es porque estuvo ahí, porque las vivió.

Cada vez me suena más a verdad. Aunque parezca mentira.

20

LA HISTORIA DE EL LOSOJO
PARTE V

En una de esas reuniones nocturnas —hoy siento que la más importante de todas— el Che se quedó mirando el techo un rato largo y en silencio. Estábamos en su oficina en el Ministerio. De repente me soltó una propuesta que todavía me resuena en los oídos:

"Mirá, quiero que seas 'el hombre invisible'. Que nadie te conozca. Que nadie sepa quién sos. Que nadie te pueda mencionar. Que te diluyas entre la gente y en los lugares a los que te voy a pedir que vayas. Y en el futuro, que no sabemos adónde nos va a conducir, no vas a aparecer en ningún libro de historia. Porque nadie tiene que saber de tu existencia. No vas a existir. Es más: hay personas, cosas, hechos revolucionarios que suceden en estos momentos, y por la discreción que hay que tener no te los cuento. Lo mismo va a pasar con tu trabajo respecto a los demás. Nadie los va a saber.

"Vos me sos muy necesario. Así como tantos otros con diferentes tareas. Pero vos, Fernando, te convertiste desde hace unos meses en mis ojos. Todos los compañeros acá te conocen como Fernando Escobar Llanos. Pero desde ahora te voy a pedir algunas tareas aún más secretas. Y para eso ahora te vuelvo a bautizar. Ahora sos 'Los ojos del Che'. Ya habrás escuchado cómo hablan los guajiros cubanos, abrevian la frase, juntan las palabras. Por eso, de acá en más, vos vas a ser 'Losojo'."

Unos días después, el Che me convocó otra vez a la quinta de El Vedado. Ese lugar era una especie de centro de operaciones para él. Estábamos conversando de la situación política en la Argentina cuando de pronto comencé a notar que afuera había una agitación especial. Me asomé un segundo y vi que se habían reforzado las guardias. El Che, que estaba conmigo, no le daba importancia al ir y venir de su escolta y de otros cu-

banos que yo nunca había visto. Hasta parecía divertirse con la inquietud que eso me generaba.

De pronto se abrió la puerta y entró Fidel. Se dieron un abrazo fuerte que yo miraba azorado. Ahí estaba el mismísimo Fidel Castro.

— Te invité a venir para que conozcas al hombre invisible. Te presento al Losojo —le dijo el Che.

Fidel empezó a jugar y revoleaba la mirada sin encontrar a nadie.

—El hombre invisible... ¿adónde está?

Yo me puse de pie y le extendí la mano. Se me había secado la boca. Pero Fidel seguía jugando.

—¿Adónde está el hombre invisible? ¡No lo puedo ver!

Hasta que se rio a carcajadas y me estrechó en un abrazo.

Desde entonces para el Che y para muy pocos hombres me convertí en "El Losojo". Así, con el artículo adelante. Y esta es la primera vez que lo cuento.

21

Una mañana, en medio de la charla, Orlando me contó que nuestros encuentros le empezaban a costar. Me dijo que desde que nos reunimos por primera vez comenzó a remover recuerdos que creía haber enterrado para siempre, y que ahora los ratos libres los ocupaba en tratar de refrescar detalles, lugares o personas que se le habían borroneado con los años. Me confesó que habían sido varias las veces que lo sorprendieron ensimismado, colgado en la nada. La mujer, que sabe al menos de qué se trata, se lo preguntó directamente:

—Pensás en el libro, ¿no? —me cuenta que le disparó unos días atrás y él no pudo más que admitirlo.

Estábamos ahí, en el terreno de las confesiones, de las suyas, sobre su vida, cuando sin aviso previo dijo algo que me descolocó por completo.

Había encendido otro cigarrillo. El mate yacía a un costado con la yerba lavada y fría.

—Estas charlas me remueven muchas cosas —soltó—. Recordar me moviliza. Decí que en vos tengo confianza. Por momentos me hacés acordar mucho a tu tío Mario.

Que ese comentario me estremeció sería decir poco. Yo no lo conocí a Mario. Murió diez años antes de que yo naciera. Mario era el único hermano de mi vieja y por lo tanto Cecilia, la hija, nuestra única prima hermana por la parte materna.

Hablo de mi tío desde lejos porque lo conocí solo por fotos en blanco y negro y por los relatos de la familia que tampoco son tantos. Era alto, muy alto, jugaba al básquet en el club Los Andes. Murió a los veinticinco años, cuando Cecilia, tenía apenas tres meses. Mario ayudaba a mi abuela en la venta y distribución de juguetes por el interior del país. Reemplazaba en esa tarea a mi abuelo Marcos, al que le habían cortado las piernas por el avance de la diabetes. Mario volvía de uno de esos viajes, con el plan de parar a dormir en algún hotel tal como dictaba la prudencia, pero tenía una hija recién nacida y estaba en pleno idilio matrimonial. Aún no era medianoche y se propuso seguir de largo para estar con ellas antes del amanecer. En 1959, las rutas eran mucho más precarias y estaban menos iluminadas que hoy. A la altura de Lobos, a unos cien kilómetros de la Capital, el auto de mi tío se incrustó debajo de un camión y él murió de manera instantánea.

Quedaron algunas fotos. Varias con mi vieja y mis abuelos. Alguna de conscripto en un desfile militar. Y una que siempre me impresionó en la que se lo ve sonriendo y levantando a Cecilia recién nacida por encima de su cabeza, y por encima del marco de una puerta, porque Mario medía dos metros y al levantar a la beba frente a esa puerta, el marco le quedaba a la altura de los codos.

Había llegado a Buenos Aires desde Santiago del Estero un poco después que mi vieja. Vivía con mis abuelos en la céntrica calle Fonrouge, en el lado este de Lomas de Zamora, muy cerca de donde mi abuela tenía la juguetería. Se enamoró y se casó con Pelusa siendo ambos muy jóvenes… y se mató de noche cuando Cecilia era bebé. No puedo contar mucho más.

—¿Lo conociste a Mario? —quise saber.

—Claro. Yo lo afilié al Partido. Éramos amigos. Yo vivía en Fonrouge 579 y Mario en Fonrouge 446, éramos vecinos también. Lo iba a ver jugar al básquet en Los Andes. Ahí lo afilié. El técnico de Los Andes se llamaba Canaro. Era todo un personaje, muy comprometido. Él fue el que me dijo que Mario era un pibe que tenía inquietudes. No me acuerdo bien cómo fue, pero ahí es que me hice amigo de Mario y lo afilié. Qué buen tipo era…

—¿Y dónde militaba Mario? Porque yo nunca supe que fuera comunista.

—Él estaba en la comisión de recursos en la provincia, no militaba en Lomas. No era abierto lo que él hacía. No lo sabía mucha gente. Era un cuadro que colaboraba juntando el dinero para la organización.

—¿Pero cómo llegó ahí?

—Conmigo.

Apenas pude se lo comenté a mi mamá. Y así fue como me enteré de una hecatombe familiar desconocida para mí.

Todo empezó con un comentario como al pasar.

—Yo no sabía que Mario también había estado en el Partido —le dije. Y la repuesta de ella me descolocó.

—Nosotros tampoco. ¿Acaso no sabés el despelote que se armó con el entierro?

No, por supuesto que no lo sabía. Me enteré esa noche cuando me lo contó mi madre.

Mi abuela Carlota y las tías hicieron los trámites necesarios para enterrarlo en el cementerio judío. Para eso, las autoridades de la comunidad exigían que se respetasen todos los ritos, lo que para ellas no era un problema. Pero para Pelusa, la viuda, que no era judía, sí lo era. Y para mis viejos y algunos amigos —marxistas, y en consecuencia ateos— también. Preferían un entierro laico. Argumentaban, además, que eso era lo que él hubiera elegido.

La pelea subió de tono. Los dos bandos enfrentados se reunieron en distintos bares de Lomas para discutir de qué manera imponer su posición. Parecían dos grupos de conspiradores en busca del poder. Las autoridades comunitarias eran inflexibles: si no se cumplía con los ritos religiosos, no podía ir al cementerio judío. El bando laico también se puso firme: Mario no era religioso. Su familia tampoco. Por ende, no se podía llevar a cabo una ceremonia que les iba a ser ajena.

El asunto se complicó cuando en el medio de tanta ida y vuelta alguien tuvo el tino de comentar que Mario era comunista. Ahí se pudrió todo. Una tía increpó a mi vieja y la acusó de haber hecho comunista al hermano. Mi mamá le pegó tal cachetazo que la hizo volar sobre una cama. Una imagen inimaginable para mis hermanos y para mí. Primero porque nunca vimos a mi vieja levantarle la mano a nadie. Y sobre todo porque esa fue y siguió siendo hasta que murió hace pocos años, la tía más querida de mi vieja y de todos nosotros.

Mario fue enterrado en el cementerio católico de Lomas, en un sector reservado para los laicos, por lo que se entiende que la batalla fue ganada por mis viejos, los amigos y la viuda. Mi vieja nunca supo cómo hizo, pero a los pocos meses mi abuela movió todo lo que se le cruzó en el camino dentro de la AMIA y le torció el brazo a las autoridades comunitarias. Consiguió que el cajón fuera trasladado al cementerio judío sin ceremonia. Al menos eso se cree hasta hoy. Ahí está desde entonces.

Pasó la tormenta. Por lo menos aquella tormenta. Mi vieja está a un paso de los ochenta y cuatro y luce con orgullo sus más de sesenta y cinco años de militancia desde que se alistó en el Partido en 1950. A esta historia la cuenta en blanco y negro como las fotos de entonces. Seguro que, como siempre sucede, lo que pasó debe haberse parecido en mucho a lo que cuenta. Y seguramente también, el querer, el extrañar y el perdonar le habrán pulido algunas astillas a los recuerdos. No le quedaron heridas, pero sí preguntas. Porque apenas me terminó de contar la anécdota, como si yo tampoco le creyera, mi vieja me juró que ella no lo había afiliado. Es más, ni siquiera sabía dónde militaba Mario.

Le conté entonces de la investigación de este libro y del tipo al que entrevistaba, el que trabajó para el Che. De cómo lo afilió a Mario en el club Los Andes y de cómo se lo llevó a militar con él en un sector medio clandestino de la provincia de Buenos Aires. Mi mamá quedó en shock. Sin haberlo previsto cerraba así una cuenta pendiente que tenía con su propia historia.

Orlando me contó lo de Mario en uno de nuestros primeros encuentros. Recién nos empezábamos a conocer. Yo planeaba los pasos iniciales de la investigación y aún no había logrado desanudar del todo la historia. Creo que fue por eso que cuando le dije a mi mamá lo de la afiliación de Mario le describí la historia y el libro en el que me estaba embarcando, pero no le mencioné cómo se llamaba el protagonista. Todavía no sabía la anécdota del Fiat 1100, de la militancia en Lomas y de lo cercanos que habían sido. Me guardé el verdadero nombre del Losojo hasta avanzar un poco más con la investigación, chequear algunos datos, y tener con qué grabarla a mi vieja cuando le soltara todo.

A la que sí le conté fue a Cecilia. Todos mis primos hermanos del lado paterno viven en Israel. Por el lado de mi vieja, solo Cecilia, única hija de Mario, y en consecuencia la más cercana en todo sentido a mis hermanos y a mí. Más allá del parentesco y del cariño, con Cecilia pasamos años muy intensos. Se recibió ya hace mucho de médica psiquiatra y a partir de 2003 la invité a ser parte del equipo de producción con el que hicimos *Gran Hermano* y después *Operación Triunfo*, como jefa del equipo de psicólogos. Hasta que en 2010 me fui de Telefé, compartimos cuatro ediciones de *Gran Hermano* y cuatro de *Operación Triunfo*.

Después tuvimos una pelea fuerte y nos distanciamos. Nos cruzamos enojos y angustias que acumulamos con los años y quedamos muy ofendidos el uno con el otro. No volvimos a hablarnos, pero nos guardamos para nosotros los motivos de la pelea. Quizás porque sabíamos en el fondo que la reconciliación iba a llegar algún día. O a lo mejor porque así lo preferimos más allá de la bronca.

Estaba trabajando en el Mundial de Brasil cuando me dijeron que a Cecilia le habían descubierto un tumor maligno en el pulmón. Al volver di algunas vueltas para encontrar qué decir cuando se retoma una relación que había sido intensa y que fue cortada de golpe tres años atrás. Ella me la hizo fácil. Apenas me reconoció la voz, amansó el tono, me agradeció el llamado y que quisiera acompañarla. Conversamos como si nunca hubiéramos peleado y acordamos entre risas que lo nuestro no era una reconciliación porque cada uno seguía pensando lo mismo. Pero posponíamos la pelea solo algunos meses para darle tiempo a que se curara y así pelearnos con más fuerza.

El martes siguiente la fui a visitar. Nos pusimos al día y le conté del Losojo y de la historia con Mario.

—Lo quiero conocer —me dijo—. ¿Qué te contó de mi viejo?

Escuchó con ansiedad la historia de Orlando y de Mario, del club Los Andes, del básquet y de la afiliación al Partido. Se quedó un rato en silencio como masticando pensamientos.

—Mi mamá me dijo que había sido tu vieja la que lo había hecho comunista a mi papá. Siempre creímos eso.

Cecilia quería saber más, escuchar anécdotas, poder hablar de su padre en un momento tan difícil para ella. Volví a casa con el compromiso de armar una comida con Orlando. Esa misma noche llamó mi mamá. Todavía estaba sacudida por la revelación de la última semana. Se le habían removido imágenes demasiado sensibles y necesitaba hablar, dijo:

—Mi papá tenía cuarenta y nueve años cuando murió Mario.

Ya le habían amputado las piernas por la diabetes. Desde la silla de ruedas y por la ventana vio cómo sacaban el féretro de la casa y dio un grito tan desgarrador que todavía hoy, cuando me lo acuerdo, lloro. Después de eso estuvo seis meses sin hablar, mi papá. No emitía palabra. No hablaba con nadie. Tampoco conmigo, pero por el puterío de una parte de la familia. Estuvo seis meses sin dirigirme la palabra.

Mi vieja no es de contar los dolores. Tuvo una vida llena de amor y de horrores. A los horrores los niega, los oculta, los entierra. Hasta que pasan cosas como esta y todo reflota, regresa el dolor que estaba oculto en la noche del tiempo y lo revive tan desgarrador como ese mismo día. Así lloraba esa noche por teléfono.

—Ahora entiendo todo. Mirá vos cómo se viene a cerrar un misterio de tantos años de esta familia. Por favor, hijo, lo quiero conocer —cerró mi mamá sin saber que apenas dos horas antes Cecilia había pedido lo mismo con idénticas palabras.

Me puse a preparar el encuentro. Iba a enfrentar a mi vieja con el hombre que alguna vez se llamó Fernando Escobar Llanos para contrastar recuerdos y ver si se cruzaban y ratificaban. O no. Me iba a servir para chequear información y, creí, para seguir enterándome de historias hasta ahora desconocidas de mi propia familia.

Iba a ser con vino tinto y empanadas. A mi vieja le encantan. A Losojo también. Cecilia no pudo estar. Murió a finales de octubre. Cincuenta y cinco años después del accidente de Mario, su papá. Mi tío.

22

El mail ya estaba en la casilla bien temprano a la mañana. "¿Cuándo venís? Tengo un regalo para vos". Los correos del Losojo siempre son escuetos. A partir de ese momento solo fue especulación. Tuve un pálpito, recién pude pasar por el departamento dos días después. Hasta entonces no dejé de pensar en ese regalo. Ya nos habíamos encontrado varias veces, por lo que ya no necesitaba minués de cortesía. Fui derecho al grano porque me ilusioné con que me iba a regalar algo que le perteneció al Che. Supuse bien.

Apenas me ubiqué en el comedor se metió en el segundo cuarto del departamento, y volvió con un bulto pequeño, envuelto en una bolsa de supermercado.

—Se la compré en París, en uno de mis viajes —dijo como en susurros, y sacó de la bolsa un estuche negro. Parecía una billetera—. Ahora es tuya.

De más está decir que me emocioné. Apenas pude disimularlo por esos pudores a los que nos somete la vergüenza. Nos dimos un abrazo, me senté y traté de entender qué era lo que tenía en la mano.

El Losojo me regaló una especie de anotador-agenda-portadocumentos que según dijo, le perteneció al Che. Era un estuche de cuerina negra que alguna vez contuvo un block de notas. También era tarjetero y se plegaba dos veces sobre sí mismo. Tenía dieciocho centímetros de alto por diez de ancho. Había cinco bolsillos para poner tarjetas en la solapa derecha, y otros cuatro del lado izquierdo. Una tapa transparente quizás para colocar una fotografía. En el centro, una sola solapa en la que alguna vez encajó el block, y un portalápices con una vieja lapicera Parker que —ahora que me doy cuenta— nunca probé para saber si aún escribía.

—Ernesto siempre tenía con él una libretita o un cuaderno chiquito en el que hacía anotaciones. Esta la usó un buen tiempo, pero después la dejó en una de las casas en las que estuvimos. Creo que la dejó porque le incomodaba que fuera blanda. Le costaba escribir cuando no tenía dónde apoyar.

Una de las tareas que según el Losojo tenía que llevar a cabo, era "limpiar" las casas que dejaba el Che. A muchas de las ciudades a las que el comandante guerrillero fue en secreto, primero llegó el Losojo, alquiló una casa y se ocupó de algunos menesteres que tenían que ver con la seguridad. Más tarde, cuando el Che abandonaba esa casa, el Losojo volvía al lugar para limpiar todo tipo de rastro. Había que borrar cualquier huella que denunciara quién había estado ahí. No podía quedar nada que se volviera delicado en manos de otra gente.

—Ernesto solía dejar siempre un montón de cosas. Todo lo que le incomodaba, lo dejaba. Libros, ropa, objetos… de todo. A él no le importaba lo material. Eso lo incomodaba. Yo me encargaba de limpiar o de destruir lo que pudiera ser comprometedor.

En mis manos, entonces, tenía una estuche que pudo ser la libreta de notas del Che. Y la Parker que usó hasta que encontró algo más cómodo. Las dejó —según cree recordar el Losojo— en la casa de Praga, después de la aventura africana.

El broche con que se cerraba el estuche era a presión. Estaba oxidado por el paso del tiempo. Evidentemente no la había comprado en estos días para inventarme una historia. Acusaba unos cuantos años. ¿Quince? ¿Cincuenta? Esa era la cuestión. Era vieja, pero… ¿había sido del Che? Podía ser. ¿Había manera de comprobarlo? No, no la había. Todo se reducía a una cuestión de fe, y en este caso, sentí que me decía la verdad.

De inmediato me di cuenta de que si aceptaba esa verdad, la de la agenda, daba por sentado que lo que contaba Orlando era cierto. Matizado, si se quiere, pero cierto. Si era así, entonces daba por comprobado que había trabajado para el Che. Que había viajado por América, Europa y África a fin de llevar a cabo misiones secretas que el Comandante le encargaba en pos de la revolución.

Y lo concreto es que no tenía ninguna prueba que lo demostrase.

Estaba como al principio: sin documentos, constancias, testimonios que ubicasen a Orlando, al Losojo, a Fernando Escobar Llanos, al lado de Guevara. Todo parecía indicar que sí, nada lo desmentía y contaba con suficiente información que lo aproximaba. Pudo haber sido. Pudo haber estado. "Esto" y "aquello" coincidían... Aunque nada lo probaba. Entendí que tenía que continuar la búsqueda en Orlando, en los libros, en todos lados.

Por supuesto, me llevé la agenda que me regaló. Y la guardé conmigo como una prenda preciada. Si en algún momento pudiera comprobar que esta historia es cierta, ese estuche va a cobrar un valor increíble para mí. Y si llego a comprobar que es falsa o exagerada, también. Lo importante es poder despegar de lo que uno quiere que sea, para tratar de llegar de todos modos a conocer lo que realmente sucedió.

Le pregunté a Orlando si además del mate que tenía en el comedor y de este estuche, le había quedado algún otro objeto del Che.

—Algunas me quedé, sí. Otras no porque las fui dejando en diferentes lugares. Por miedo, sobre todo, cuando fue la dictadura. Ahí perdí bastantes cosas. O las quise perder, no sé.

Orlando dijo que en algún lugar del escritorio o de las bibliotecas colmadas que tenía en el cuarto-oficina, había una pequeña lista que alguna vez armara para catalogar los objetos del Che con los que se quedó. No tenía en claro dónde había quedado ese papel. De todos modos a algunos de esos objetos los recordaba bien.

—Tengo la pava que llevábamos a todos lados porque es con la que tomábamos mate. A esa pava sí la tengo. Y me quedé también con una camisa y una remera vieja que eran de él. Eso seguro... después, después fui perdiendo cosas... En Cuba perdí el fusil. Lo dejé allá. El mío era un Garand. Andá a saber adónde quedó.

Hice una especie de arqueo de caja. Le creyera o no, y cada vez estaba más cerca de creerle, solo había dos maneras de convertir lo que hasta ese momento era el relato de una persona, en una historia única y documentada. O llegaba a la foto que le sacaron al Losojo con el Che en África, la única foto en la que estaban juntos, o conseguía el testimonio de alguien que hubiera compartido con ellos algún momento de sus vidas y que hubiese sido testigo de ese vínculo que los unió.

Tenía que encontrar testigos que me ayudaran a unir los cabos sueltos. Le pedí a Orlando que hiciera memoria, que recordase, que me ayudara a buscar a quienes podrían dar fe de lo que él decía.

—Hay muy pocas personas que pueden contarte de mí y del Che —lo dijo satisfecho, y se quedó unos segundos pensativo. De pronto entró en contradicción y se dio cuenta de la paradoja a la que se enfrentaba. Por haberse sabido ocultar con tanto esmero ahora no tenía recursos para demostrarlo—. Una persona que te puede contar de mí es Pombo. El verdadero nombre de Pombo es Harry Villegas. Era escolta del Che. ¿Sabés quién es? Uno de los pocos cubanos que sobrevivieron a la guerrilla en Bolivia. Él si es muy conocido. Yo creo que se tiene que acordar de mí. No tuve tanto trato directo con él pero vivimos juntos algunas situaciones.

Tomé nota, por supuesto. Me asombraba cómo le costaba soltar alguna información. No me quedaba claro si era porque se iba acordando de manera fragmentaria o porque me iba poniendo a prueba y la soltaba de a poco. Para mi sorpresa, y mi alegría, había más.

—Wilfredo Ruz. Ruz, como Fidel Castro Ruz. Aunque según tengo entendido que no es pariente de Fidel. Wilfredo era uno de los responsables de la escuela de entrenamiento que hicimos en 1963 con el grupo del PC. Con él sí tuve trato directo y terminamos amigos. Entablamos una relación de mucha confianza. Él sí fue testigo de mi relación con el Che. Hace mucho que lo quiero contactar, pero no sé cómo. Hasta lo busqué en Facebook y no aparece.

Recordé que al contar acerca del entrenamiento del '63 dijo que para volver de la isla viajaron en grupos. Le pregunté por sus compañeros de viaje.

—Uno era el flaco Ibarrola. Pedro Ibarrola se llamaba si no me equivoco. Era muy buena gente. Militaba con los ferroviarios en la zona oeste de Buenos Aires.

23

Estaba seguro de que al abrir la computadora en la mañana siguiente iba a encontrar un correo de Orlando. No fue así. Tuve que esperar hasta el mediodía para recibirlo:

Marcos:
Encontré un nombre y creo que está relacionado con el Che, se llama Dr. Leonardo J. Werthein. Vive en La Habana 568 de Valentín Alsina. Teléfono: 4208-15...
Por favor, averiguá quién es.
O.

La respuesta fue fácil. Estaba en los buscadores de internet. El diario *Tiempo Argentino* informaba el 1 de julio de 2011:

La doctora Ana Jaramillo, rectora de la Universidad Nacional de Lanús, inauguró el edificio Leonardo Julio Werthein construido para que funcione el Instituto de Salud Colectiva (ISCo), de reciente creación. La obra fue posible gracias a un subsidio otorgado por el Ministerio de Desarrollo Social de la Nación y honra la trayectoria y aporte al campo de Salud Colectiva de Werthein, quien fuera fundador y primer director de la Maestría en Epidemiología, Gestión y Políticas de Salud y un referente indiscutible de la epidemiología en América Latina.

Hay crónicas, estudios y tesis que refieren al doctor Werthein como un pionero en la lucha contra la desnutrición infantil y un referente nacional de la epidemiología. Un artículo cuenta que era "experto en enfermedades de la selva", y que adquirió experiencia porque estuvo un tiempo en Bolivia. Todo dicho, al parecer.

El dato más certero está en *El Che quiere verte*, el libro de Ciro Bustos. En la página 84 relata el momento en que se conocieron los integrantes del grupo que comandó Masetti para armar el foco guerrillero que entró a Salta desde Bolivia:

> El siguiente en ser presentado, el porteño, era un médico llegado a Cuba un poco antes que yo, con el mismo impulso, igual entusiasmo y casi similar encadenamiento de oportunidades fortuitas surgidas en su trabajo. Especializado en medicina preventiva, había hecho mucho trabajo de campo detrás de las enfermedades crónicas o endémicas de la isla. Así, había trabado amistad con oficiales médicos-rebeldes, que, dado su fervor revolucionario, lo pusieron en relación con Masetti. Su nombre, Leonardo Werthein, denotaba su origen judío.

Está claro que Werthein pudo haber tenido contacto o relación con Orlando, y también que pudo haber sido testigo de su relación con el Che. Pero más claro todavía es que no lo iba a poder contar porque falleció en 2010.

Wilfredo Ruz no figuraba en los buscadores. No aparecía en internet ni en los libros que pude consultar. No tenía cómo saber si aún estaba vivo. Solo quedaba encontrar a alguien que me ayudase a buscarlo en la isla. Su testimonio y el de Pombo eran claves.

Pombo en realidad se llama Harry Antonio Villegas Tamayo y fue, durante mucho tiempo, miembro de la escolta del Che. Estuvo con él en Cuba, en África y en Bolivia. Cuando el Che y los demás cayeron en Vallegrande, Pombo logró eludir el cerco del ejército. Llegó a Chile a través de la cordillera. En Santiago se refugió en la embajada de Cuba y desde ahí pudo volver a la isla. Fue condecorado por Fidel, es considerado un héroe de la revolución y se retiró del ejército cubano con el grado de general. ¿Cómo llegar hasta él? No iba a ser fácil. Y si llegaba, ¿se iba a acordar de Losojo? Orlando comentó que no tuvieron un trato muy cercano más allá de que compartieron algunas situaciones en el pasado.

(…) y parece que su formación política le dio chapa para ser enviado a La Habana para prepararse militarmente.

Cuenta Escobar Llanos: "En marzo de 1963 estábamos cincuenta argentinos en Campo Cero, un lugar no lejos de La Habana que se creó para la instrucción de guerrilleros, especialmente latinoamericanos. Yo estaba al mando de lo que se denominó el Grupo de los 50 o Columna 50. Estábamos allí por un acuerdo entre los dos partidos para adiestramiento. Una parte había sido designada por la FJC." (…)

Cuando se eligió a los que iban a instruirse, la dirección comunista encargada de la faena tuvo en cuenta el grado de preparación de los aspirantes en grupos de autodefensa, su origen obrero o barrial. Pero muchos de los jóvenes que viajaron eran entonces estudiantes universitarios. Todos ellos fueron incorporados al Ejército cubano, vistieron el uniforme de rigor y ganaron grados. Por entonces las FF.AA. isleñas aún no se habían profesionalizado siguiendo el modelo y escalafón de los soviéticos.

Según Escobar Llanos, el entrenamiento fue riguroso, plagado de sacrificios, donde "la Fede tuvo un comportamiento que calificaría como heroico, por su resistencia sin quejas frente a la dureza de los ejercicios preparatorios".

Fue un tiempo escasamente feliz para compatibilizar políticamente. El Che deseó atraer a los argentinos para su proyecto entonces en ciernes. Los instructores bajo su mando eran veteranos de Sierra Maestra y sus incondicionales, misioneros del "foquismo". Pero el PC había dispuesto en su aún fresco XII Congreso, que su acceso al poder debía ser mediante la acción de masas, donde no se descartaba el uso de las armas, no solo de milicianos sino con de las FF.AA., una posición que generó amarguras en las charlas con el Che, porque estas contradicciones afloraron una y otra vez.

Obviamente, en el grupo varios jóvenes hicieron notar sus dudas. Una pregunta rondó en las discusiones: ¿Para qué nos instruimos? ¿El Partido avanzará en la lucha armada? La respuesta de los líderes de la "Columna 50" fue reiterar la línea del XII Congreso.

Escobar Llanos ha estado oculto tanto por decisión de la organización que lo envió en su momento como por la suya. Fue cuando sus relaciones con el PCA se deterioraron: se negó, contó al autor, a "infiltrarme en Montoneros". A mediados de los ochenta, cuando el PCA enderezó su política hacia lo que se conoció como el "viraje revolucionario", Athos Fava le envió un mensaje para que regresara habida cuenta de su experiencia miliciana. No aceptó la invitación.

"La instrucción fue durísima y éramos considerados los mejores. Sentíamos un gran honor de ser los comunistas los más aptos. Es que había grupos de otros países pero casi sin trato con nosotros. Yo reportaba directamente a Ernesto", dijo. Cuando de Ernesto habla quiere decir el Che, que entonces estaba al frente del Ministerio de Industrias.

Lo importante es que a esta altura podemos entender que el protagonista de esta historia es tres personas a la vez. Orlando, que militó en el PC en Lomas de Zamora hasta que más tarde fue separado. Fernando Escobar Llanos, que fue a Cuba con un grupo de cincuenta comunistas y que terminó liderando el contingente después de que el jefe original fuera desplazado y se volviera a Buenos Aires, y el Losojo, los ojos del Che, el hombre invisible. De este último, el autor de *La Fede*, al parecer, no dio crédito.

24

La historia de El Losojo
Parte VI

En las noches de La Habana, cuando nos reuníamos en secreto, el Che me fue hablando de la misión que me iba a encomendar apenas terminara la escuela de entrenamiento. En síntesis, se trataba de diecisiete puntos.

Antes hubo que marcar una lista de países que le interesaban de manera especial. Y a cada uno de esos países yo iba a viajar para completar de primera mano la información que necesitaba.

1. Tenía que alquilar y tener siempre listas casas seguras que sirvieran de refugio en cada una de las ciudades a las que fuera a viajar.

2. Tenía que investigar y tener con precisión los horarios de salida y de llegada de todos los medios de transporte en cada una de esas ciudades.

3. Cada vez que el Che fuera a viajar a otro país, tenía que haber alguien que lo estuviera esperando. ¿Quién iba a ser ese "alguien"? Podía ser mi tarea.

4. ¿Quiénes eran los dirigentes de izquierda más confiables en cada uno de esos países? ¿Quiénes no eran de confiar?

5. En secreto, debía armar reuniones con los dirigentes confiables.

6. Tenía que tener en claro el nombre y todos los datos del embajador cubano del país que se fuera a visitar.

7. De cada una de las ciudades en cuestión, había que proveerse de planos y mapas. Las principales avenidas, las calles laterales más transitadas. Maneras de salir y de moverse. Así como también rutas de escape o lugares seguros.

8. Tenía que ver con qué cobertura se podía contar de parte de la Unesco.

9. *Debía entablar relación con la Orden de los jesuitas. Los padres jesuitas siempre iban a poder ayudarnos en situaciones complicadas. Era gente en la que se podía confiar.*
10. *Debía saber qué era lo más complicado que podría pasar en cada ciudad.*
11. *Había que armar una manera de entrar y salir de cada lugar sin ser descubierto.*
12. *Tenía que trazar un plan para engañar a los servicios secretos de cada país, y a cualquier servicio de inteligencia que podría estar siguiéndonos.*
13. *Debía pensar qué personalidad, qué disfraz se podía adoptar para pasar desapercibido.*
14. *Era clave analizar el entorno para prever quién podría convertirse en un delator.*
15. *Debía trazar el plan logístico general para tener en claro todas las necesidades.*
16. *Había que saber y prever qué medios de transporte iban a ser necesarios en cada caso.*
17. *Tenía que escribir un análisis lo más detallado posible sobre el gobierno de cada país, qué problemas tenía, quiénes eran las principales figuras de ese gobierno, y la situación política en general.*

El entrenamiento en Campo Cero terminó en octubre de 1963. Lo primero que vino después fue armar la estrategia de repatriación de todo el grupo. Éramos cincuenta personas los que, después de casi seis meses, teníamos que viajar de Cuba a la Argentina sin levantar sospechas. En aquel tiempo no había vuelos directos entre Buenos Aires y La Habana. A la isla solo se podía volar desde México o desde Praga.

Nos dividimos en células de tres y cuatro personas. Con el correr de los días cada grupo viajó por distintas rutas y entró a la Argentina por diferentes lugares. Yo salí con dos muchachos más rumbo a Praga. Pasamos por Europa y terminamos en el Uruguay.

Antes de salir nos dieron un dinero para cada uno. Eran viáticos. Eran para comer, para movernos o para cualquier cosa. No se trataba de una fortuna, pero para tres tipos que habían estado seis meses entrenando en el monte, durmiendo en hamacas y comiendo solo arroz y frijoles... bueno, sí, era mucha plata. En una de la escalas nos fuimos de compras. En realidad nos fuimos a conseguir ropa para estar presentables o diferentes a nuestro regreso. Si queríamos pasar desapercibidos, teníamos que cortarnos el pelo, vestirnos un poco mejor, afeitarnos... parecer cualquier cosa menos tres tipos que vuelven de pasar por un entrenamiento militar en Cuba.

En ese viaje yo me compré un traje. Me quedaba perfecto. Y encajaba sobre todo con la historia que me había inventado para viajar tan seguido. Decía que trabajaba en comercio exterior, que era importador y exportador de diferentes productos. Para serlo, en primer lugar tenía que parecerlo. Los muchachos también se compraron ropa. Es increíble el paso del tiempo. Las costumbres de la época... Me acuerdo que uno de ellos, el Flaco, un compañero del oeste con el que nos hicimos muy compinches, en ese viaje pudo cumplir un sueño: se compró un sombrero.

Cada uno de nosotros se alojó en distintos hoteles de Montevideo. Como era obvio, yo fui al mismo en el que me entrevisté aquella primera vez con el Che. Era un hotel manejado por camaradas. Tenía muchas ganas de volver a mi casa, a mi ciudad, pero antes, tenía un par de misiones que cumplir.

Lo primero fue hacer entrar a Buenos Aires a los compañeros que habían viajado conmigo. No tuvimos ningún problema con eso. Me quedé en Montevideo y la esperé a Celia, la mamá de Ernesto. Teníamos algunos mensajes que intercambiar.

Celia llegó un par de días después. Como estaba previsto, la alojaron en una habitación justo enfrente de la mía. Nos entrevistamos y conversamos en mi cuarto. Ella me pasó la información que venía desde la Argentina, y yo le transmití lo que le enviaba su hijo. Luego la ayudé a pasar a Brasil desde dónde viajó a Cuba con escala en México, pero antes, tuvimos que esquivar a los servicios de inteligencia uruguayos que la estaban siguiendo.

Celia se dio cuenta de que dos tipos la seguían, apenas se alojó en el hotel. Como nosotros nunca nos entrevistamos en público y nadie me vio con ella, yo pude cumplir limpiamente una de las tareas que me había encomendado el Che para ese momento: vigilar y cuidar a su mamá para que pudiera viajar sin problemas.

Cuando Celia hizo el check in, yo estaba sentado en el lobby, fumando un cigarrillo y como dejando pasar el tiempo mientras esperaba a alguien. Así es como pude ver también a los tipos que la seguían queriendo pasar desapercibidos. Nos entrevistamos a la noche en la habitación sin que nadie lo supiera. En definitiva, estábamos puerta a puerta. A la mañana siguiente le di la valija de Celia a un empleado del hotel que era de mi confianza. Después del desayuno, ella salió a caminar por la avenida 18 de Julio. Detrás, la seguían los dos tipos. Y atrás de ellos iba yo, preparado para cualquier imprevisto.

Tal como me había instruido el Che para que hiciera en cada ciudad, apenas llegado a Montevideo, ya había estudiado un par de rutas de escape. Esa mañana Celia usó una. La más sencilla, quizás. Caminaba por la ciudad como despreocupada, mirando alguna vidriera. Entró a un par de negocios a preguntar alguna cosa y salió para seguir caminando tranquila, como si no supiera que la seguían. Entró a un bar de la 18 de Julio con esa misma parsimonia con la que venía haciendo todo, y los tipos se quedaron afuera a esperar que saliera. Pero Celia no salió. Ese bar tenía salida por la otra calle. Y por esa salida la mamá del Che se fue rápido para alojarse en otro hotel. Yo me quedé todavía un rato, por las dudas. Pero no hubo problema alguno. La perdieron ahí.

A los pocos días, la ayudé para cruzar a Brasil y yo me fui al Congo. Estuve en África cerca de un mes, recabando información, y por fin volví a la Argentina. Arturo Illia ya era presidente y se respiraba un clima de legalidad. Pero por las dudas, para no dejar huellas, entré por otra frontera.

25

A cada paso, después de cada entrevista, la pregunta se me repetía: ¿Es cierto? A mí me daba la sensación de que sí. Pero... ¿exageraba? Por momentos sentía que era probable. Orlando no me parecía un mentiroso. Y si bien muchas veces el relato se le llenaba de contradicciones y lagunas, el primero en advertirlo era él.

Contaba su vida en primera persona, pero del Losojo, hablaba en tercera. "Al Losojo casi lo matan un par de veces", contaba como si se tratara de otro. Pero en ocasiones le faltaban detalles y sobre todo se le mezclaban los tiempos. Cuando le pedía precisiones sobre algunos eventos o conversaciones que decía haber tenido con el Che, se quedaba pensando. A veces más de lo que cabía esperar. Se confundía y dudaba si tal o cual cosa se la había dicho en la primera entrevista en 1961, o cuando viajó a Cuba a entrenarse meses más tarde. O en el '63, quizás, cuando fue con el grupo del PC. No tenía pudor en decir que no se acordaba, que se le mezclaban los años, que había pasado mucho tiempo. Me dijo que hubo un momento de los años setenta, en que trató de quitarse todo de la cabeza, de olvidarse, de borrar la memoria y de dejar de soñar con lo que había vivido. Y parece que por momentos pudo, pero ya no. Aunque le falten detalles... esa vida volvió.

—El otro día caminaba por acá, por mi barrio, y vi estacionado un Land Rover igualito al que usaba en África —me contó, excitado, una mañana mientras calentaba el agua para el mate. Estaba estacionado a la vuelta de su casa, en el corazón del barrio de Caballito. Regresó casi corriendo al departamento, tomó la cámara de fotos, pero para cuando volvió al lugar, el cuatro por cuatro ya no estaba. De aquel auto con el que cruzó el desierto africano solo le quedó la nostalgia y ninguna imagen.

Lo que sorprende y por momentos divierte es que así como se le confundían los "cuando", sucedía lo contrario con los "donde". Se podría decir con ironía que era una deformación profesional. Bueno, si eso de que memorizaba lugares y rutas era cierto, entonces más que irónico era preciso. Al contar citaba exactitudes que hasta resultaban risueñas. Ahí las décadas parecían no haber pasado.

—El Losojo nació en Lomas de Zamora —informaba como si se tratara de otro—, en la calle Rivera 152. Después se mudó con sus padres a Pueyrredón 676, a la vuelta de donde vivían tus papás, que en esa época vivían sobre la calle Belgrano.

De repente, dejaba de hablar del Losojo y recaía en Orlando. Es decir, seguía hablando de sí mismo, pero cambiaba de la tercera a la primera persona sin transición alguna:

—Cuando me casé por primera vez, de muy joven, me fui a vivir a Fonrouge 579, a una cuadra de la casa de tu abuela y de mi amigo Mario, tu tío, que vivía en el 446…

La idea de hacer un documental con el Losojo estuvo desde el primer día. Lo hablamos con César apenas salimos del departamento cuando recién lo conocimos. Le habíamos preguntado cuánto sabía la familia. Nos dijo que estaban al tanto de que algo había hecho en Cuba, pero que no tenían tanta precisión. Nos imaginamos una escena bien *reality show*. La actual mujer y los dos hijos sentados en el living de la casa. Él frente a ellos para contarles que fue los ojos del Che, el hombre invisible. Que recorrió Europa, África y América Latina para cumplir con los encargos del comandante Guevara…

—El otro día tiraste una frase que me quedó. Dijiste que estábamos en plena reconstrucción de la memoria. Y creo que es eso, tenés razón. Porque desde que empezamos con estas reuniones vuelvo a escarbar en cosas que me había borrado. Ahora trato de sentarme a pensar y a recordar. Y sí. Es eso. Es reconstruirme los recuerdos.

Le contesté que una cosa era reconstruir y otra inventar. Y que mi esfuerzo era el de tratar de no meter información que había leído en otro lado para no influenciarlo o empujarlo a decir cosas que no fueron. Me dio la razón. Y se quedó pensativo.

Pasaron semanas y entrevistas. El tema lo volvió a sacar él.

—Estuve pensando en lo de la película —Por primera vez lo vi entusiasmado con la idea. Aceptaba hacer el documental. Se prestaba para hablar a cámara. Entendí que el anonimato, la clandestinidad, la invisibilidad se terminaba ese día para él. Necesitaba el reconocimiento. Más allá de que había una historia que pedía ser contada, el corazón le pedía a Orlando soltar lo que había vivido.

Me puse en movimiento de inmediato.

Me gustan los documentales. Es un género que siempre consumí, pero nunca produje. Tenía que buscar a quien me pudiera orientar y lo primero fue llamar a Axel Kuschevatzky.

Con Axel trabajamos en Telefé entre el 2000 y el 2010. Siempre tuvimos cruces divertidos en los pasillos del canal y algunas anécdotas de esas inolvidables que volvemos a recordar cada vez que nos vemos.

Desde que lo conozco lo considero algo así como un amigo. Por sobre todo, es un tipo en cuya mirada confío.

Pensé que la vida del Losojo podría ser un documental apasionante. Sentí que la historia lo pedía. Pero era mi parecer. ¿Cómo empezar? ¿Qué contaba y qué no? ¿Cómo la financiaba? Había que aprender. Llamé a Axel para pedirle que fuera mi coach y apenas le conté la historia me dio la razón. Sí. Era para documental. Pero Axel pensaba diferente respecto al protagonista.

—Ojalá sea un impostor, ¿te imaginás? Sería genial —dijo cuando nos juntamos a comer en un bar de Palermo, cerca de Canal 9.

Me aconsejó una lista de documentales para ver. Tenía que trazar la ruta. La historia a contar estaba clara pero, ¿cómo contarla? Ese era el punto a resolver. Axel me habló del estadounidense Errol Morris y de varias de sus obras. Sobre todo de *The Fog of War* y *The Unknown Known*. El primero está basado en una entrevista a fondo a Robert Mac Namara, ex secretario de Defensa de los Estados Unidos durante la gestión Kennedy. El segundo se apoya en una entrevista a Donald Rumsfeld, secretario de Defensa yanqui durante el ataque a las Torres Gemelas y en la guerras que se desataron después en Afganistán e Irak.

También me sugirió mirar *Finding Vivian Maier*, una película que cuenta la búsqueda de una fotógrafa desconocida a la que un documentalista llegó a partir de toparse con una caja llena de fotos geniales que esta mujer sacó durante los años cincuenta. La clave, en este caso, era el lugar del director. Al comienzo, para fundamentar la búsqueda, él se ponía delante de la cámara. Explicaba cómo había llegado a esas fotos, las exponía. Trataba de entender quién había sido esa mujer y a partir de eso comenzaba la investigación.

Era probable que la historia del Losojo debía abrevar en estas dos fuentes.

—La clave está en la manera en que vas a entrevistar al protagonista para que la historia se vea atractiva —recomendó Axel, y me sugirió que me detuviese en el rol del director, en las preguntas en voz alta que aparecían en *Finding…*—. Esa también es una herramienta que deberías tener en cuenta. Me parece interesante comenzar con tu presentación. *Gran Hermano*, *Operación Triunfo*, *Talento Argentino* y no sé cuántos programas más que hayas producido. Este sos vos… y de pronto te topaste con esta historia que tanto tiene que ver con tu pasado y con tu familia —me dijo a la hora de los postres—. Pero también es importante que así como sos el hilo conductor que nos introduce en la historia, veas cómo en *Finding Vivian Maier* el tipo termina haciéndose a un lado para que la protagonista sea ella y no él.

César llamó para contarme que a la gente de Poncho Sauer, una productora formada por amigos, les había fascinado la idea y estaban dispuestos a sumarse a la aventura. Los equipos, las cámaras, las luces, el audio y todo lo que se necesitara estaba a disposición del proyecto. Nos reunimos casi de inmediato.

Para entrevistar a Orlando íbamos a necesitar dos habitaciones. En una tenía que estar él frente a la cámara y en la otra yo, con otra cámara frente a mí. Es decir: la entrevista iba a ser en video de una habitación a la otra. Era una estrategia que habíamos pensado para obtener un entrevistado más suelto y atractivo para el desarrollo de la historia.

Organizamos para grabar un sábado con Orlando. Había que empezar temprano porque armar el dispositivo significaba vaciar dos habitaciones completas de casa. Calculamos que íbamos a grabar hasta las seis de la tarde. Contándonos a Orlando y a mí, éramos doce las personas implicadas en el operativo y para todos compramos comida y bebida.

Pero la noche anterior, cerca de las diez, Orlando llamó para suspender. El hermano que vivía en Mar del Plata tenía un problema de salud y se tenía que ir de inmediato para allá. Todo quedaba suspendido hasta nuevo aviso. Y la frustración se nos instaló de manera instantánea.

Mi familia comió del *catering* previsto para la grabación varios días seguidos. El equipo urgía por una nueva fecha porque el entusiasmo continuaba. Pero del otro lado nada. Orlando desapareció. No volvió a atender el teléfono por semanas y con el correr de los días, todo se diluyó.

Me llevó dos meses volver a ubicarlo. Durante ese tiempo no contestó llamados ni mails. Desapareció literalmente. Se lo comenté a Alberto Nadra que se sumó a la búsqueda porque nos empezamos a preocupar. La cosa ya había tomado otro color. No dejaba de ser una persona de setenta y ocho años a la que tratábamos de encontrar.

Orlando dio señales a comienzos de diciembre, casi dos meses y medio después del plantón. Le dijo a Alberto que sabía que lo habíamos buscado y pidió disculpas porque había estado con mucho trabajo. Que con gusto se reuniría con nosotros a tomar un café. Esta vez en mi casa, no en la suya, y combinamos para el sábado siguiente por la mañana.

Llegó puntual. Cuando le abrí la puerta, me abrazó como nunca y me habló al oído a pesar de que estábamos solos.

—Yo te quiero mucho —dijo y me abrazó fuerte. Después de unos pocos segundos deshizo el abrazo y entró a casa. Lo seguí perplejo para ver cómo lo saludaba a Alberto.

No me acuerdo ahora pero creo que serví café. La charla empezó a merodear trivialidades hasta que llegué al punto. Más allá de no haber venido el día de la grabación, el punto eran los dos meses y medio sin noticias de él. Volvió a contar de la salud del hermano y del trabajo que a veces lo llevaba a dar conferencias al interior del país. Explicó que había estado ocupado en serio… y de pronto, de la nada, por primera vez se quebró.

Se le mojó la mirada. Un nudo se le instaló en la garganta y empezó a hablar entrecortado. Por primera vez sentí su angustia y su emoción, por primera vez percibí algo así como su vergüenza.

—Es que vos no sabés cómo estoy —se dirigía a los dos pero me miraba a mí—, hay noches enteras en las que no duermo por pensar en Ernesto. Yo creí que me había podido sacar un poco el tema de la cabeza, pero veo que no —de pronto hizo silencio para tomar aire y seguir—: Es que yo a él lo quería mucho.

No supimos bien qué decir. Nos impactó la emoción que le veíamos. También la sorpresa de esa grieta que le encontrábamos por primera vez en la compostura. Orlando trataba de rearmarse, y lo consiguió después de cerrar la posibilidad de hablarle a una cámara.

—No lo voy a hacer. Te pido mil disculpas, pero no puedo. Yo no quiero hacerme famoso. No quiero salir a la calle y que la gente me conozca o me salude por esto. No quiero que me llamen para hacer notas ni nada. Me guardé esta parte de mi vida por muchos años. Y ahora estoy muy movilizado con todo esto. Cuando vos termines el libro ya está. Quiero olvidarme. Necesito cerrar. Quiero terminar de dar vuelta la página y nunca más. Espero que me puedan entender.

26

Llegué a Orlando para que me contase anécdotas del Che Guevara como si el Che fuera Sandokán o el protagonista de una tira de aventuras. Creo que fui con ese espíritu. Pero me encontré con un mundo tan complejo e intrincado como apasionante e incomprobable.

Me guardé la charla con mi madre para cuando yo tuviera más información. Le conté, por supuesto, que había empezado a investigar a un personaje que había militado en el PC y que de manera clandestina también había trabajado para el Che. Le di algunos detalles, incluso. Y un par de anécdotas. Hasta le hablé del mate que alguna vez fue de Guevara y que ese personaje tenía en el comedor. Le conté bastante, pero por alguna razón que no termino de entender, nunca le dije cómo se llamaba.

El día que Orlando me habló de la dirección de la casa de mis abuelos de manera tan precisa y me contó que él vivía una cuadra más allá, la llamé para constatar. Nunca supe con exactitud dónde vivieron mis abuelos. Mi abuelo Marcos murió seis años antes de que yo naciera. Por él me llamo así. Mi abuela Carlota falleció en el '66, dos años antes de mi llegada. Necesitaba confirmar con mi madre la dirección de los abuelos.

Lo primero que le pregunté fue si se acordaba quién vivía en Fonrouge 446.

—Tus abuelos —contestó sorprendida—. ¿De dónde sacaste la dirección?

Cuando le dije que me la había dado el hombre al que estaba investigando, se quedó muda. Sí, el mismo que afilió a Mario al Partido, le dije, y le ratifiqué cuán cerca de la familia estaba esta persona que también decía conocerla a ella.

—Soy yo la que lo quiere conocer —pidió—. Por favor, necesito saber más de él.

—Decime, Má, ¿vos te acordás de un tal Orlando que vivía cerca de los abuelos?

—¿Pero cómo no me voy a acordar? —y de pronto se hizo un silencio propio de quien cae en la cuenta—. Marcos, no me vas a decir que esta persona sobre la que estás trabajando es ese Orlando.

—Sí. Exactamente.

Y el tono de mi vieja cambió a modo de descalificación y censura.

—Pero ¡ese tipo es un mentiroso! ¡Siempre fue un mentiroso! Claro que me acuerdo de él. Si militaba con nosotros en Lomas hace como cincuenta años. A toda la familia conocimos. A la primera mujer, a Alfredo, el hermano que era el secretario del Partido. Él sí fue una gran persona. Pero Orlando… por favor… flor de mentiroso.

A mi madre dejó de parecerle divertida la historia que le había contado de los ojos del Che. Me quiso ilustrar con un ejemplo contundente.

—Se borraba todo el tiempo. De pronto desaparecía dos o tres meses sin avisarle a nadie. Se iba. Lo buscábamos y no estaba más. Nos dejaba colgados. Al tiempo aparecía y nos decía que se había tenido que ir de viaje porque trabajaba en exportaciones e importaciones —La pausa que hizo fue solo para tomar envión—: ¡Mirá si va a trabajar de exportador! ¡Con esa facha que tenía!

El que se quedó helado entonces fui yo.

En aquella primera reunión, en la casa de Orlando, en la que estaban César y Alberto, le pregunté cómo hacía para justificarse en el trabajo o con los amigos cuando se iba por tanto tiempo y en secreto a Cuba, a África o a Europa.

—Les decía que trabajaba en una empresa de exportación e importación. Y que tenía que viajar por negocios —contestó y me pareció gracioso. Pero ahora, meses después, cuando mi vieja enardecida recordaba las ausencias y las excusas, todo parecía cerrar. Se lo dije, impresionado. Entonces se llamó a silencio y se quedó pensativa. En su cabeza, todo habrá girado de manera violenta. Era verdad que aquel pibe de veinticinco o veintiséis años mentía para borrarse de las responsabilidades militantes. Pero no lo hacía para irse de joda como ella suponía. La razón era otra. Y era una razón contundente que ahora le desubicaba los juicios.

—Yo quiero hablar con él —dijo en un tono que se hamacó entre una orden y un pedido.

Tenía previsto armar el encuentro entre ellos, sí. Pero antes el que necesitaba saber más era yo. Esa misma noche volví a su casa. Pedí en el restaurante de la esquina una milanesa a la napolitana gigante porque sabía que a ella le gustaba. No habíamos empezado a comer cuando volvimos a hablar de Orlando. Encendí el grabador. Se conocían mucho más de lo que yo me imaginaba y de lo que Orlando había admitido.

—Su primera mujer se llamó Irma —recordó mi madre—. Creo que eran muy jovencitos, deben haber tenido dieciocho años cuando se casaron. Después se separaron y él se juntó con Luna. Lunita era una muchacha de Turdera. Los dos trabajaban en la cooperativa. La primera cooperativa que hubo acá, la cooperativa La Paz, que estaba en la calle Boedo al 100, en pleno centro de Lomas. Ella era hija de un compañero nuestro que era tipógrafo de no sé qué diario. Con Lunita estuvieron un tiempo y después se separaron. No sé si bien o si mal. Ella se quedó trabajando ahí algunos meses, después se fue de Lomas, y más tarde apareció con otro compañero que acá se comentó que era cana. Pero no lo sé. A él también le perdimos el rastro. Nunca más lo vimos.

—¿Y no supiste más de Orlando?

—No… De casualidad hace un tiempo me enteré que estaba en la SADE. Yo me pregunté, ¿cómo es que está en la SADE? ¡Si no es escritor! Bueno, aparece como periodista. Ahora que me pongo a hacer memoria eran varios hermanos, ellos. Algunos un poco conflictivos. Bueno, Orlando que desaparecía. Hay uno, Abel, que se pasó a las Fuerzas Armadas Peronistas, las FAP. Creo que murió asaltando un tren o algo así. Y Alfredo, el mayor, que era dirigente del Partido. Nosotros a Carmen la queríamos mucho. Era una gran mujer.

—¿Quién era Carmen?

—La mamá de Orlando, la queríamos mucho. Vivía acá en la calle Pueyrredón. A Alfredo lo mandaron de secretario a La Plata. La mujer de Alfredo se llamaba Rosita, tenían dos, tres hijos, no sé… En la dictadura, cuando era Secretario en La Plata, tuvo un infarto.

Lo internaron en el Hospital Italiano de allá, creo. Y se quedó ahí. No se recuperó. Era un compañero muy querible, muy buena gente.

—¿Y Abel?

—No me acuerdo bien. Sé que se había pasado a las FAP. Como te dije, creo que murió en un asalto a un tren, pero de eso no estoy segura. Quizás me pueda equivocar con otro de los hermanos. La versión que había es que era un operativo de las FAP y que él se tiró del tren para zafar de la policía, se tiró por la ventana, no sé si lo balearon o si se lastimó cuando cayó, pero la versión era que lo habían matado.

—¿Y hasta qué año te acordás de Orlando en Lomas?

—Creo que hasta el '62 o '63 cuando trabajaba en la cooperativa. Es lo último que me acuerdo de él. Tu papá iba y le daba la plata para depositar. Viste como era tu papá, siempre fue igual. Iba apurado, le tiraba la plata al que estaba en la caja para que se la depositara y se iba. No hacía el trámite, nada. Bien desordenado y confianzudo como fue siempre. Así es que creo que alguna vez le faltaron mil pesos de entonces.

—¿Se los robó Orlando?

—No, no digo eso. Digo que tu papá iba y tiraba la plata y alguna vez se dio cuenta de que le faltaron mil pesos que le había dejado a él.

—Una pregunta más, vieja: ¿Vos lo conociste al Flaco Ibarrola? Creo que es del oeste. Trabajaba en ferrocarriles. Quiero ubicarlo porque Orlando dice que cuando volvió del entrenamiento en Cuba, en el '63, volvió con él.

—No, no lo conozco. Pero Ibarrola era Mariana. Mariana Ibarrola. Mariana fue también de la dirección del Partido acá. Creo que tenía varios hermanos. Quizás pueda ser uno de ellos. Pero no creo que esté viva, Marcos. Era unos cuantos años mayor que yo. Y ya tengo ochenta y cuatro.

Mi madre buscó en una agenda vieja y abarrotada de números y anotaciones con esa letra grandota que siempre tuvo. Más que una agenda, es una bitácora de la militancia y de la vida de mi mamá. Encontró un número. Quizás la suerte ayude y esa casa siga siendo de la familia de Mariana. Quizás un hijo, un nieto o alguien de la familia me pueda dar señales del Flaco, si es que tiene que ver con Mariana. Si es que vive. Si es que se lo puede encontrar.

27

Julio del 2015 fue un mes extrañamente cálido en Buenos Aires. Que esa mañana del martes 14 hiciera cuatro grados parecía raro a pesar de que estuviésemos en pleno invierno. Antes de salir rumbo al canal volví a probar con el número que me había dado mi madre. Ya había llamado dos veces en la semana y nadie había respondido.

Pero esta vez sí. Atendió una mujer de voz joven, cálida y dulce. Supuse que si tenía que ver con Mariana, por el timbre de esa voz, tenía que ser la hija o la nieta.

—Buenos días. Disculpe la molestia… —empecé, exacerbando los cuidados para tratar de explicar lo que buscaba— yo necesitaría saber si en esa casa vivió… o bueno… si vive la señora Mariana Ibarrola.

—Sí, claro, soy yo.

—Hola, Mariana, ¡buenos días! Usted es la hija de la señora Mariana… es decir —difícil explicarme en temas sensibles—, ¿se llama como su mamá…?

—No, no, yo soy Mariana.

Me pareció que no lo estaba haciendo bien porque además empecé a tartamudear. Cambié la estrategia cuando empecé a sentirle dudas en la voz. Le dije quién era. O mejor dicho, le dije de quién era hijo. Y ahí cambió todo.

—¡Pero, lindo! ¡Claro que me acuerdo de vos! ¡Si te tuve en los brazos!

—Discúlpeme, Mariana, ¿qué edad tiene? Porque mi mamá me dijo que usted era mayor que ella, pero yo la siento muy joven cuando habla.

Se rio. No entendió que el tono de esa voz me confundía. Creyó que la piropeaba.

—Noventa. Tengo noventa años, querido. Lo que pasa es que para nosotros, la medicación está en el cerebro.

Cuando Mariana decía "nosotros" sumaba a mi vieja y a la cofradía de viejos militantes, sostenía que pelear por un mundo mejor los mantenía jóvenes y les daba vitalidad. No hay escuela de medicina que lo haya estudiado hasta el momento, pero algo de eso debe haber. Me sobran ejemplos para sospecharlo y el primero está en mi propia familia, como bien dice Mariana cuando habla de mi mamá.

—¡Nosotras militamos mucho tiempo juntas! Tu mamá le robaba el auto a tu papá y nos íbamos a ver compañeros por toda la zona. Algunas veces, al volver, encontrábamos que tu papá estaba enojadísimo porque al no tener el auto no había podido ir a visitar a unos pacientes...

Hay sensaciones que me resultan imposibles de explicar. Recuerdo algunas grandes discusiones entre mis viejos cuando yo era chico. Había olvidado esta hasta que Mariana la mencionó. Se me habían borrado por completo las calenturas de mi viejo cuando quería salir y no encontraba la llave del auto. Puteaba a más no poder. Y la esperaba a mi vieja re caliente para ajustar cuentas. No eran momentos lindos, pero fueron momentos tan de mis viejos, tan de aquellos años, que de pronto se me instaló la melancolía. Extraño hasta aquellas peleas por el auto y las escapadas de mi vieja que ahora me vengo a enterar que eran con Mariana.

Aquel conflicto se zanjó cuando mi viejo le regaló a mi mamá un Fiat 600. Yo tendría seis o siete años, pero me acuerdo de aquel autito. Se quedaba más de lo que andaba, pero a mi vieja, para militar, me acuerdo que le alcanzaba.

Le expliqué a Mariana el motivo de mi llamado.

—Busco a Pedro Ibarrola. Le decían el Flaco, y militaba en el PC con los ferroviarios de la zona oeste. ¿Puede ser tu hermano? —Mariana es de los viejos que llaman a ser tuteados.

Me contó que los hermanos Ibarrola fueron diez. Roberto, Amaro, Ernesto, y las demás, mujeres. De los diez, solo quedan vivas tres mujeres. Una de ellas Mariana, por supuesto. Le expliqué que estaba buscando a uno que hubiera militado con los ferroviarios de la zona oeste.

Ese era Ernesto. Sí. Confirmado.

Llegó el momento entonces de hacerle la pregunta del millón. ¿Era posible que Ernesto haya integrado un grupo de cincuenta comunistas que viajó a entrenarse militarmente a Cuba en 1963?

—Ernesto murió hace cinco años. Un poco antes de morir, me contó, sí, que fue a Cuba y no precisamente para hacer un viaje de placer. Los tres varones fueron a Cuba en distintos momentos. Ernesto, si no me equivoco, fue a entrenarse en una escuela en 1963. Es cierto.

Punto para Orlando. La información está confirmada. El Flaco Ibarrola, al que él llama Pedro —y ese dato habrá que chequearlo—, fue parte de la llamada "columna cincuenta", en 1963. Cuando quise sondear qué más sabía Mariana al respecto, la cosa cambió de tono de manera dramática.

—Hago una investigación para escribir un libro sobre un viejo militante que colaboró en secreto con el Che —empecé a explicarle—. Ese compañero me dijo que hizo la escuela con tu hermano. Y que volvieron juntos de Cuba, pasaron por Praga, llegaron a Uruguay...

—¿Y cómo se llama ese compañero?

—Orlando.

Silencio cortante, pesado, incómodo.

—Pero esa persona fue separada del Partido.

Mariana compartió la dirección del PC de la zona con Orlando hasta que él fue sancionado, en 1968. "Él estaba en organización", dijo, y por el modo en el que ahora contaba los recuerdos, parecía no guardar una buena opinión del Losojo. Quise saber más y ahí sí se puso esquiva y cortante.

—¿Te acordás por qué fue separado?

—Por cosas... Digamos que por cuestiones de moral. Y prefiero dejarlo ahí.

—Un compañero que militó con él en esa época me dijo que hubo cuestiones de polleras...

—Sí, puede ser. Pero de eso prefiero no hablar.

Cuando se cierra, el muro de los viejos comunistas es impenetrable. Mariana dijo que los tres hermanos fueron a Cuba y que cualquiera de los tres pudo haber sido el que hizo la escuela con Orlando. El único que trabajó como ferroviario en el oeste de la provincia de Buenos Aires fue Ernesto, entonces debe haber sido él. Ernesto nunca contó con quién estuvo o si compartió esa experiencia con Orlando. En eso mantuvo total secreto.

A Ernesto lo secuestró una patota de las épocas pesadas. Había ido a la cárcel de Olmos a ver a su esposa, que estaba detenida por ser dirigente sindical. Lo agarraron ahí. Apareció torturado en los bosques de Ezeiza. Lo tiraron con toda la cabeza vendada al costado de un camino. Por fortuna lo recogieron en una camioneta que pasaba de casualidad. Él les pudo decir que era dirigente ferroviario de la seccional Haedo. Lo llevaron hasta la casa de su madre. Recién ahí le pudieron despegar la venda con la que le habían envuelto la cabeza. Hasta el último día tuvo secuelas de esa tortura y Mariana las recordaba bien, porque recordaba lo que sufría su hermano.

Como nada se pierde con probar, me tiré un lance para ver si Mariana sabía algo de la relación de Orlando con el Che. Para mi sorpresa, por primera vez tuve una respuesta afirmativa.

—Sí, sé que trabajó con él. No sé exactamente qué hizo, pero en ese tiempo lo supe.

No quiso decirme dónde vivía. Le pedí visitarla para tomarle alguna foto o para que me prestara una foto de Ernesto, pero no. Han pasado los años. Una parte de la familia ya tomó otro camino y ella quiere ser respetuosa de los demás, por lo que gracias, pero no. Me contó que hubo quienes le sugirieron que escribiera sus memorias. Era mucho lo vivido y lo que tiene para contar, pero ella se quería tomar un tiempo para pensarlo. Creía que lo iba a hacer cuando llegase el momento. Le recordé que tenía noventa años y se rio con ganas antes de darme la razón. Me prometió que lo iba a volver a pensar.

Le pedí entonces el teléfono de la viuda de Ernesto y otra vez obtuve un "no" como respuesta.

—No estilamos pasar los teléfonos. Ella tampoco da el mío —me contestó, sin perder la dulzura pero poniendo un límite claro.

La charla se había empezado a deshacer. Yo había logrado "sacarle" todo lo que creía necesitar sobre Orlando, sobre el Che, sobre aquel tiempo en el PC. Ella no había perdido nunca la ternura en

128

la voz, pero empezó a retirarse con cuidado. Temía haber dicho demasiado. Ya estaba por saludarla. Por prometerle que la volvería a llamar para ver si había empezado a escribir las memorias, cuando de la nada me preguntó si yo sabía quién era ella. No sé qué estupidez le contesté. Creí que la pregunta era tan obvia que me dejó vacío de respuestas. En definitiva, no dije nada claro. Quien lo dijo fue ella:

—Tu papá escribió un libro que se llamó *La yumba no es solo un tango*…

—Sí, claro… —Mi viejo lo publicó en 1977.

—¿Y vos te acordás cómo se llamaba la protagonista…?

—Mariana.

Evoqué algunas escenas de *La yumba*…. Las más fuertes. Las que me quedaron en la memoria a más treinta años de haberlas leído. Y se me representó la imagen de Mariana, la protagonista, arrojada en un basural, torturada, fusilada por un grupo paramilitar. Fueron flashazos de un libro que leí hace demasiado pero que mi viejo escribió y publicó en plena dictadura. El relato era en primera persona y Mariana —creí recordar que era militante social— era la pareja del que contaba la historia.

—Tu papá me llamó para pedirme permiso porque le quería poner mi nombre al personaje.

Quedaron preguntas por hacerle. Necesitaba entender más. Pero en ese momento no pude. Me quedé sin voz.

Mi madre estaba en Santiago del Estero. Había ido a dar una clase de Seguridad y Soberanía Alimentaria y por esas cosas de la magia inexplicable, me llamó en ese momento. Cuando estaba sentado en la cama y trataba de procesar la sacudida que me había causado Mariana con la revelación final.

No dudé en contárselo. Mi vieja también se enteró en ese momento que la Mariana de *La yumba*… había recibido su bautismo en homenaje a Mariana Ibarrola.

—Es que Mariana fue muy importante para nosotros. Y para tu papá también. Ella viajó a Ginebra para hacer la denuncia ante la comisión de derechos humanos de allá por unos compañeros que estaban desaparecidos, y unos amigos le alcanzaron mi nombre y mi número de documento ahí mismo, en el aeropuerto… y ella fue la que presentó la denuncia de mi secuestro en Ginebra.

28

Orlando se desordenaba al contar. Empezaba por una determinada escena, se detenía en una anécdota de poca importancia, perdía el hilo, mezclaba situaciones y a veces se corregía. Tenía la memoria llena de lagunas y de momentos que decía no recordar. Desmalezar esa memoria era un trabajo arduo. Pero al mismo tiempo había datos o situaciones que se confirmaban al chequearlas con aquellos que lo conocieron en los sesenta. Y si no, ahí estaba mi madre descalificándolo porque desaparecía sin previo aviso y después volvía para decir que trabajaba en una empresa de exportación, la misma "tapadera" que él me contó que usaba para justificar los viajes que hacía por pedido del Che.

Tenía bastante información deshilachada como consecuencia del desorden de Orlando. Percibía una cierta desconfianza que lo hacía retacear detalles en algunos pasajes del relato. Esto fue más complicado aún en el comienzo de las entrevistas, cuando comencé en cero. Por eso es que le pedí volver a vernos. Después de las charlas de las últimas semanas, tenía bastante para chequear y ordenar. No nos juntamos en su casa, sino en la mía.

Tenía en claro que aquellos que lo conocieron por su militancia en Lomas hablaban de él con recelo. Orlando fue sancionado por el Partido, fue separado de la organización, y nunca logré que me dijera con exactitud qué fue lo que hizo para recibir semejante sanción. Juan Carlos habló de problemas de mujeres, de una manera ambigua y se escabulló del tema de inmediato. Mariana recordó que se trató de un problema de "índole moral". En aquellos tiempos aún estalinistas del PC, podía ser muy posible que un militante fuera sancionado por tener una amante o por ser el amante de alguien. La contundencia que se percibía en el caso de Orlando, me llevó a pensar que había más, pero invariablemente él contestaba con ambigüedades y me decía que prefería no recordar.

—¿A qué se dedicaba tu papá?

—Obrero. Engrasador de la Chevrolet en una planta que había en la zona de Lomas.

—¿Y tu mamá?

—Ama de casa. Y jugadora de ajedrez

—¿Ella te enseñó a jugar al ajedrez?

—¡No! Esto que te voy a contar me da risa. Nosotros éramos cinco hermanos varones. De adolescentes organizamos un torneo de ajedrez y nos faltaba uno. Entonces le enseñamos a jugar a mamá. ¡Y mamá nos ganó a todos!

—¿Vos sos el menor?

—El del medio.

—¿El más grande es Alfredo?

—El orden era así: Alfredo, Mario que vive en Mar del Plata y tiene ochenta y cinco años; yo, Abel y Jorge.

—¿Qué fue lo que pasó con Abel? ¿Es cierto que murió en un tren?

—No. Ese fue Jorge. Lo mataron en un tren. Él estaba en las FAP (Fuerzas Armadas Peronistas).

—¿Qué estaba haciendo? ¿Te acordás?

—No, en este momento no. Solo te puedo decir que era recaudador de la FAP.

—¿Y Mario?

—Mario fue el apolítico. Nunca se metió en todo esto.

—¿Y Abel?

—Abel estuvo… bueh, no me acuerdo bien qué hacía Abel… Abelito. Éramos muy unidos todos. Fueron pérdidas dolorosas.

—Pero Abel no estaba en el partido.

—No. No. No. Pero también estaba en algo… Digamos que había una tendencia de todos nosotros, que habíamos heredado de papá. Papá era anarquista. Y nos lo dejó como herencia.

—¿Y qué se hizo de Abel cuando se fue de Lomas?

—Abel murió en el '74, si no me equivoco. Sí, fue en 1974.

Salvo por algunas precisiones, todo coincidía con lo que me había contado mi madre. Seguí hurgando.

—¿Con Luna vos te casaste? ¿O solo te casaste con Irma?

—¿Qué? No, con Luna.

—Bueno, pero antes tuviste otra mujer, Irma…

—Sí, pero esa… olvidate. No fue mi esposa. No me casé. Con la que sí me casé fue con Lunita. Me casé armado. Estaba amenazado en ese momento, por la militancia en el Partido.

—¿Me vas a decir dónde militabas?

—En organización. Estaba en el frente de autodefensa. Por eso es que solía andar armado.

—Y para eso es que te mandaron en entrenar a Cuba.

—En parte puede ser. Pasé a autodefensa cuando volví de allá. Y en esa época fue que me avisaron que me querían asesinar. Fue en 1963, cuando volví de Cuba. Yo había empezado a trabajar de cajero en una cooperativa de acá, Cooperativa La Paz.

—¿Cajero?

—Sí, hice unos quilombos muy grandes de plata. No servía para eso.

—¿Faltó plata?

—Sí. Fue tal el quilombo de guita que hacía que tuvo que venir un supervisor y me dijo "quedate tranquilo que te lo arreglo". Es que fue en esos días que llegó un mensaje anónimo que decía que había un grupo de gente pesada que merodeaba la zona y preguntaba por mí. Yo andaba armado. Se lo dije a mis jefes y me dijeron que no me preocupara por mi responsabilidad ahí, que me fuera y que no volviera más a trabajar. Así que me fui de la Cooperativa. Era una época de mucha paranoia.

Los recuerdos de mi mamá estaban bastante ajustados, entonces, a pesar de que hay una parte de la historia que no era conocida por ella. De pronto la conversación viró hacia la escuela del '63 y su relación con el Che.

—En una charla que tuvo con todos nosotros en la escuela, el Che me cortó de mal modo. Él había hablado del potencial revolucionario de los campesinos y que la guerrilla se tenía que apoyar en eso, como en Cuba. Yo pedí la palabra y le dije que en la Argentina era diferente. Que muchos campesinos en la Argentina hasta eran propietarios, y que lo más revolucionario estaba en las ciudades. Esa era la gran diferencia política que tenía el PC argentino con los cubanos. La cosa es que el Che me contestó de mala manera. Me descalificó. Y me calenté mal. Le dije delante de todos: "Comandante, usted sabe que yo lo respeto y lo acompaño y lo voy a acompañar siempre, pero téngame respeto". Eso fue el 25 de mayo… o el 9 de julio, no me acuerdo bien. Porque el Che organizó un asado para todos por la fecha patria de la Argentina, pero no me acuerdo bien para cuál de las dos fechas fue.

—Hablame de ese asado.

—Creo que fue el 9 de julio, sí. Se armó una comilona gigante para todos los argentinos. Si no recuerdo mal, asaron un cordero y consiguieron achuras. Ernesto se sentó en una punta. Yo me senté a su lado y del otro se ubicó Emilio Aragonés, el que años después fue embajador de Cuba en la Argentina. Yo me puse a jugar con un cuchillito que todavía tengo, aunque ya está todo gastado. "Préstamelo", me dijo. De pronto se sonríe y me dice "me lo quedo". "No, este cuchillo me lo compré con mi primer sueldo cuando tenía trece años, no te lo puedo dar". Y ahí me empezó a pelear de nuevo, pero ya en otro tono. "No, no, me lo quedo, me lo quedo." Y Aragonés se cagaba de risa. Me guardé el cuchillo y lo miré fijo: "me lo vas a tener que sacar". Se mató de risa, me estaba cargando. Todavía lo tengo al cuchillito. De pronto, de la nada, me dice por lo bajo: "Hoy tuvimos dos broncas, che. Es mucho. No vamos a tener más", ese era el tipo de relación que teníamos.

—¿Tuviste relación con Emilio Aragonés cuando vino a la Argentina?

—No, esa fue la única vez que lo vi.

—¿Cómo fue la vuelta de Cuba?

—La escuela terminó en octubre. El Che vino a vernos con parte de su escolta. Me llamó a un costado, me dio un maletín y dijo: "Toda la gente va a volver a Argentina por diferentes rutas y de distintas maneras. Este maletín tiene dinero". Lo abrió, y no sé cuánta plata había, pero era mucha. "Repartila entre los cincuenta. Hacé cincuenta montoncitos y que cada uno tenga el suyo para volver".

—Y se los diste…

—Sí. Algunos se habían quedado sin trabajo por estar tanto

tiempo afuera. Otros iban a necesitarlo para los gastos, no sé. Yo los repartí y me quedé con uno, por supuesto. Cuando volví a Buenos Aires le devolví mil ochocientos pesos a mi vieja, que me los había prestado cuando viajé. Uno de los que viajó conmigo fue el Flaco Ibarrola, que era muy alto. "¿Qué vas a hacer vos con la plata, Flaco?", le pregunté. "Me voy a comprar un sombrero y un traje. Nunca usé un traje, así que me voy a comprar una corbata, un traje y un sombrero". Y se los compró en Montevideo. Entró a la Argentina de traje y corbata. En mi caso, además de la plata que le devolví a mi mamá, me compré un par de zapatos, un pantalón y una camisa. Tengo una foto que me saqué en Montevideo con esos zapatos y un poncho. De eso me estuve acordando en estos días.

—¿Cómo se llamaba Ibarrola de nombre?

—¿El que se compró el sombrero? No me acuerdo. Era el hermano de una compañera de la zona, Mariana Ibarrola. Nosotros le decíamos Pedro, pero no sé cuál era el nombre verdadero.

—¿Me vas a contar de una vez por qué tuviste tanto problema con el Partido acá? Primero estabas desenganchado… después tuviste problemas…

—Yo no estaba de acuerdo con los métodos del Partido. Y tenía temas personales con algunos dirigentes. Además… bueno, yo le mentía al Partido. Porque yo era el responsable de autodefensa, pero ellos no sabían que al mismo tiempo colaboraba con el Che. Eso pesó muchísimo.

—Y además hubo otro problema… ¿No?

—…

—Te acostaste con una compañera…

—Bueno, sí. Tuve un problema porque me cogí a mi secretaria.

—Eso me contaron. No sabía que era tu secretaria, me habían dicho que era una compañera.

—Estuviste investigando…

—Es que me resulta irónico. Me preguntaba ¿qué pasó? ¿Estabas en disidencia en momentos en que eso no se toleraba? No. ¿Robaste dinero? No. ¡Se cogió a una compañera! Hay demasiado enojo con vos por haber hecho eso.

—Es que eso no se hace.

29

Y se tenía que dar.

El jueves 11 de diciembre de 2014 mi vieja esperaba ansiosa a que sonara el timbre de casa que finalmente sonó como a las 20.30, pero el que llamó era el muchacho que traía las empanadas que habíamos encargado.

Orlando llegó cinco minutos después. Vestía un blazer azul cruzado que venía desde otra época, aunque se notaba limpio y planchado. Traía una botella de merlot en la mano. Era el vino que más le gustaba y no quería presentarse con las manos vacías.

Mi esposa Silvina y mi hija Camila se fueron cada una a su cuarto. Mi hijo Nicolás se sentó a la mesa con nosotros. No se la quería perder.

El clima fue distendido desde el principio. Sabía que iba a ser así. Porque Orlando me había hablado varias veces del cariño con el que recordaba a mi madre y —de paso— "de lo bella que era de joven, no te imaginás". Mi vieja, en paralelo, cómplice y sabedora de mis intenciones, me lo preguntó sin dobleces: "¿Qué es lo que querés que haga? ¿Te ayudo a ver si dice la verdad? ¿O le digo un par de cosas que tengo guardadas?". Le expliqué que había organizado la reunión para ver cuánto de lo que me contaba era cierto. Necesitaba que ella me ayudara con eso.

Primero fueron las noticias de los conocidos en común que, a esta altura de los años, ya eran pocos. Al menos los que seguían con vida. Después pasamos a la familia Ibarrola. Al Flaco que viajó a Cuba con él y a Mariana. Trataron de enumerar quiénes eran los dirigentes del PC de Lomas en aquella época. Y más tarde se habló de mis abuelos, de mi tío Mario y del entrenador de básquet del club Los Andes que era un tipo solidario con las causas del socialismo.

Fue placentera la conversación. Mi vieja le empezó a revisar la historia y Orlando contaba con cierta solvencia sin sentirse interrogado. Así fue como me enteré, por ejemplo, que en el tiempo en que el Che lo contactó, trabajaba en una óptica sobre la calle Brasil al novecientos, en el barrio porteño de Constitución.

El dato de color de la noche fue cuando Orlando recordó el momento en que su hermano Alfredo lo llamó desde Uruguay para contactarlo con el Che. La familia no tenía teléfono en la casa en ese tiempo. En los años sesenta eran muy pocas las casas del barrio que tenían teléfono. La anécdota me hizo acordar a mi propia infancia, cuando llamaba algún pariente para Adelina, la vecina del fondo de casa. Nos llamaba a nosotros y yo me iba corriendo por el pasillo para gritarle que la llamaban, que viniera a nuestro comedor para atender. Claro, es que mi viejo era médico. Tenía teléfono.

Para hablar con la familia de Orlando había que llamar al almacén de la esquina, el que estaba en Pintos y Pueyrredón. El almacén de don Tito —recordaron con nostalgia Orlando y mi madre—. Ahí fue que lo llamó Alfredo desde Uruguay para decirle que tenía que cruzar el Río de la Plata. El cadete de don Tito corrió hasta la casa de doña Carmen y le avisó a Orlando que Alfredo lo llamaba desde larga distancia, que se apurase que lo esperaba en la línea.

Mi madre y Orlando eran dos viejos conocidos repasando la vida que compartieron y la que no. Orlando le contó del Che, de la escuela del '63, de las aventuras en África y de Cuba. Mi vieja se acordó y lo cargó porque un día le dijo que se dedicaba a la exportación de guadañas. De pronto, cayeron en Alfredo. Y mi vieja quiso saber detalles de cómo murió. Porque a la distancia se acordaba que algo extraño había pasado pero no se acordaba qué.

Alfredo —como bien recordaba mi vieja— había sido trasladado por el Partido de Lomas de Zamora a La Plata. Era el máximo dirigente de esa sección, cuando un día de 1978, en plena dictadura, sencilla y cotidianamente, fue a orinar al baño de su casa. En ese exacto momento el ejército golpeó la puerta de manera ostentosa y violenta. Alfredo concluyó que venían por él y sintió un dolor agudo en el pecho.

Se repuso. Tomó aire y fue a abrir la puerta. Ahí estaban un oficial y dos o tres soldados con uniforme de campaña. Tenían sed. Golpeaban a la puerta para pedir un vaso de agua. Eso era todo. Alfredo se los dio. Se fueron. Y se infartó.

Estuvo varios días internado en el Hospital Italiano de La Plata. Algunos compañeros se turnaron para cuidarlo. Hubo que operarlo. Y no pasó la operación.

La cena fue sencilla y repleta de recuerdos. Se pasó lista a los amigos de aquellos tiempos, y cada uno pudo averiguar el destino y el final de varios conocidos en común. Así transcurrió la noche hasta que Orlando miró el reloj y dijo que era hora de irse. Se saludaron con respeto y se desearon lo mejor. Después de cerrar la puerta de calle, volví apurado hasta el comedor en el que me esperaba mi madre. En definitiva había armado la reunión para que le revisase el discurso a Orlando y viera si le encontraba alguna fisura.

—¿Y? —quise saber lleno de ansiedad.

—Mirá, no sé. Las cosas que cuenta fueron ciertas. Y a la gente que cita la conocí, y lo que dice está bien. Deberías hablar con ellos para ver si recuerdan lo mismo. Lo que a mí me consta de lo que él cuenta, es verdad. Otras cosas no las sé. Pero yo a él sigo sin creerle demasiado.

—Entonces, ¿puede ser cierto para vos?

—Sí. O no.

Supe que mi vieja ya tenía la cabeza en otro lado. De pronto, me miró diferente, como piloteando un enojo antiguo o un sabor extraño que venía del pasado.

—Y me cuidé de decirle todo porque vos me lo pediste.

—¿De qué estás hablando?

—¿Vos sabés que él se me tiró el lance? Por supuesto que lo saqué corriendo.

30

La historia de El Losojo
Parte VII

En febrero de 1965, El Congo era un revoltijo político en el que diversos grupos armados se disputaban el poder y los territorios. Por indicación de Ernesto, alquilé una casa segura en Dar es-Salam, la ciudad más importante y poblada de Tanzania. Esa iba a ser mi base en África. De esa casa iba a viajar a El Congo. Y a ese mismo lugar iba a volver cuando la experiencia africana se derrumbara tres meses después.

Yo había estado antes en la zona, viajé apenas terminó el entrenamiento en Cuba. Entiendo que desde entonces Ernesto tenía este proyecto en mente. El tiempo que estuve en Dar es-Salam fue para aplicar el plan de acción que me había dado: reconocer las calles y las avenidas, analizar posibles vías de escape, buscar y alquilar una casa segura, pensar la logística, entender cuáles eran los mejores medios de transporte según la ocasión y tratar de descifrar quién es quién para hacérselo llegar a él.

Eran los años en que la mayoría de los países africanos rompían con el pasado colonial. Todo el continente era un hervidero y Tanzania también bullía con aspiraciones socialistas o revolucionarias. Dos de los personajes que brillaban por su capacidad eran el político Julius Kambarage Nyerere y el jefe de los insurrectos, Laurent-Désiré Kabila.

El otro bando estaba encabezado por Moisés Tshombe. Él era la reacción de la derecha del movimiento contra la independencia de Tanzania y del Congo. Y había otra pata militar que estaba encabezada por Gastón Soumialot, que se hacía fuerte en las costas del gran lago Tanganika.

Tal como se me había indicado, busqué contactos para ayudar a que el Che se pudiera reunir con Kabila y con Soumialot apenas llegara a Dar es-Salam. Por lados separados, combiné con ellos el envío de instructores cubanos y armas para ayudar en la revolución. Entonces se armó lo que iba a ser la columna encabezada por el propio Ernesto, que el 20 de abril de 1965 volvió a desembarcar en Tanzania, ahora para aportar en la lucha. No me voy a detener en los combates y la cuestión política de esos días porque están perfectamente descriptos por el Che en su libro Pasajes de la guerra revolucionaria: Congo. Mi idea es contar la trastienda de ese viaje que es de lo que sé.

En esos meses, compartí algunas aventuras con un francés. Por un lado se hacía llamar Jack Dodelman y se presentaba como colaborador de la Unesco. Por el otro, usaba su verdadero nombre —nunca supe cuál era ese nombre— y formaba parte del cuerpo diplomático de su país que ayudaba al presidente Nyerere y a la incipiente revolución del Congo. Mucha de la base política de ese movimiento estaba también en Tanzania.

Al igual que Jack Dodelman, yo también aparecía como colaborador de la Unesco. Y a pesar de no haber estado nunca en la planta de ese organismo, usaba esa cobertura para viajar por la región con cierta libertad.

No estuve en la columna guerrillera, de habérmelo propuesto el Che, claro que hubiese estado, pero no. Yo era sus ojos: el Losojo. Mi trabajo se limitaba a observar, a hacerle llegar los informes, a aportar en el apoyo logístico. Tenía que llegar antes, prever los lugares, los contactos y los movimientos, y hacerme a un lado para que nadie me viera ni me reconociera. Yo era uno de los secretos del dispositivo de seguridad. Después, él se movía con los hombres de su escolta y yo me trasladaba al que suponíamos que iba a ser el próximo paso. O me quedaba en algún lugar en espera de las órdenes que me indicaran cuál iba a ser ese próximo paso.

A veces me quedaba en la misma ciudad, pero alojado en otra casa. En alguna ocasión volví por unos días a Buenos Aires. En otra, el Che me mandó a hacer un reconocimiento a París. A mi regreso, me pidió que fuese a Praga adonde él se habría de instalar antes de volver a La Habana.

Cuando me tocaba esperar… bueno, eso. Tenía conciencia de lo serio que era mi papel y de lo importante que era estar siempre lúcido, dispuesto y a prueba de filtraciones. Salía a caminar por cualquiera de las ciudades en la que estuviera, me sentaba a tomar un cafecito en un bar, leía los diarios y fumaba. Fumaba mucho. Más que ahora, incluso. No tenía más que hacer que sentarme a mirar los movimientos de la ciudad fumando un cigarrillo.

Lo que ahora a la distancia me parece increíble es el primer viaje que hice desde Buenos Aires. Aerolíneas Argentinas a París. Transbordo a la aerolínea egipcia rumbo a El Cairo. Ahí conseguí una Land Rover y seguí *la vieja ruta del Nilo hasta Ruanda, después a Tanzania y finalmente al Lago Tanganika. Ese tour carretero solo lo hice una vez. Pasé por el Sahara. Eso sí que fue una tortura egipcia. Estamos hablando de 1964 y 1965. Los autos no tenían aire acondicionado o algo que se parezca a la comodidad y tampoco había carreteras como las de hoy.*

Más adelante fue más fácil. Ahí sí tomaba un avión desde El Cairo hasta Nairobi o Entebbe. Pero el primer viaje, por algunas cuestiones de la logística y del plan, tenía que ser por tierra.

Debía reconocer algunos poblados o aglomerados tribales: la misión era observar, escudriñar, caminar e interiorizarme en la vida de sus habitantes. Aplicar la lista de diecisiete puntos que me había dado el Che aquella madrugada de La Habana. Así fue como me metí en Baraca, Uvira, Fizi, Lubonja, Lulimba, Kibamba, Kalimba, Bondo, Bucabu, Front de Force, Kalonda, Kibuye, Jungo, Kasima, y llegue hasta Kalemie, que antes se llamaba Albertville. Mi condición de hombre blanco me obligaba a usar una falsa cobertura de la Unesco. Era la única manera.

Kalemie es un gran puerto. Cruzando el gran lago Tanganika en diagonal se alza la ciudad de Kigoma en la actual República de Tanzania, que en idioma swahili se escribe Jamhuri ya Muungand wa Tanzania.

Estos poblados todavía existen. Años atrás eran aldeas bantú. Están ubicadas en un punto estratégico entre las actuales localidades de Kalemie (Albertville), Kindú, Bukavú y Nyunsú (Kabalo), al norte del río Lukuga.

31

De chico veraneaba con mi familia en Santa Clara del Mar. Recuerdo que una de mis fantasías infantiles era pararme en la orilla e imaginar que podía avanzar en línea recta, siempre hacia adelante para ver qué había del otro lado. Del otro lado estaba África. Así me lo dijo una vez Quique, mi cuñado, y me quedó. Yo tendría unos ocho o nueve años. Miraba como hipnotizado la línea del horizonte y me preguntaba cómo sería llegar hasta la otra costa. ¿Habría una playa en África como la de Santa Clara?

Como les pasa a todos, o a casi todos, con el transcurrir de los años crecí, pero tengo imágenes de la infancia que me quedaron impresas. Aprendí que África no es un país o una selva llena de animales, sino un continente. El más pobre de todos. El más devastado por la mano del hombre y de los imperios. El más desesperante. Así y todo, cada vez que me paro ante la costa del Atlántico, aunque sea por unos segundos, me vuelve esa pregunta que me hacía de chico. ¿Cómo será cruzar el mar en línea recta? ¿Se llegará a una playa del otro lado?

Frente a la computadora, al bocetar estas líneas, me volvió ese recuerdo de las playas de Santa Clara y me pregunté si venía de allí lo infantil que era para mí la primera representación que me hacía de África cada vez que el sonido de esa palabra me venía a la mente. La escasa información que nos dio la escuela, lo poco que se lee en los diarios argentinos y lo lejano que es para nuestra televisión o el cine, deben haber colaborado, seguro. África, para los de mi generación, y durante mucho tiempo, no fue más que Tarzán y Daktari.

A la historia del Che en ese continente tampoco la conocía demasiado. Sucede que a la vida de Guevara no llegó el hombre que soy, sino el adolescente que fui. Y como buen adolescente —que además militaba con una pasión desbordada— encaré todas las lecturas que tenían que ver con Cuba, con el desembarco del Granma, con la Sierra Maestra, y con la victoria. A Bolivia llegué por cercanía. Porque ahí fue que lo mataron. Porque el diario del Che en Bolivia era algo mitológico, y por ende lo leí, aunque no entendí demasiado algunos pasajes por no tener cómo relacionar nombres con personas, y datos que decía el libro con sucesos que yo desconocía. Al Che llegué con lecturas voluntaristas. Hice una edición propia, adolescente y romántica, en la que borré lo que no entendí y negué lo que sonaba a frustración. Por eso sé tan poco de África. Tanto que cuando esa mañana de primavera Orlando quitó la pava y el mate de la mesa del comedor para desplegar un mapa en colores del llamado continente negro, quedé sorprendido porque recién ahí me percaté de que el Che y los cubanos no habían ido a las costas que yo imaginaba, las que están frente a Santa Clara del Mar. La campaña de 1965 fue del otro lado, en el África que da al Índico, la que en todo caso estaría frente a Oceanía, si se pudiera ir en línea recta por sobre el mar.

Orlando me aseguró que guardaba el mapa desde hacía tiempo y que en esos días, al revolver papeles y recuerdos que tenía amontonados en la oficina, lo encontró y lo volvió a recorrer en el recuerdo.

—Me mandó en el '63 o '64 con varias tareas. Tenía que ver todo. Las posibles casas, las salidas, las entradas. Entonces, él me dijo: "Quiero que vayas a dos lugares en El Congo y Angola". Ahí él estuvo después. También me pidió que fuera a Tanzania y a la zona en la que nace el río Tanganika. Ahí, en el nacimiento del Tanganika, del lado de acá está Tanzania que tiene un puerto famoso. —El índice de Orlando seguía el relato de la memoria y marcaba los puntos sobre el mapa—: Enfrente está El Congo. Cruzás con una lancha y está El Congo. Ahí es donde combatió el Che, en El Congo. Pero lo que es interesante es que tenía a la Argentina metida en la cabeza. Todavía no había pasado lo de África y ya estaba planeando ir a la Argentina. Este es el lago Tanganika, ¿ves? Eso es Ruanda. Ahí nace el lago. Acá está Kigoma, que es Tanzania. Acá está el puerto de Kigoma. Acá estuvo el Che.

—Enfrente del puerto, del lado del Congo.

—Ahí. Acá, perdió a uno de los mejores hombres. Murió ahogado cuando se dio vuelta la lancha.

En el margen del mapa figuraba la fecha: impreso en 2002. Había algunos países que ya no existían como tales o que se habían partido para convertirse en otros. Sin embargo, las ciudades de las que hablaba Orlando estaban ahí.

—¿Cómo fue tu periplo?

—Hice dos. De Buenos Aires a París y de ahí un avión a Entebbe. De Entebbe fui a Nairobi, la capital de Kenia. —De pronto empezó a dudar. No encontraba Nairobi en el mapa—: Nairobi... no la encuentro. De ahí tiene que salir una ruta... ¿la ves?

Estaba a tres centímetros de donde la buscaba su dedo. Se la señalé.

—Nairobi —le cambió el tono, con el alivio del que encuentra—, ¿ves la ruta? Ahí está.

Una línea roja bajaba desde Nairobi, entraba a Tanzania, giraba y subía hasta Burundi. En códigos cartográficos, eso era una ruta.

—...y de Burundi, llega a Dodoma, que es la capital de Tanzania. Esa ruta es la que hice con el Land Rover. Son como seiscientos y pico de kilómetros... ochocientos... no me acuerdo bien. Por ahí está Kigoma, también, que es un puerto importante al que fui.

—¿Y dónde te quedaste?

—En Dodoma. Alquilé dos casas: Una por si la necesitaba Ernesto, y la otra para mí. Después me tomé un barco acá, en el lago Tanganika. Uno de esos barcos de excursión, y me bajé en este lugar que dice Carimié. Eso es Sant Albertville, en homenaje a un tal rey Albert. Me quedé todo un día y después tomé el barco de regreso.

—¿Para qué fue esa visita?

—Para investigar. Porque pensé: si estoy en Sant Albertville, y cruzo por acá, llego al centro de Tanzania... pero, ¿dónde iba a ser la base? En Dar es-Salam.

—¿En Dar es-Salam? En la otra punta, sobre el Índico.

—Claro, acá estaba la base.

—¿Y por qué estaba del otro lado? O sea ustedes estaban en Dar es-Salam... —trataba de ubicarme y de entender la historia que me contaba, la que no conocía tampoco de la estadía del Che en África.

Orlando lo explicaba y yo trataba de descifrarlo en el mapa. Pero él también era confuso.

—Dar es-Salam es la costa de Tanzania sobre el Índico, que es en la otra punta de Kigoma, porque Kigoma es el límite de Tanzania sobre el lago Tanganika.

—¿Y por qué estaban tan lejos? ¿Qué distancia hay entre una de otra?

—Son ochocientos y un poco más… novecientos, quizás.

—¿Por qué estaba tan lejos la base? O mejor, pregunto al revés, ¿quién estaba en la base?

—El Che. Antes de cruzar al Congo.

—¿Y las tropas cubanas?

—No, solo el Che y la escolta. Los soldados cubanos estaban en otro lugar. En El Congo, en Angola… Fue un desastre y se retiraron a Tanzania. El Che se estableció un tiempo en Dar es-Salam después de la retirada. Ahí fue que empezó a escribir el libro sobre El Congo. Si necesitás más precisiones buscalas ahí, en ese libro. Puede que yo me esté equivocando algún dato con todo el tiempo que pasó.

—¿Participaste en alguno de los combates ahí?

—No, no. Yo nunca fui combatiente.

—Y cuando volvió a Dar es-Salam, ¿estabas con él ahí, en esa casa?

—No, en esa casa no. Ahí se encerró a escribir el libro. Y al poco tiempo llegó la mujer, Aleida, para estar con él.

—¿Qué hacías un día común en Dar es-Salam?

—Después de haber hecho las investigaciones que me encargó, lo único que hacía era estar a la espera. Me recorrí la ciudad, que es una ciudad balnearia. Me bañaba en el mar. Disfrutaba el mar, aunque mucho no sé nadar. Solo, sin mujeres, sin nada. Miraba y esperaba. Después volví un tiempo a Buenos Aires, con permiso del Che. Y más tarde me mandó a París.

—¿Y después?

—Volví a Dar es-Salam, pero antes pasé por Praga. Él ya había tomado la decisión de regresar a Cuba. En Praga me conecté con los cubanos y me dijeron que el Che iba a volver a La Habana y que iba a pasar por ahí. Así que lo esperé en Praga. Porque te lo vuelvo a decir, lo que el Che tenía en la mente era la Argentina. Bolivia para él era el paso previo para llegar a su propio país. Para preparar todo eso es que volvió a Cuba.

—Y arma lo de Bolivia con apoyo de los cubanos.

—Exacto, porque en principio, Fidel no quería que el Che fuera a Bolivia. Fidel lo tenía claro. Porque sabía cuáles eran las ideas del Che con respecto a la Argentina y Bolivia… Pero después llegaron a un acuerdo y desde Cuba el Che armó el equipo para Bolivia.

32

Entre el material que Orlando me dio en una de las primeras citas había algunos cuentos. Uno se llamaba "Con los negros africanos no se juega", y ahora también integra este libro:

Un cuento de El Losojo

Y llegamos al África misteriosa y milenaria.

Como siempre, me iba a encontrar con Mobuté Secó-Zecó Dohoté, mi compañero de andanzas en el África. Lo salvé hace un tiempo de ser comido por los leones, y desde entonces hicimos equipo. Como era habitual, íbamos a viajar como una misión de paz y cultura. Esta vez, además, teníamos que llevar documentación a una misión católica que está a orillas del lago Tanganika.

A este viaje me lo había aprendido de memoria. Punto de partida: El Cairo. Allí abordaríamos un cuatro por cuatro para seguir la vieja ruta del Nilo hasta Ruanda, después Tanzania y por fin Tanganika.

Cuando el avión enfiló la trompa en el Aeropuerto de El Cairo, hice otra vez los cálculos. Estaba en la mitad del camino hacia el lago Tanganika. Nos quedaban por recorrer unos cinco mil kilómetros en la Land Rover que había dejado estacionada en una playa del aeropuerto egipcio.

El avión aterrizó en El Cairo sin novedades. Pasamos los controles con normalidad y nos encaminamos hacia la ciudad para hacer las diligencias debidas. Tramitamos permisos para circular, visas, salvoconductos de embajadas, permisos para transportar y portar armas, y algunas otras gestiones que necesitábamos para asegurar nuestro paso legal por Kenia, Sudán y

Ruanda, los países que íbamos a atravesar. Por las dudas, también hicimos gestiones para Etiopía, Tanzania, Burundi y Uganda.

Teníamos todos los papeles en regla. Incluidos los que nos permitían llevar legalmente y a la vista dentro de la camioneta una pistola Luger alemana, un revolver Magnum 357 y un fusil de caza Mauser calibre 7.65, reformado, y con balas de punta de acero. Además de nuestros cuchillos de caza, por supuesto.

Provistos de armas y víveres pusimos el Land rumbo al Congo. El viaje siempre era bastante aburrido. Sobre todo al cruzar una parte del desierto del Sahara. Lo habíamos realizado por lo menos en otras seis oportunidades y ya lo conocíamos bien.

Al mapa lo teníamos en la cabeza. Tampoco hay muchas rutas para equivocarse. Es suficiente con seguir el curso del río Nilo para establecer la ruta desde Egipto a Sudán. Desde El Cairo hasta la orilla del lago Alberto hay aproximadamente unos cinco mil kilómetros. Esa es la entrada a El Congo. El camino está sembrado por todo tipo de paisajes. Sabíamos que en el viaje íbamos a cruzar desiertos, valles, zonas montañosas, planicies, sabana africana, montes y selvas tupidas, arroyos, ríos y hasta oasis. La carretera era pavimentada aunque en algunos tramos estaba muy estropeada.

Sabíamos también que por la zona del desierto no podíamos viajar de día. Siempre es preferible hacerlo de noche o bien al atardecer. La temperatura oscila entre los treinta y los cincuenta y cinco grados cuando el sol está alto, y desciende a casi a cero después de la medianoche.

El viaje comenzó como uno más de los que ya habíamos hecho. Fuimos dejando atrás Lago Naser, Debba, Jartum, Wad Madani, Kosti, y después Malakai. A esta altura seguíamos el curso del Nilo Blanco. Cientos de kilómetros atrás el río se había bifurcado y en la otra dirección había tomado el nombre de Nilo Azul. Atravesamos una localidad llamada Juba en Sudán. El plan era pasar Gulu, cruzar el puesto fronterizo y llegar a Uganda.

El ataque de los bandoleros fue antes de entrar a Gulu, en el norte de Uganda.

El camino era pavimentado, y estaba lleno de rocas a los costados.

Nuestros relojes decían que eran las cinco de la tarde.

Vimos a dos negros semidesnudos que nos hacían señas adelante, en medio de la carretera. Nos detuvimos para no atropellarlos y ese fue nuestro error.

De atrás de las rocas salieron más hombres armados. Pude ver una carabina, lanzas y cuchillos rústicos. El que tenía la carabina me apuntó directo a la cabeza. Yo iba con la ventanilla abierta. Otro, que parecía ser el líder, nos ordenó en un mal francés que bajáramos de la camioneta.

Traté de tomar las riendas de la situación y le dije a Mobuté en español:

—Bajemos. Tratá de hablarles en su lengua. Creo que son bandidos y es probable que tengamos que luchar.

Los negros estaban muy belicosos. Mobuté les hablo en mandiga y en swahili. Le respondió el líder.

—Patrón mío, quieren la camioneta, el dinero y las armas que se ven atrás —tradujo Mobuté.

—Decile a todo que sí. Pero aclarales que somos gente de paz en camino al Congo —hice una pausa para que me entendiera bien—. Mobuté, acordate de la Luger escondida para casos como este. No mires ahora. Es el botón amarillo que está debajo del encendido de la radio.

Hubo un cabildeo entre los negros que me seguían apuntando a la cabeza. Un falso movimiento y estaría muerto. Mobuté bajó y rodeó la camioneta. Se metió en medio del grupo y comenzaron a discutir y a gesticular. Mi compañero hablaba rodeado de lanzas y cuchillos. Al parecer no se ponían de acuerdo.

De pronto la disputa se detuvo. A Mobuté le ordenaron volver al asiento del acompañante y nos rodearon. Cuatro de ellos subieron atrás, en la caja. Lo primero que hicieron fue ponerse a comer nuestras provisiones. El negro de la carabina se subió al estribo de mi lado. Ahora tenía el Magnum 357 que había descubierto en la camioneta, y me apuntaba a la sien. Otro se montó del lado de Mobuté y le apoyó la punta afilada de un cuchillo en la garganta.

Hicimos un centenar de metros y nos indicaron abandonar la carretera para internarnos en un sendero angosto, rodeado por árboles enormes.

Era el momento esperado.

—Voy a estrellar la camioneta contra uno de esos árboles del costado —le dije a Mobuté en español—. El que va en mi estribo va a quedar aplastado. Después voy a intentar lo mismo con el que está de tu lado. Para eso necesito ganar algunos segundos.

—Tratemos antes de cerrar las ventanillas al mismo tiempo. Que les queden atrapados los brazos —me contestó Mobuté, también en español.

—Bien. Después voy a buscar la Luger. De ahí en más todo será improvisación. Estos muchachos van a caer, y ahí vamos a tener que enfrentar las circunstancias. Vos ocupate del que va de tu lado que yo hago lo mismo con el que tengo acá. Después veremos qué pasa con los que viajan atrás. Que la señal sea tu grito de guerra.

Mobuté se rio y lanzó su estridente alarido:

—¡Bwana-Uolo-oula al ono-milo cafú!

No pudieron reaccionar. La sincronización fue perfecta. Cerramos las ventanillas al mismo tiempo. Doblé con violencia y rocé uno de los árboles del costado. El negro fue casi aplastado contra el árbol, apreté el botón de la guantera y saqué la pistola. Volví a volantear y aplasté al segundo contra otro árbol. Mobuté le mordió la muñeca que tenía aprisionada con la ventanilla. El negro soltó el cuchillo que cayo dentro del Land. Metí un cambio rápido y el motor del Land se clavó. Abrimos las puertas y saltamos. Ahora con la Luger y el cuchillo, la batalla era otra.

El que me había puesto el Mágnum en la sien estaba en el suelo, un poco más allá. No se veía mal herido. Vi que trataba de levantarse y se arrastraba hasta donde había quedado el revólver. Llegue antes, pateé el arma y después lo pateé a él. Le apunté a una pierna y le di dos balazos. El tipo se revolcó de dolor.

Al mismo tiempo, Mobuté le clavó un cuchillazo al otro, también en el muslo. Los dos que hacía un instante lideraban el asalto, estaban ahora heridos en una pierna, chillaban y se retorcían.

Los que se habían subido a la caja de la Land Rover gritaban y gesticulaban, pero no llegaron a bajarse. Fui rápido hasta a la puerta de atrás y corrí el cerrojo. Ahora eran nuestros prisioneros.

Mobuté les gritó que arrojaran la carabina por la ventanilla y así lo hicieron.

Arrastramos a los heridos algunos metros fuera del camino y los dejamos entre unos pastos altos.

Los que estaban encerrados se quedaron quietos, en silencio.

Nos sentamos a fumar y a pensar qué hacer con ellos.

—Yo los mataría a todos y que se los coman las fieras —dijo de pronto Mobuté—. Si los dejamos vivos, van a la aldea. Trasmiten por el tam-tam y eso va a ser un problema. No sabemos nada. Ni quiénes son ni qué iban a hacer con nosotros. ¿Están solos? No lo sabemos. Propongo que los interroguemos al estilo bantú.

Estuve de acuerdo. Propuse que lo hiciéramos con uno a la vista de los demás para que supieran a qué se iban a enfrentar.

Elegimos al azar. Mobuté lo ató con lianas a un árbol, mientras yo recogía algunas ramitas y encendía un fuego, bien cerca de los pies para que se diera cuenta de que lo íbamos a quemar vivo si no hablaba. En eso consistía el interrogatorio bantú.

Debo reconocer que habló enseguida. Habló con los ojos desorbitados, antes de que el fuego le calentara la planta de los pies. Eran un grupo de forajidos que salieron de una columna de refugiados y andaban en busca de comida.

Mobuté pateó el fuego y lo apagó.

Ya teníamos información. No nos iban a representar más peligro. Decidimos volver rápido a la ruta y más tarde, en algún poblado, revisar los daños que pudiera tener la camioneta. Los hicimos bajar y se fueron corriendo. Nosotros aceleramos a nuestro destino.

Un borroso cartel indicaba que estábamos a solo sesenta kilómetros de la frontera de Uganda.

Nos alojamos en un buen hotel en Gulu. Nos bañamos y pudimos descansar un poco. A la madrugada desayunamos y salimos rápido para aprovechar la fresca. Todavía nos faltaban doscientos kilómetros para volver a cruzar la frontera con El Congo y llegar adonde empieza el lago Alberto, cuya continuación intermitente es el principio del lago Tanganika. Estábamos enteros. Estábamos vivos.

La pregunta era obvia. ¿Cuánto de esto era ficción? Más allá de los detalles que le hayan sumado las aspiraciones literarias, por supuesto. Me sorprendió la aparición sin aviso previo de Mobuté, el sirviente africano, por ejemplo, y supuse que era el mismísimo Che Guevara caracterizado por el escritor. Ahí mis fantasías sí que fueron aplacadas. Era Mobuté, nomás, o como se llamara, porque ese no era su verdadero nombre. Orlando dijo que Mobuté fue el africano que lo acompañó en muchos de los viajes que hizo en esa zona. Pero yo quería saber más y me costaba.

—Digamos que son memorias ficcionadas —me contestó, unos días después, tratando de hacerse el resbaloso. Así es como contestaba siempre que quería esquivar una respuesta certera.

Ajusté las preguntas para buscar mejor y en parte lo confesó. Los hechos eran ciertos. Y él había sido uno de los protagonistas tal como se contaba en la historia. Bueno, él no. El Losojo. Porque otra vez cuando se trataba del Losojo hablaba en tercera persona. Días después pude sacarle más. Y confirmé lo que sospechaba: la mayor parte de los diálogos habían sido inventados. Pero los hechos, no. Sucedieron. ¿Dónde empezaba lo que inventó y dónde lo que no? No lo puedo decir. No lo sé, porque dijo una cosa diferente cada vez que se lo pregunté.

33

La historia de El Losojo
Parte VIII

Esta es una carta escrita en francés por el hijo del jefe de una de las tribus bantú, que vivía en la zona en la que se estableció un tiempo el Che Guevara. Lo que copio a continuación es una parte de esa carta. Fue enviada a Dodelman, el diplomático francés que colaboraba con el gobierno revolucionario y que por momentos se sumaba a los esfuerzos de la Unesco. Este texto llegó a mí después de muchos años. La tengo como un testimonio del paso del Che por África.

Carta de Mobuté Seco Dahoney recordando al Losojo.
Todos dicen que vino en 1965, pero para mí estuvo unos meses antes estudiando el terreno. Se quedó unos días y se fue muy rápido. Después, con los años, me enteré de que era el internacional Comandante Ernesto "Che" Guevara. Yo tenía unos quince años. Mi padre era el Gran Jefe de la aldea. El "Che" Guevara empezó a atender como médico a los niños y después a las mujeres. Iba acompañado por otro doctor cubano, por un militar de Laurent-Désiré Kabila y por un grupo de congoleños armados hasta los dientes.
Recién después de las revisaciones médicas, mi padre condujo al Comandante Guevara hasta donde estaba esperando el francés Dodelman; cuando lo vio al "Sidi"; en lengua swahili significa "gran hombre", el Che lo abrazó y le preguntó por el Losojo. Yo escuchaba y nunca había oído ese nombre raro. Dodelman le contestó que el Losojo estaba adentro de una choza y enfermo. El Che se largó a reír y le pidió que lo levantaran, que quería saludarlo de pie. Dodelman también se rio, se metió en la choza y en unos momentos vi aparecer al Losojo. Cuando lo vio, el Che largó una carcajada y se abrazaron como dos hermanos. No

entendía cómo era que se conocían y años más tarde se lo pregunté a mi padre, quien se mostró cauteloso en sus respuestas. Pero me confirmó algo que ahora estoy dispuesto a recordar.

El otro "Sidi" era "el Losojo".

Nadie conocía al comandante Che Guevara. Para nosotros era un hombre blanco que venía como médico a curar a los chicos y a las mujeres. Esa tarde, el Che Guevara, Dodelman, mi padre y el Losojo, se reunieron en una choza a solas. Afuera quedó un hombre grandote armado, con la indicación de no dejar pasar a nadie. Al militar de Kabila, también lo hicieron quedar afuera.

Este guardia debía ser extranjero porque no hablaba ni francés ni swahili. Estuvieron más de ocho horas ahí sin salir. Se quedaron a dormir. Como no llovía tendieron unas hamacas de lona entre los árboles y siguieron conversando. Esa noche mi padre hizo reforzar las guardias. Yo seguía espiando. Casi no comían. Tomaban café y bebían agua. Todos fumaban en pipa. A la noche, los acompañamos hasta el primer desfiladero. El Losojo estaba mejor de salud y quiso acompañar al grupo.

Hicimos el camino de noche, mi padre encabezaba la comitiva. Los dos "Sidi" y el ahora ya reconocido Che Guevara, hablaban en una lengua extraña con sonidos muy hermosos. Después supe que era el idioma español.

Dodelman, siempre gracioso, también hablaba el español. Me cautivaba el gesto y la actitud de los hombres del Che. Después supe que eran comandantes y oficiales cubanos. Se mostraban alertas. Mi padre los guiaba con cariño y seguridad. Cuando llegamos al primer desfiladero, se sumaron unos veinte hombres más, que seguro que tenían la orden de esperar en ese lugar. La despedida fue más formal; eran muchos los que miraban la escena de los saludos. Los "Sidi" le dieron la mano a todos, cuando llegaron frente al Che se saludaron con una frase: "Hasta la victoria… siempre". Años después, recordando ese momento, el "Sidi" Dodelman, me tradujo esa frase al francés. Hoy recuerdo todas estas escenas, que se volvieron a repetir tres días después. Nuevamente el Che Guevara estuvo en la aldea y nuevamente volvieron a reunirse con Dodelman. Pero El Losojo ya no estaba.

Le pregunté a mi padre por qué se había ido. Me miró muy seriamente y me dijo: "hay cosas que no se preguntan y menos cuando se refieren a un 'Sidi' tan importante como el Losojo".

34

LA HISTORIA DE EL LOSOJO
PARTE XIX

En esa época, Praga era el epicentro de los servicios de inteligencia de todo el mundo. Así como hay aeropuertos que distribuyen el tráfico aéreo de toda una región, Praga era el paso obligado de oriente a occidente. Desde Praga se podía volar a La Habana, a Palestina, a Argelia, o a El Cairo, París o Madrid. Por esa hermosa ciudad pasaba todo y de todo. Yo llegué desde Tanzania para alojarme, en espera del Che.

Alquilé una casa no muy lejos del centro de la ciudad vieja y me acomodé ahí. Ernesto llegó tres meses después y apenas se instaló viajé a Dar es-Salam para cerrar el capítulo africano. Chequear que Ernesto no hubiera dejado detrás de sí algún papel o un elemento que pudiera resultar complicado. Porque en eso Ernesto era muy descuidado. No le daba ningún valor a lo material y podía dejar cualquier cosa. Desde ropa hasta lapiceras, o cualquier objeto que le hiciera incómoda la marcha.

Me instalé en Praga. Alguna vez nos cruzamos en el café "Europa", en la ciudad vieja. Ese era el elegido, porque "El Imperial", que podría haber sido una especie de cita obligada, tenía demasiado lujo y era muy ruidoso. De todos modos, cuando tenía que decirme algo confidencial o delicado, me enviaba un mensajero. Al Che lo buscaban todos los servicios de inteligencia. Todos querían saber en qué andaba.

Una mañana, recordé que en una de nuestras charlas en Cuba, me había sacado el tema de la muerte. Y de lo importante que era para nosotros enfrentarla con dignidad el día que nos tocara.

—Yo lo aprendí de mis viajes, de todo lo que me tocó ver, y de lo que me enseñó la guerrilla. ¿Vos? ¿Dónde lo aprendiste?

Le conté que lo había aprendido de mis padres y de mi hermano mayor, Alfredo.

Volví a recordar esa charla cuando el 9 de octubre de 1967, en una lavandería de Vallegrande, el Che enfrentó la muerte con una dignidad que ya es histórica.

Algunos años después, a mí casi me toca. En un estado de semiinconsciencia soñé que la señora de blanco venía a llevarme. Yo le decía que estaba listo, pero ella me decía que no, que no me había llegado el momento todavía. "¡Alguien tiene que contar las cosas por las que pasaste!"

Y todavía estoy acá. Recién ahora pudiendo contar.

Una de las fotos más populares del Che con un mate. César la recordó en la primera entrevista y la buscamos en internet.

El mate que Orlando tiene sobre una mesita, en el comedor de su casa. Dice que fue del Che y se ve igual al de la foto. Podría ser el mismo. (FOTO: MARCOS GORBÁN)

El padre José María "Pichi" Meisegeier en su escritorio en el Centro de Investigación de Acción Social, el CIAS. Esta foto fue tomada en 1969, la época en que Orlando lo visitaba en secreto. (FOTO: FAMILIA MEISEGEIER)

El Che junto a Pombo, presumiblemente en África. Orlando creyó recordar que quien se recorta sobre la derecha de la foto era él.

La segunda imagen que me dio Orlando: el Che junto a un grupo de guerrilleros entre los que se ve a Pombo. Orlando creyó recordar que esta foto fue tomada por él en África. Sin embargo, el disfraz que todavía tiene el Che es el que usó para entrar a Bolivia.

Orlando posa en Montevideo en 1963, al volver de la escuela de entrenamiento en Cuba.

Otra imagen cedida por Orlando. Cree recordar que fue tomada a finales de la década del sesenta en Paraguay.

Orlando a mediados de los años sesenta, cuando ya era el Losojo.

Una foto clave del archivo personal de Orlando. El comandante Víctor Dreke aseguró que ese tocado es propio de una tribu de Tanzania. Si el relato de Orlando es exacto, esta fotografía fue tomada por el Che Guevara.

Tony López fue el hombre del Departamento América en la Argentina desde 1988 hasta 1994.
(FOTO: MARCOS GORBÁN)

El comandante Víctor Dreke, segundo del Che en la experiencia africana.
(FOTO: MARCOS GORBÁN)

Juan "Ariel" Carretero, aunque es casi un desconocido en la Argentina, resultó un hombre clave en la estrategia cubana para América Latina. Ofició de correo entre Fidel Castro y el Che, y preparó la logística guerrillera en Bolivia.
(FOTO: MARCOS GORBÁN)

Salvador Prat en la oficina desde la que coordina la construcción de un puerto de aguas profundas en Mariel. Fue el responsable de las escuelas de entrenamiento de los comunistas argentinos en la década del sesenta.
(FOTO: MARCOS GORBÁN)

El general (RE) Harry Villegas Tamayo, Pombo, jefe de la escolta del Che, combatió en África y fue uno de los pocos cubanos que sobrevivió a la experiencia boliviana. "Fíjate con qué humildad vive un general de la Nación", observó Tony cuando llegamos a su casa.
(FOTO: MARCOS GORBÁN)

35

—Praga era el lugar estratégico. De Cuba a Praga siempre había vuelos. También había una colonia grande de argentinos y estaba la escuela para la militancia internacional sobre el río Moldava, una gran escuela para los militantes internacionales a la que nos mandaba el Partido Comunista Argentino. Yo a esa escuela no fui pero mi hermano sí. Estuvo un año.

Esta conversación con Orlando se dio antes de que saliera *Fue Cuba*, el libro en el que el Tata Yofre habla de la Operación Manuel.

—Estaban Praga nueva y Praga vieja. Praga vieja era un encanto, era hermosísima y tenía los cafés más lindos del mundo. Yo me instalaba ahí con un libro y una agenda para escribir. Me sentaba y me ponía a escribir y en cuanto escuchaba la voz de los argentinos, me iba a la mierda. Ni siquiera llamaba al mozo, dejaba la plata y me iba...

—¿Y qué hacías ahí? ¿Lo mismo de siempre?

—Siempre lo mismo. Sí. Y estaba pronto por si Ernesto iba o no iba.

—Y cuando llegó a Praga, ¿cómo te avisó?

—Teníamos enlaces. Yo tenía uno y él tenía otro. Si él estaba en Dar es-Salam y yo estaba en Praga, el enlace tardaba como dos días para llegar, por lo menos.

—¿Cómo un enlace?

—Un contacto. Un hombre a disposición, un mensajero. Él me mandaba un enlace y el enlace siempre de memoria venía y decía "viene tal y tal día". Y yo lo esperaba muy discretamente. El día que llegó, yo estaba en el aeropuerto de Praga. Bajó del avión con un par de acompañantes.

—¿Vos tenías un enlace en Praga?

—Sí, un hombre que era del Partido Comunista checoslovaco.

—¿Y si eras vos el que tenía que comunicarle algo?

—Mandaba a alguien. O le mandaba un telegrama cifrado a su hombre allá. Él tenía gente que iba al correo en Dar es-Salam y veían si había telegramas para determinadas personas, para Ernesto, bah… Parece obvio pero lo aclaro: todos los mensajes iban cifrados. Se llama criptograma. Si yo mandaba un telegrama así, nadie lo podía descifrar.

—¿Vos estuviste en Praga tres meses esperándolo, solo?

—No, cuando él salió del Congo, yo le pregunté cuánto iba a tardar. Me dijo que unos meses porque quería terminar el libro y ahí fue que me contó que estaba por llegar Aleida que, además, lo iba a ayudar a pasarlo a máquina. Yo había vuelto de París, y le pedí permiso para volver a la Argentina a ver a mis viejos. Al regreso fui directo a Praga. El Che estuvo un tiempo en Dar es-Salam. En ese lapso recibió una carta de Fidel y acordaron la vuelta a Cuba.

—Bien, y ahí, cuando llega a Praga, ¿viven juntos?

—No, cuidado: yo no estaba. No compartía nada con Ernesto en Praga. Yo era el hombre invisible, jamás iba a estar al lado de Ernesto.

—¿Estabas siempre solo?

—Sí, era los ojos de él.

—¿Y no salían a caminar a discutir de política por las calles de Praga?

—No, no, no. Para nada.

—¿Y cuánto tiempo estuvieron en Praga?

—No me acuerdo. Pero creo que él se quedó algunos días, y de ahí se fue a Cuba. Y yo di por concluida mi misión y me fui a la mierda.

—¿A Buenos Aires?

—Sí.

—¿No fuiste a Cuba para que él te explicase lo de Bolivia?

—No. A Cuba no fui ahí. Dejame pensar… dónde fue que me lo explicó… No lo recuerdo en este momento. Mientras Ernesto estuvo en Praga, no estuve con él, de eso estoy completamente seguro, así que ahí no fue… Podría ser que me lo haya explicado en Cuba, lo de Bolivia… antes de ir a África… Sinceramente, no lo recuerdo.

Me contó en una de las primeras entrevistas que tuvimos, que al irse de Praga se dejó olvidada allá una maleta. Más que olvidada, la dejó porque creía que iba a volver, cosa que no sucedió. Ese día estábamos con César y Alberto y como al pasar nos comentó que alguna vez le habían escrito para decirle que la valija todavía estaba allá. Y pedían instrucciones acerca de qué hacer con ella. Cuando aún soñábamos con hacer un documental, nos imaginamos un viaje a la República Checa en busca de la valija. No teníamos en claro si lo íbamos a llevar a él, o al hijo. La idea no prosperó como no prosperó la película. Un año después, al chequear información antes de empezar con la escritura del libro, le volví a preguntar por el tema.

—¿Adónde quedó la valija? ¿Te acordás dónde la dejaste?

—¡No! Esa valija debe haber sido la número uno. Perdí dos o tres más. Cuando me tenía que ir rápido, o sospechaba que me seguían, me iba sin pasar a buscar mis cosas. Fueron tres valijas por lo menos

—¿Dónde?

—Qué sé yo, andá a saber… quedó ahí. La primera seguro que fue en Praga…

—Pero nos habías contado que alguien te contactó para decirte que la valija todavía estaba ahí. ¿Quién fue el que te lo dijo?

—Ay, no me acuerdo cómo se llama. Es un negro grandote que siempre estaba con el Che, que a veces también era parte de la escolta… No me acuerdo cómo se llama, pero podés averiguarlo. Es el que después fue el esposo de Tania, la guerrillera. ¿Viste Tamara Bunke? ¿Tania? Bueno, ella se casó con un negro del entorno del Che. Él fue el que me lo dijo. Con él yo me comunicaba en Praga. Es más, recuerdo que un día le hice una recomendación. Le dije que era demasiado visible para estar en Checoslovaquia. Era el único negro ahí. Le sugerí que cuando fuera a almorzar a un bar, buscara uno alejado porque si no se notaba demasiado.

—¿Y lo seguían?

—No lo sé. Pero era negro, grandote, vos creés que no lo van a seguir… por favor… porque había… quizás empleo mal la palabra… pero, bueno, había una cierta impunidad, casi de soberbia, al caminar por esas calles.

Yo estaba enfrascado en lo de la valija. Por cometer ese error dejé pasar lo del negro con el que se encontraba en Praga. En ese momento me pareció un dato poco importante. Nunca había hablado de esta persona. Algunos meses después se iba a convertir en un dato clave.

—Si hoy vamos a Praga, ¿creés que podemos recuperar esa valija?

—Noooo... ¿qué vamos a recuperar? No... Era una valija común y silvestre con ropa, nada más. No sé cuándo fue que este hombre me avisó que la valija todavía estaba, pero fue hace unos cuantos años ya. No creo que esté. Si ni siquiera existe ahora Checoslovaquia. ¿Qué va a estar la valija?

36

Promediaba 2014 cuando le pregunté a Alberto Nadra si le había quedado algún contacto en Cuba de sus épocas en la dirección del PC. La respuesta fue negativa, pero sí me sugirió contactar a Juliana Marino, la embajadora argentina en la isla. Y más que eso. Le envió un mail para contactarnos.

La embajadora respondió al otro día y me pidió que le dijera en qué podía ayudarme.

Hola Juliana! Mucho gusto.

Alberto Nadra mediante, acá estoy.

Me encuentro cerrando la investigación para escribir un libro sobre un personaje argentino que trabajó con el Che.

Este hombre está vivo. Lo conocí a través del mismo Alberto, y lo increíble es que cuando me puse a hablar con él, para que me cuente SU historia, de pronto se puso a hablar de mi barrio, de mis viejos, de la militancia en los primeros años 60, de mi familia... y casi que me terminó contando parte de mi propia historia.

Este hombre militó en el PC y se fue con el Che a Cuba después de la conferencia de Punta del Este. Allá compartió con él un montón de cosas. Más tarde el Che lo mandó a África, a Praga y a Francia con diferentes misiones. No tengo para contar grandes proezas de espionaje porque casi todo se sabe. Pero sí conoció un Ernesto íntimo, del que se siente orgulloso de haber sido amigo y subalterno.

El Che le dio varias misiones secretas. Aún hoy no las cuenta. De hecho lo bautizó como "el hombre invisible", porque nadie debía saber de él. Todo lo que pude investigar y chequear de lo que me contó, es cierto.

En lo histórico, y en lo barrial.

El problema es que en la Argentina no quedan testigos vivos de lo que hizo con el Che. Sí, muchos que lo conocieron en aquellos años y cuentan de un joven misterioso que militaba y desaparecía con frecuencia del barrio sin que supieran adónde iba.

Hay en Cuba un par de personas que lo conocieron y compartieron con él y con el Che algunos momentos. A estas personas es a las que necesito contactar. Si me pudieran dar una entrevista, me subo al primer avión y me voy a verlos. Sino, aunque sea por mail. Por Skype… como sea.

El primero al que necesito contactar es a Pombo. Creo que ahora es general del ejército cubano. Fue integrante de la escolta del Che y compartió con nuestro amigo un par de momentos en Cuba y en África.

El segundo se llama Wilfredo Ruz. Ni siquiera sé si está vivo. Wilfredo fue la persona que atendía políticamente la escuela en la que este hombre estuvo.

Lo más importante: El hombre del que te hablé en todo momento fue conocido en Cuba como Fernando Escobar Llanos. Algunos, muy pocos, lo conocieron como el Losojo. Porque era "Los ojo" del Che.

¿Creés que será posible ayudarme a localizarlos para entrevistarlos?

Quedo a las órdenes y en la (ansiosa) espera de novedades.

Marcos Gorbán

Después de un par de idas y vueltas con aclaraciones, llegó la respuesta esperada:

Estimado Marcos:

Estoy enviando nuestros mails a un importante dirigente y compañero que atendió muchos años a Argentina y cumplió funciones en nuestro país. Es cubano, del Departamento América, de gran confianza del Comandante Piñeiro. De gran confianza mía y de muchos compañeros. Se desempeñó varios años en Argentina en la embajada.

Conoce a todo el mundo. Ha consultado con los más viejos, y se ofreció a establecer contacto directamente para informarte, pues nadie registra los apellidos ni sobrenombres sobre los que me solicitas información.

Los dejo comunicados.

Así es como conocí a Tony López, que se presentó también a vuelta de correo.

> Marcos:
> Mi querida amiga Juliana Marino me pidió que le apoyara en su interés de recabar información sobre algunos combatientes que estuvieron junto al Che en la década del 60. Con mucho gusto espero que usted me comunique sus intereses informativos y sin ninguna duda le apoyaré.
> Fraternalmente.
> Tony López

Le conté a Tony de Fernando Escobar Llanos y del Losojo. Le hablé de la casa de El Vedado, de Wilfredo Ruz, de Pombo y de Campo Cero, donde fueron entrenados los cincuenta comunistas argentinos en 1963. Sentí que podía estar tocando temas álgidos o confidenciales. No tenía idea de hasta dónde estaban dispuestos a exponerse los cubanos. Para ganarme la confianza de Tony, le conté entonces que mi historia familiar estaba muy emparentada con Cuba. Más precisamente con la embajada de Cuba en la Argentina, adonde mi hermana trabajó hasta que la secuestraron, en noviembre de 1976.

Por esas misteriosas y maravillosas cuestiones de la memoria, mientras le escribía a Tony me vinieron del pasado las imágenes de una comida multitudinaria que se organizó en mi casa con todos los compañeros de Claudia, mi hermana. Eran imágenes salidas de la neblina de muchos años atrás, de cuando era chico. Me acordé de que había cualquier cantidad de autos con patente diplomática estacionados en la puerta de casa, algo inusual para Lomas de Zamora. También me vino la imagen del asado que se hizo en el suelo y no en la parrilla de casa, no llego a recordar por qué. Y en ese instante caí en la cuenta de que el embajador cubano de ese momento era Emilio Aragonés, uno de los cuadros más importantes de la revolución cubana junto a Fidel y Raúl Castro y al Che Guevara. Creí recordar que Aragonés estuvo en casa en ese asado, aunque no lo llego a recordar a él.

Aragonés: el que estaba sentado al lado del Che cuando el comandante guerrillero quiso "robarle" el cuchillito a Losojo en aquel asado del 9 de julio de 1963.

167

Recordé entonces que el nombre del embajador era muy mencionado en casa. Lo googleé de inmediato, pero la ilusión de llegar a esa entrevista se me derrumbó al comprobar que había muerto en 2007. Se lo comenté a Tony. Y le conté que Claudia había trabajado en la oficina comercial de la embajada hasta que la dictadura la secuestró durante los operativos del Plan Cóndor. Mi hermana fue una de las pocas que apareció con vida.

Marcos.
No necesito referencias tuyas, solo la solicitud de la embajadora me basta.
Claro que sí. Fue en épocas de Emilio Aragonés que trabajaron algunos camaradas argentinos en la oficina comercial que estaba por el centro y fueron secuestrados. Aragonés le solicitó una entrevista a Videla para reclamarle por el secuestro de los argentinos empleados de la oficina comercial y el de los dos cubanos que trabajaban en la embajada. Estos últimos estuvieron desaparecidos y solo hace dos años aparecieron sus restos. Sé que hay dos de los argentinos que tampoco volvieron a aparecer. Ahora me entero que tu hermana fue una de las que se salvó. Imagino que también algún otro camarada.
Esa vez, cuando fue a la entrevista, Videla le dijo a Aragonés: "Embajador, que pena con usted pero yo también tengo desaparecidos a algunos miembros de las fuerzas armadas".
Imagínate el cinismo de ese canalla. Fue en ese momento que Emilio recibió instrucciones del Jefe de regresar y dejar en la oficina a un encargado de negocios. Solo volvió cuando estalló lo de las Malvinas. Fue en un viaje de ida y vuelta para ofrecer nuestra solidaridad. Pero Galtieri la rechazó. Bueno, esa es una historia que ya te contaré cuando vengas por estos lados.
Un abrazo,
Tony López

37

¿Cómo no entender lo que le sucede a Orlando? El paso de los años y el trauma desdibujan la memoria. La editan. La reescriben. Uno se refugia de manera inconsciente en esa especie de negación que lo ayuda a superar el miedo o el dolor.

Después del intercambio epistolar con Tony, después de algunas instantáneas que me volvieron a la memoria, me di cuenta de lo fragmentario que era mi recuerdo de la noche en que secuestraron a Claudia.

Era noviembre de 1976. Yo acababa de cumplir ocho años y dormía en el mismo cuarto que mi hermana. Al subir desde la planta baja estaba primero el dormitorio de mis padres, después "la pieza del medio" en la que dormía mi hermano Jorge, y por último la nuestra, al lado del baño. Si al subir la escalera se doblaba a la izquierda se podía llegar a un cuarto más, en el que dormía La Negra, así con mayúsculas, que trabajaba en casa y vivió dieciocho años con nosotros.

Creo recordar que era la una de la madrugada. Quizás un poco antes. Dormía profundo y una de las instantáneas que me vienen es que dormía boca arriba, con un brazo que me cubría los ojos, porque esa era mi forma de dormir. De pronto, los golpes. De esos golpes no me voy a olvidar mientras viva. Parecía que iban a derribar la puerta. Venían de la calle, de planta baja, pero hicieron temblar toda la casa. Supongo que los daban con la culata de una escopeta o con algo parecido. Fueron golpes que me aceleraron el corazón, que me dieron terror. Escuché que mi viejo se asomaba a la escalera y desde arriba, sin acercarse, trataba de averiguar.

—¡Abran! ¡La policía! —fue la respuesta inmediata. Y creo que bajó, les abrió y lo arrinconaron contra una pared del consultorio, para meterse como manada vestida de civil.

Mi reconstrucción de los hechos parte de lo que escuchaba y de algunos retazos de conversaciones que, con los años, se colaron en charlas de la familia. Esa noche no vi mucho porque nunca me saqué el brazo que me cubría los ojos. Estaba tan despierto como los demás, pero me hacía el dormido. Vaya a saber por qué. Decir que fue por miedo me resulta demasiado sencillo. O no, porque lo que es seguro es que no quería mirar.

A nuestro cuarto entraron dos. Uno se paró en los pies de la cama de Claudia y le dio una orden:

—Vestite que vos te venís con nosotros.

El otro dio la vuelta al cuarto y se ubicó a mi lado, entre la ventana que daba a la calle y yo. A ese fue al único que pude ver cuando espiaba con un ojo que asomaba por sobre el codo. Tenía una ametralladora que me apuntaba a la cabeza. La cosa no era conmigo. La empuñaba con displicencia y apuntaba hacia abajo. Y abajo estaba yo.

Después supe que a mi viejo lo tenían contra la pared del consultorio. En la pieza de al lado, otro mono con Itaka arrinconaba a mi hermano. La Negra entró de pronto a nuestro cuarto y sin pedir permiso se paró delante de Claudia que buscaba la ropa para vestirse, y simuló ayudarla. Claudia se iba a acordar para siempre a la Negra que la cubría, que se interponía entre la escopeta con la que le intentaban apuntar y ella.

Claudia no era montonera, ni del ERP, ni de ninguna organización armada. Trabajaba en la embajada de Cuba, estudiaba en la Facultad de Ciencias Económicas de Lomas de Zamora, y era de la Juventud Comunista. No había delitos que imputarle.

—¿Por qué me llevan? —recuerdo que quiso saber. Y el que estaba de mi lado caminó hasta el rincón del cuarto, corrió una cortina y descubrió sobre el suelo, apoyados contra la pared, un montón de cuadros apilados. Creo ver el momento en que busca entre esos cuadros y levanta uno con la cara del Che.

—Por esto —le dijo. Y lo volvió a poner en su lugar.

En medio de todo ese tumulto tengo nítido el momento en el

que sin dejar de fingir que dormía, me revolví en la cama, me di vuelta, corrí la cabeza de donde apuntaba la ametralladora, me coloqué boca abajo y me cubrí los ojos con una mano.

Unos minutos después se llevaban a Claudia y yo fingí que me despertaba. Mi vieja estaba desbordada de angustia y la Negra me pidió que me fuera a dormir de nuevo, que no pasaba nada, que a mi hermana la iban a traer al día siguiente. Me empujaba de regreso a mi cuarto cuando sonó el teléfono. Era una vecina de Silvia, mi hermana mayor. Se los habían llevado también a ella y a Quique, mi cuñado. Alguien tenía que ir a buscar a Sergio, que tenía un año y lloraba al cuidado de una vecina en cuyo departamento lo habían dejado los secuestradores.

Silvia estaba embarazada de siete meses. A ella y a Quique los soltaron un día después. El motivo por el que se los llevaron siempre quedó en suposiciones. A Claudia la liberaron dos semanas más tarde. Le "recomendaron" que dejara la universidad y que no fuera más a la embajada de Cuba. La dejaron frente a una parroquia que está en la calle Alberti, a dos cuadras de casa.

Recuerdo que esa noche miraba la tele, tirado en la cama de mis viejos, la única tele que había en la casa estaba ahí. De pronto sonó el timbre. El timbre sonó como sonaba siempre, pero el corazón me explotó en la garganta cuando escuché que mi vieja gritaba el nombre de Claudia, y Jorge casi se tiraba por las escaleras. Entonces bajé y la encontré sentada en uno de los sillones del living. Estaba con el pelo sucio y desordenado, demacrada, pero entera. Eso de entera lo pude comprender años después. Y años después también, ya de grande y en terapia, conseguí entender por qué nunca más pude volver a quedarme dormido si me acuesto boca arriba.

38

¿Cómo no voy a entender las dificultades de Orlando para recordar, si a mí me pasa algo parecido con lo que viví diez y hasta quince años después de que lo mataran al Che?

El secuestro de mis hermanas no es un tema del que se hable todos los días en casa. Tampoco lo había vuelto a conversar mano a mano con Claudia, hasta que una mañana de agosto, después del intercambio que había tenido con Tony López, la llamé para saber cuánto de todo lo que me acordaba había sido en efecto así.

Cada uno empezó a cruzar recuerdos con el otro. Treinta y ocho años después comenzamos a contrastar vivencias para ver si podíamos corregir y completar lo que las negaciones se ocuparon de borrar de nuestra memoria.

Así es como supe que el de Claudia es uno de los testimonios en el juicio al "Circuito Etchecolatz" y que va a contar ante los jueces lo que vivió en "el Infierno", el campo de concentración en el que la tuvieron. Al tomarle testimonio le preguntaron si ratificaba lo que había declarado ante la Comisión Nacional por la Desaparición de Personas en 1984, y ella se quedó fría. No recordaba haber declarado ante la CONADEP.

Le conté de Orlando y de la investigación que me había disparado la búsqueda. Ella no lo recordaba de la infancia más que de manera difusa. "Creo que era cuñado de…", y no mucho más.

Claudia no trabajaba en la embajada de Cuba, como yo siempre creí, sino en la oficina comercial de Cuba en la Argentina. Puede parecerlo, pero no es lo mismo. La oficina comercial dependía de Comercio Exterior, la embajada y el consulado de Cancillería. Sin embargo, todo era lo mismo para los que daban la orden de secuestrar.

Claudia me contó que sabía que estaban detrás de ella. Que se refugió un tiempo en lo de una amiga y que llegó un momento en que se cansó de jugar a las escondidas y decidió quedarse en casa. Ahí la fueron a buscar esa noche de noviembre.

Le conté las imágenes que a mí me habían quedado claras. Y concluimos que la hora, los golpes en la puerta y la tropa que subía la escalera hasta nosotros eran tan ciertos para uno como para el otro. También lo eran la voz de papá que preguntaba, asomándose desde la escalera, la angustia que envalentonaba a mamá y yo que me tapaba los ojos en medio del tumulto. Claudia creyó que dormía. Ahora sabe que no.

"Vos te venís con nosotros", recuerda que le dijeron, y es lo mismo que recordaba yo. Sí, me trajo algo que me había olvidado. Ella les pidió que le permitieran vestirse.

Mi viejo no venía y ella no sabía por qué. Lo llegó a ver cuando se la llevaban. Estaba contra la pared del consultorio. Mi vieja —me cuenta Claudia— iba y venía tratando de saber, de calmar, de evitar lo inevitable. Yo, que al parecer dormía. Y la Negra que se metía entre los tipos y ella y de esa manera no dejaba que le apuntaran con el arma.

Creí que había sido Claudia la que quiso saber por qué se la llevaban. Ella está segura de que la que preguntó fue mi vieja. Ninguno de los dos sabe cuál es el que tiene razón.

Le recordé la escena en la que uno de los tipos caminó hacia el vértice del dormitorio, corrió la cortina y señaló la pila de cuadros apoyados contra la pared. Contó no sé si tres o cuatro, y levantó uno, sin atisbar si estaba en lo correcto. Era una imagen del Che.

—Vos venís por esto —le aseguré que dijo el tipo.

Claudia no se acordaba de eso y de pronto se quedó en silencio. Hablábamos por teléfono.

—Desde donde estoy ahora veo uno de los cuartos de mi casa —comentó entre sorprendida y angustiada— y veo que así como vos decís, hay varios cuadros en un rincón. Yo suelo dejarlos de esa manera cuando los descuelgo. No me acordaba nada de esto que contás. Pero es evidente que debe haber sido así, entonces.

Empezamos a reconstruir la escena. Ella aseguró que en la

174

puerta del placard tenía un retrato de Lenin que había hecho en tinta china. A mí me vino la imagen de un volante que acusaba de asesinos a Pinochet y a la junta militar chilena. Estaba pegado con chinches en otra puerta del mismo placard. Ella se había olvidado de ese panfleto. Y de la pila de cuadros en un rincón del cuarto. Y de la imagen del Che.

Uno de los momentos que más miedo e intriga me provocaron a lo largo de los años, por fortuna, se derrumbó en ese instante. Yo creía recordar que el tipo contaba tres o cuatro cuadros de entre la pila y que de ahí sacaba el del Che. Eso es porque alguien la había delatado entonces. Alguien le había dicho que estaba ahí. ¿Cómo podía saber, sino? Pero Claudia lo negó. La cortina no llegaba hasta la pared y ese cuadro bien pudo ser el primero y estar a la vista. Lo señalaron y punto. La escena no era como yo la recordaba. Para mi alivio.

Le comenté que ese era un tema del que alguna vez hablé con nuestro padre. Fue en mi adolescencia, apenas empecé a militar en la Fede. Le pregunté si no se había preguntado alguna vez quién nos había vendido. Porque ese tipo sabía dónde estaba el cuadro del Che. Mi viejo no me contestó de manera explícita. Me miró con una combinación de fastidio y de ironía. De esa mirada deduje que no tenía que preguntar boludeces, o que no había querido averiguar más. No lo sé. Es lo que leí en ese gesto. No me animé a volverle a preguntar y eso me quedó hasta hoy, que Claudia me dijo que no y concluyó que los cuadros estaban a la vista porque esa cortina nunca llegó hasta la pared, por lo que nunca los pudo haber cubierto tal como creía recordar yo. Es cierto. Su recuerdo parece ser más cercano a la verdad que el mío.

La interrogué entonces por ese asado que se hizo en casa cuando ella todavía trabajaba para la oficina comercial de Cuba. Yo no debía de tener más de siete u ocho años pero tenía varias postales de aquel día. Eran ciertas. Me las confirmó. Se usó un elástico de metal de una cama para asar un lechón a fuego lento. De ahí que yo recordara que no se usó la parrilla y que se hizo en el suelo. Era mucha gente. Y se estacionaron varios autos con patente diplomática sobre la avenida Alsina. También había custodios, pero no del embajador Emilio Aragonés, porque ese día no vino, como creía recordar yo. El que estaba era el jefe de Claudia, el agregado comercial.

A pesar de que yo me había convencido de lo contrario, Aragonés nunca vino. Es más: mi hermana nunca tuvo trato directo con él y ni siquiera recuerda si alguna vez lo vio de manera casual mientras trabajó ahí. De tanto que lo oí nombrar en casa, me construí un falso recuerdo. Le comentaba eso cuando ella sugirió que en algún lugar de la casa de mi vieja tiene que haber fotos de ese día en el que los cubanos asaron un lechón en el patio.

Del secuestro pasamos al asado y de ahí saltamos a las suposiciones. Claudia nunca supo de manera clara por qué ella y otros salvaron la vida y Moncho Pérez no. Moncho era compañero de militancia de Claudia. Y amigo, además. Estela, la hermana de Moncho, sigue siendo una de las amigas más queridas por nuestra familia. En lo borroso de esos años, más o menos creo recordar cómo era Moncho. A ese recuerdo mío lo ayuda que hice la secundaria con Daniel, el hijo, un par de años más chico que yo.

Tengo fresca la conmoción de la profesora de literatura y de los compañeros de Dani cuando estaba en primero o segundo año del Instituto Modelo. Les habían pedido que hicieran una redacción que hablara de los derechos humanos porque no sé qué día en especial se conmemoraba. Era por 1984 o 1985, vaya a saber. Todos los chicos tenían que compartir el trabajo en voz alta. Cuando llegó el turno de Daniel leyó la escena del secuestro de un hombre vista por un nene desde la cuna. Terminó de leer y la maestra lo felicitó por lo bien redactado que estaba y por lo rico de su imaginación. Entonces Daniel les dijo que no se lo había imaginado, que eso era lo que él había vivido cuando se llevaron para siempre a su papá. Y el hielo y la angustia se instalaron en el aula.

La voz oficial del PC de Lomas ese momento, la tenía Ramón Morán, el secretario del Partido. No sé si la voz, la posición o la moral del Partido. No lo tengo en claro. Claudia tampoco. Sí se acuerda de que cuando secuestraron a Moncho, Morán comentó que eso se debía a que "andaba muy cerca de los Montoneros". Claudia no lo pudo disculpar. Me lo dijo y dibujé una sonrisa irónica. Mi viejo me vino a la memoria. Él contaba que cuando secuestraron a mi vieja, un año después que a Claudia, le fue a pedir ayuda a Morán y él le contestó que no se podía ocupar del problema porque "estaba de vacaciones".

Cuánto exageró mi viejo no lo sé. El dolor le había mutado en indignación y él solía cargarle muchos kilos de subjetividad a sus relatos. Mi vieja, en cambio, lo perdonó porque siempre perdonó a todos. Hasta lo invitó a un cumpleaños multitudinario que hizo en casa, apenas volvió la democracia. Nosotros le pedimos que no y ella nos dijo que no podía no invitarlo. Si seguía caliente, mi papá lo disimuló. Mi hermano Jorge y yo no pudimos. Tampoco hicimos escándalo alguno. Lo habíamos hablado antes. Buscamos una excusa y nos fuimos. Cada uno por su lado. No quisimos compartir la mesa con él.

Esos años, los primeros de la democracia, fue el tiempo en que milité. Morán seguía siendo el secretario del Partido en la zona y todos los días me lo cruzaba en el local de la calle Sáenz, en Lomas. Algunas veces pensé en decírselo. O en preguntarle por qué. Sospeché que me iba a contestar con frases barrocas que invocaran a Lenin o a Marx, o vaya a saber a quién. Me contuve. No fue por disciplina, que por otro lado sí tenía. Fue por respetar el perdón de mi vieja. Que no era el mío. Ni lo es.

39

Por correspondencia electrónica hablamos con Tony López de los dos cubanos desaparecidos, cuyos cuerpos fueron hallados en barriles llenos de cemento. Le conté de "Moncho" Pérez, que también trabajaba en la oficina comercial y del que nunca se supo más. Pero no me quería desviar del tema que nos había convocado e insistí con Pombo y con Wilfredo Ruz. Era a ellos a los que tenía que localizar. La respuesta llegó enseguida:

Marcos:
Tengo los datos que ya le habías enviado a la embajadora. Estoy localizando a Pombo y eso no creo que sea un problema. Le voy a comentar el caso de este compañero argentino.
A Wilfredo Ruz no lo conoce ninguno de los compañeros que se ocupaban de las tareas internacionalistas. Puede que se trate de alguien que fuera, en aquella época, comisario político en algún batallón de la milicia y no tuviera nada que ver con los oficiales nuestros de la institución que trabajó con el Che en sus actividades internacionalistas. El Che era un conspirador nato y compartimentaba la información. A lo mejor utilizaba a Orlando en misiones especiales que él le encomendaba directamente. Pero de todos modos, Pombo sí creo que va a poder dar un testimonio, en cuanto hable con él yo te cuento.
Un abrazo.
Tony

Le pedí a Orlando si me podía dar más precisiones para localizar a Wilfredo. Me contestó que creía recordar que en el tiempo de la revolución cubana, a finales de los años cincuenta, Wilfredo Ruz había integrado la columna guerrillera que comandó Camilo Cienfuegos. La pesquisa siguió su cauce. Dos días después volví a recibir noticias de Tony.

Marcos:
En la Columna de Camilo Cienfuegos no había ningún Wilfredo Ruz. Al menos eso me dicen los compañeros de ese frente guerrillero a los que consulté.
Pero sí hubo un compañero que alcanzó los grados de teniente en la columna de Camilo con el nombre de Walfrido Pérez. Unos años después del triunfo lo ascendieron a Comandante. Pregúntale a Orlando, pues no es de descartar que esté confundiendo los nombres. No sé qué edad tiene él, pero debe rebasar los 80 y maromas.
A Pombo no lo he podido localizar aún. He llamado a su casa, pero no sale nadie al teléfono, estoy verificando si mantiene el mismo número, pero no lo he logrado conseguir al camarada que me lo puede dar. No te preocupes, que yo tengo el interés tuyo y el chequeo del cumplimiento de la honorable embajadora.
Un abrazo.
Tony

Le escribí a Tony para sugerirle que le pregunte a Walfrido Pérez si conoció a Fernando Escobar Llanos. Le aclaré que sí, que Orlando confunde los nombres con regularidad, por lo que no es de extrañar que ese sea el problema. Ya me había pasado con el cura jesuita y con varios más. De lo que sí estaba seguro nuestro hombre era del apellido. Wilfredo, o Walfrido o como fuera que se haya llamado se apellidaba Ruz. Se le fijó porque es el mismo apellido que el de Fidel Castro Ruz.

La respuesta de Tony me desalentó bastante.

Marcos:
Ok. Voy a tratar de localizar a Walfrido. Imagínate que la última vez que lo vi fue en 1966. Él se entrenaba para unirse al Che en Bolivia. Después de eso nuestros caminos se separaron. Yo me quedé con el Comandante Piñeiro alias Barbaroja y él se integró a las fuerzas arma-

das. Ahora no sé ni donde localizarlo, pero veré con mis compañeros en la Asociación de combatientes.

Creo que al margen de que yo lo busque, sería importante también que le preguntes a Orlando cómo era Wilfredo.

Walfrido es un guajiro que se incorporó joven a la guerrilla en la Sierra Maestra. De hecho es de esa zona. Es alto, de 1,76 mts de altura, unos ochenta kilos, es muy jodedor, tiene tez blanca, y es bien criollo. Te doy esa descripción a ver qué dice Orlando.

Tranquilo que me estoy ocupando.

Un abrazo.

Tony

Tony:

Aquí te copio la respuesta que me envía Orlando:

"Sí, puede ser. La descripción física coincide.

La prueba que tiene que pasar es si estuvo con el Che en la finca de El Vedado y si se acuerda de mí. En 1963 me llamaban Fernando. Te recuerdo que Wilfredo era mi responsable y reportaba directamente al Che. Orlando"

Marcos:

Bueno, algo es algo, aunque hay algunas imprecisiones. En El Vedado no hay fincas. Es una de la zonas más densamente pobladas de Cuba. En un barrio de clase media y clase media alta de la época del capitalismo. A menos que finca le llame a donde se alojaba. Hay países en América Latina que llaman fincas a las casas. Nosotros llamamos finca a grandes extensiones de tierra en el campo. Donde se cría el ganado, caballos y se siembra diversos frutos. Hay que salir del perímetro de la ciudad. Esto es una precisión.

Un abrazo,

Tony

Tony:

Lo que dices está clarísimo. En Argentina sabemos que finca para los cubanos, colombianos, venezolanos son enormes propiedades de campo, sí. Pero por deformaciones del lenguaje para nosotros una finca también puede ser una gran casa con un buen terreno en el fondo.

Orlando cuenta que al llegar se alojó en esa casa que él llama finca. Era grande y estaba ubicada en El Vedado. Muchas noches el Che y su escolta dormían allí. Y allí conoció a Wilfredo o Walfrido y también a Pombo, que en esos días estaba en la escolta del Che.

Era una casa grande, expropiada a alguna familia oligarca, estamos hablando de 1961/3. Orlando recuerda que detrás de la casa había un buen terreno libre donde se montó un polígono de tiro. Ese polígono se podía usar para entrenar. Él vivió algunas semanas en esa "finca".

De lo que Orlando no se acuerda con precisión es la zona exacta o la dirección. Dice que puede haber sido por la calle 47, pero duda mucho. Y él mismo acepta que no lo recuerda y que ese dato puede ser equivocado.

Marcos.

Marcos:

Es una buena precisión. Puede ser no por 47, sino por 49, en el reparto Kholy que es un barrio que queda vecino a El Vedado. Me inclino a pensar que sea allí y que ahora es una casona que sirve a una unidad militar.

También puede ser otra casa, en el Nuevo Vedado que está cerca del río Almendares y que pudiera tener las instalaciones que Orlando refiere. Porque en El Vedado casas así no hay y tenemos que verificar si efectivamente es el lugar o no. Hay que precisarlo si vamos a pedir el permiso para ir.

Otro tema: El compañero que atendía Argentina en aquella época se llama Salvador. Está vivo y voy a tratar de ubicarlo. Lo que sí te puedo precisar a esta altura es que Wilfredo Ruz, no hubo nadie en el equipo nuestro. Cuando me refiero a nuestro equipo hablo que era el que atendía ese trabajo con el Che. En eso estaba Salvador. ¿Me entiendes?

Así que voy a seguir buscando por la vía de Walfrido Pérez, lo importante es saber si está en La Habana, si está vivo o qué fue de él.

Recibe un abrazo.

Tony

El misterio de Wilfredo Ruz se hizo más grande. ¿Cómo puede haberse llamado? Que Orlando cambie y confunda nombres no me sorprende. Lo que me inquietó fue la certeza respecto al apellido.

¿Pudo haber sido un "nombre de guerra" que un cubano usó en ese tiempo? Sí, claro, pero ellos deberían recordarlo.

La duda respecto a la ubicación de la bendita "finca" de El Vedado también me pareció un reto a desentrañar. Otro más. Como muchos de los indicios que a cuentagotas me dio Orlando a lo largo de las entrevistas. Más allá de que a varios los pude desatar y confirmar, me los brindó borroneados por el tiempo, el olvido y la distancia.

Un nuevo mail de Tony trajo noticias de Pombo. Lo bueno era que aceptaba recibirme. Lo malo: no se acordaba del Losojo y por lo que leí, tenía algunas prevenciones.

Querido Marcos:

Te cuento que ya localicé a Pombo y hablé telefónicamente con él. Me dijo que no recuerda el seudónimo de "Losojo" y tampoco el nombre de Fernando Escobar. Sin embargo, dijo que está en disposición de recibirte. Yo pienso que hace muchos años de estos pasajes, por lo que, mi idea es que si decides viajar a La Habana traigas fotos de Orlando de aquellas épocas, o si tiene alguna con Ernesto o algún elemento más que pueda remover la memoria de Pombo y ayudarlo a recordar. Pombo propone que vengas en noviembre, o en la primera semana de diciembre.

También me dijo que a él lo que le preocupa es que no recuerda esos pasajes que cuenta Orlando y teme que la reunión sea infructuosa y un poco inútil. Le dije que conversar contigo nunca es inútil y muy humildemente me dijo que sí, pero que tengas presente que los importantes son el Che y su historia.

Él contento con que vengas.

Respecto a Wilfredo Ruz, las cosas empezaron a ser contundentes. Tony le consultó a Pombo sobre esta persona con la que Orlando dice haber entablado la relación más cercana en tiempos de la escuela del '63.

Sobre Wilfredo Ruz, Pombo asegura no hubo nadie cercano al Che con ese nombre, eso lo dejó bien claro. Yo le comenté que podría tratarse de Walfrido Pérez, pero ni modo. Me aclaró que Walfrido nunca fue cercano al Che y a nada que tuviera que ver con él. Aunque sí me dio

183

la ubicación actual de Walfrido. Me dijo que vive en una finca cerca de la Sierra Maestra, en el poblado de Santa Rita, en la provincia de Holguin o Granma.

Un abrazo,

Tony

Le propuse a Tony que a estas alturas descartáramos a Walfrido. Era evidente que el parecido de nombre no bastaba para ubicarlo ahí donde Orlando recuerda a un tal Wilfredo. Si lo que cuenta el Losojo es cierto, Walfrido y Pombo no pudieron haber compartido ese espacio y Pombo no recordarlo. Sobre todo porque Pombo y Walfrido, constaté entonces, sí se conocían del ejército cubano.

"Si el tal Wilfredo fue comisario político de algunos de los grupos que se formaron bajo la mirada del Che, entonces Pombo tiene que haberlo conocido —le comenté a Tony para agregarle un dato de color de última hora—. ¡Ah! Orlando me escribió porque dijo recordar que Wilfredo tenía las mismas características físicas que tú describes de Walfrido, pero además era bastante orejudo."

La respuesta de Tony tardó un par de días en llegar pero cuando lo hizo, trajo buenas nuevas.

El hombre que atendía ese trabajo en esa época era un compañero nuestro que se llama Salvador Prat. Su seudónimo era Juan Carlos, así que nada coincide. Juan Carlos no es Wilfredo. Pero al mismo tiempo, no sé de dónde saca Orlando que era comisario político el tal Wilfredo, porque ese cargo nunca existió en nuestras estructuras ni militares ni civiles. Eso era de los soviéticos. Sí existían en los batallones y unidades el político de la unidad, pero sin el nombrecito de Comisario.

Como me volvería a suceder un par de veces más en el futuro, tuve que revisar el material para ver qué había dicho Orlando con precisión. Ahí constaté que él nunca había hablado de comisarios políticos. Esa denominación era cosecha mía. Un error que cometí por no tener claras algunas diferencias. A partir de esta experiencia, y con lo que vendría en los próximos meses, volvería a aprender con claridad otras diferencias evidentes entre los cubanos y los soviéticos.

Le escribí a Tony para explicarle que la confusión había sido mía y no del Losojo y para avanzar en las certezas le nombré a los entrenadores que Orlando cuenta haber tenido en el entrenamiento de 1963.

Quienes lo entrenaron fueron "Angelito", que era un español que había estado en el ejército Rojo. Un negro al que le decían "Tatatá" o "Ratatatá", porque al explicar cómo se usaban las armas empleaba onomatopeyas. Y otro al que le decían "Palo", porque tenía brazos tan fuertes y musculosos que parecían de palo. Dentro de ese grupo, cumpliendo un rol más político, estaba este misterioso hombre llamado Wilfredo que es el que mejor relación estableció con Orlando. Este Wilfredo, además, era uno de los pocos que sabía del otro trabajo que hacía para el Che. Porque de eso sabían muy pocos y él era el que a veces cubría a Orlando cuando salía de la "escuela" sin que el resto de los compañeros lo supiera, para ir a ver al Che en privado.

Respuesta de Tony:

Marcos:
Ya no me caben dudas que Orlando sí estuvo vinculado a nosotros. Angelito era un asesor hispano-soviético, que tenía el grado de general del Ejército Rojo.
A los otros personajes hay que buscarlos. Tengo que hablar con los viejos que en esos años hacían esas tareas porque yo no les recuerdo, pero bueno, yo no estaba en esas escuelas. No te olvides que había compartimentación y eso es lo que lo complica.
Pero respecto a Angelito, sí, no hay dudas. Yo lo conocí.
Un abrazo

La compartimentación es una estrategia que utilizan casi todas las organizaciones secretas o clandestinas en el mundo. Desde los movimientos guerrilleros hasta los servicios de espionaje. Consiste en armar una estructura celular que compartimenta la información. De ese modo, nadie sabe más que lo que tiene que saber. Conoce a su jefe inmediato y a los compañeros de la propia célula, pero a nadie más. No sabe quiénes son los otros ni qué hacen. De esta manera se protege la información. Si un integrante cae en manos del enemigo o traiciona, es mucho menos lo que puede filtrar.

Le conté a Tony que en el libro de Ciro Bustos aparece un "Piripitipaum" con las mismas características que "Tatatá", y también apodado así por hablar con onomatopeyas. Es fácil concluir que se trata de la misma persona. Y, otra vez, a pesar de la poca claridad con la que Orlando recuerda los nombres, Tony no lo conocía, pero aclaró que tampoco tenía por qué hacerlo. Prometió gestionar más entrevistas que pudieran ayudar a la investigación y me pidió que mientras tanto, para ajustarse, le confirmara en qué fecha planeaba viajar.

40

Era un viernes de julio que parecía de primavera por esas cosas del calentamiento global. Orlando vino a casa a media mañana para tomar unos mates y conversar. Lo había invitado porque necesitaba chequear los datos que había conseguido después de meses de investigación. Que viniera a casa esa mañana era todo un acontecimiento. Desde el día de la frustrada grabación del documental, las reuniones se habían vuelto más espaciadas y difíciles. Encontrarlo en la casa y convenir una reunión se convirtió en una tarea que podía llevar de dos a tres meses cada vez. Nunca se negó. Pero se volvió esquivo.

Llegó y lo primero fue contarme que había comenzado a escribir un libro sobre el Losojo. Me corrió un frío por la espalda y traté de que no se me notaran los nervios al recordarle que ese libro era el que estaba por escribir yo.

—Ya firmé contrato con Editorial Sudamericana —me dijo serio.

Y recién entonces caí en la cuenta de que me provocaba para molestar. Me preguntó si había hecho contacto con Pombo en Cuba y le dije que sí, que planeaba viajar para entrevistarlo. Al otro día me escribió un mail para avisarme que había encontrado dos fotos de Pombo. Agustina, la periodista que se había sumado para colaborar en la investigación de este libro, fue de inmediato para su casa. Al poco rato me envió las dos fotos por mail y me comentó que Orlando creía que esas fotos habían sido tomadas en África pero que —como de otras tantas cosas— no estaba del todo seguro.

Me había llevado varios meses conseguir que Orlando me diera las fotos que había dicho que tenía. Cuando abrí las dos que me remitió Agustina me decepcioné por completo. Esperaba una imagen de

Orlando con Pombo o algo que me pudiera certificar que se conocían. Lo que me hizo llegar no tenía nada que ver con eso. En una de las fotografías estaban sentados el Che y Pombo en medio de la nada. El Che tenía una pipa en la boca y hablaba con alguien del que no se veía más que un corte de perfil difuso en el borde de la foto. Esa alguien podría ser Fidel Castro, otro guerrillero o cualquier interlocutor ocasional. Orlando creía recordar que era él, o que al menos podía serlo. A mí me sonó a que mentía. Ese no era él y esa foto es la primera que aparece en internet si se teclean juntos "Che" y "Pombo".

La segunda foto no aparece en la red con tanta facilidad. Dejo abierta la posibilidad de que pueda ser conocida, por lo menos no la pude localizar cuando peiné las páginas web en la búsqueda. Es una foto del Che con el disfraz que usó para llegar a Bolivia, ya deteriorado. Sigue pelado y canoso todavía, pero es más fácil reconocerlo. Está en la selva y lo rodean varios de sus hombres. Uno de ellos es Pombo.

Agustina me dice que Orlando cree que la foto la sacó él. Otra vez parece no ser cierto. En primer lugar porque esa foto no fue sacada en África sino en Bolivia. Ese disfraz es el que Guevara usó para llegar a Sudamérica, no para ir a África. Y si la foto fue sacada en Bolivia, entonces no pudo haberla tomado Orlando, porque él nunca se sumó al grupo guerrillero ni pisó la selva un solo día como para cruzárselos. Al menos según sus propias afirmaciones.

Es creerle o no creerle. En este caso —a diferencia de otras oportunidades— no le creo. Siento que la búsqueda ahora lo empezó a presionar. Una cosa es ayudarlo a recordar y otra diferente es que comience a mentir para congraciarse conmigo. Y esto último es lo que siento que sucedió con estas fotos. En todo momento intenté no forzar las cosas ni contaminar las charlas que tuvimos con información que saqué de otro lado. Así es que pude avanzar. Pero es mucho lo que Orlando no se acuerda y percibo que no le gusta no acordarse. Lo incomoda, lo molesta. Y también se molestó en un par de ocasiones en que volví a preguntarle por cosas que ya me había contado para ver si me decía lo mismo o cambiaba la versión. Algunos de esos detalles pudieron cambiar, pero el relato siempre fue el mismo y al ser chequeado parecía verdadero. Hasta que me mandó estas fotos. Entonces se encendió una luz amarilla en el imaginario detector de mentiras.

Sentí que hasta ahí había llegado él. Hasta ahí había podido. En adelante, el camino me tocaba a mí si lo que pretendía era buscar información verdadera. Pero eso fue después, cuando me envió las fotos a través de Agustina. Esa mañana de julio tomábamos mate en casa y yo le preguntaba para sondear, chequear y contrastar.

—¿Te acordás si a Wilfredo Ruz lo llamaban de alguna manera?

—Wilfredo. Le decían así. Y yo para él era Fernando.

—¿Cuánto tiempo estuviste con él?

—Solo durante la escuela de entrenamiento. No lo volví a ver ni supe más de él.

—¿Sabés que no lo encuentran? Tony me dice que nadie lo conoce.

—Wilfredo me contó que a los quince años peleó en la Sierra Maestra. Después, por lo que yo recuerdo, pudo haber estado en la escolta del Che.

—¿Fue con el Che a Bolivia?

—No, no. Solo en Cuba. El que estuvo en Bolivia es Pombo. Pero Wilfredo no. A Pombo lo vi varias veces pero nunca en un clima de mucha intimidad. En cambio con Wilfredo nació una linda amistad. Era un tipo modesto, callado. Y era muy pero muy respetado entre los cubanos. Por eso te pido si lo podés encontrar, si es que vas a Cuba. Quisiera volver a contactarlo.

—No lo conocen. No lo recuerdan. Por eso te preguntaba si pudo haber usado otro nombre.

—No. Era Wilfredo. Lo llamaban así. Quizás, en determinado momento, no recuerdo en qué año, hubo muchos disidentes que se fueron de Cuba… Entonces a ver si él no se fue a París o andá a saber dónde. Por eso quiero ubicarlo…

—Te voy a leer lo que me dice Tony en un mail: "Wilfredo no está localizable, no existió nadie llamado así. Orlando debe recordar mal el nombre".

—Era un hombre de Sierra Maestra, Wilfredo Ruz, el orejudo. Estaba ahí en El Vedado, vivía conmigo ahí… Creo que peleó en la columna de Camilo Cienfuegos.

—Me dice Tony: "Hermano, en la columna de Camilo no hubo ningún Wilfredo Ruz. Le pregunté a varios compañeros de ese frente guerrillero y no lo recuerdan. Sí hubo un compañero que alcanzó los grados de teniente con el nombre de Walfrido Pérez, el cual unos años después del triunfo lo ascendieron a comandante, pregúntale a Orlando pues no ha de ser que estemos confundiendo los nombres. Walfrido ahora debe tener ochenta años".

—De lo que estoy seguro es del apellido: Ruz. Como Fidel.

Estábamos otra vez en vía muerta. Decidí cambiar de tema.

—La casa de El Vedado. Me dice Tony que no hay ninguna casa de esas características en El Vedado. ¿No te acordás la dirección? O cómo llegar, al menos.

—No. ¿Cómo me voy a acordar?

—¿Pudo ser en el reparto Kohly? Me dice que es un barrio que está pegado al Vedado.

—Sí, puede ser.

—¿Cómo era esa casa?

—De afuera solo se veía un portón negro, enrejado. Y solía haber un escolta en la puerta. Detrás de la casa había un descampado… eso es lo que te puedo decir hoy. Tené en cuenta que había mucho lugar. Ahí dormimos los cincuenta antes de ir a Campo Cero a entrenar.

—Me dice Tony que el cubano que atendía esa tarea para la Argentina en esa época se llamaba Salvador y que lo va a tratar de ubicar.

—No lo recuerdo.

—Le decían Juan Carlos.

—Los argentinos que representaban al PC en Cuba eran Gregorio Tavosnanska, y el otro se llamaba Ortiz… o Suárez.

—Nada que ver. Juan Carlos era cubano.

—Por favor, preguntale cómo ubicar a Wilfredo Ruz. Si él atendía la escuela lo tiene que conocer seguro. Ahora debe tener como ochenta años Wilfredo…

—Para cuando viaje necesito fotos tuyas de esa época. Quiero mostrarlas a ver si te reconocen.

—Tengo una de cuando volví. Me la saqué en Montevideo. A los pocos días de llegar me saqué una foto en la estatua de una carreta… Ahí estoy como con 75 o 76 kilos.

—Y más alto…

—Yo siempre medí un metro 63. Con el Che decíamos que éramos de la misma estatura. Porque el Che medía 1.63. Ahora estaré en un metro 60, o 61, andá a saber…

—¿Tanto te achicaste?

—Y por lo menos unos centímetros me habré achicado.

Hablamos un rato de vaguedades. Le volví a pedir fotos para llevarme a Cuba. Le pregunté otra vez sobre viejos temas y contó lo mismo con más o menos detalles. De pronto, me dio nuevos datos.

—Hubo un tiempo que viví en París. Ernesto me envió desde África para que hiciera ahí mi trabajo. El otro día encontré en casa un mapa de París y tenía recuadrada la calle en la que viví.

—¿Qué calle era?

—De la Chapelle, o sea de la Capilla. Al cruzar un puente, una cuadra más allá vivía Paul Eluard, mi poeta favorito.

—¿Alquilabas?

— Claro, alquilaba. Era una especie de pensión que parecía una casa chorizo.

—¿Fuiste a Bolivia con el Che?

— No. No me dejó. Él de África se fue a Praga y de Praga a Cuba. Yo ahí me volví a la Argentina. Él se fue a Bolivia desde Cuba.

—Está bien, pero la entrada a Bolivia, no se sabe por dónde entró. ¿En eso tuviste que ver? ¿Fuiste vos?

—Yo hice la investigación de las fronteras de Bolivia en 1962. De Bolivia, de Paraguay, de Chile, de Uruguay… pero después no sé por dónde entró. Quizás fue Tania la que le dio la ruta. No lo sé. Ella tenía un jeep y consiguió bastante material. Quizás fue ella. Yo no.

—¿La conociste a Tania?

—Creo que sí.

—¿Cómo "creo"?

—Porque a la que yo conocí fue a Loyola Guzmán, Loyolita. A ella sí la conocí en Cuba. Una vuelta apareció con una chica y me la presentó. Con el tiempo me dije "Debe haber sido Tania".

—¿Quién era Loyola Guzmán?

—Una chica de Bolivia que trabajaba para el Che.

Dice Wikipedia que Lara Loyola Guzmán, nació en La Paz, Bolivia, el 29 de julio de 1942. Que es una activista de los derechos humanos y de la política boliviana. Que integró el grupo de apoyo a la Guerrilla de Ñacahuazú que Ernesto Che Guevara comandó en

Bolivia en 1966 y 1967. También, que fue fundadora y dirigente de la Asociación de Familiares de Detenidos y Desaparecidos de Bolivia, hasta enero de 2009.

—Perdón la ignorancia. Nunca antes la había oído nombrar a Lara. ¿Dónde la conociste?

—Qué sé yo… y… todo se hacía en la finca de El Vedado. Seguramente fue ahí que me la presentó el Che.

En una ocasión, como al pasar, Orlando había comentado que armó una casa de seguridad en Salta. Que eso es lo más cerca que estuvo del grupo guerrillero que se instaló en Bolivia. Puesto a dar precisiones, volvió a mencionar esa casa, pero ya no era él quien la había conseguido.

—¿Cómo era la casa de seguridad que armaste en Salta?

—No, creo que no la armé yo, creo que la armó Larita…

—Pero ¿vos la habías abastecido? ¿No habías llevado documentos, medicinas, armas, todo eso?

—Eso se compró allá.

—Está bien. Y ¿cuál es el papel que jugaste ahí?

—Yo estuve ahí. Era una casa de seguridad que estaba sobre la calle Balcarce. La armó toda Larita por si acaso el Che venía a la Argentina. Esa casa era para él. Por si cruzaba.

—¿Y vos qué hacías mientras el Che estaba en Bolivia?

—Ernesto me pidió que ayudara a reclutar gente para mandar a la guerrilla. Le había dado esa tarea también a Ciro Bustos. Cuando me enteré de que también le había dado esa tarea a Ciro Bustos me quedé quieto. Yo no lo conocí a Ciro Bustos. Pero después se supo que fue un gran traidor.

—¿Cómo te enteraste de la muerte del Che?

—En la calle. Yo era funcionario del Partido. La noticia me la dio un compañero. No me acuerdo si fue Víctor Bruschi, que en ese momento era el secretario, u otro que se llamaba Debiase. Me acuerdo que me vio, se me acercó corriendo y me dijo: "Murió el Che". Volví a mi casa y me puse a llorar. De eso sí estoy completamente seguro. Me agarró una angustia tremenda. Después me deprimí mucho. Vivía con Ángela, una nueva compañera de la que más tarde quedé viudo. Eso fue el mismo 9 de octubre, que me dieron la noticia.

41

Pocas son las cosas que me unen a Juan Bautista Tata Yofre. En lo ideológico él viene de la derecha y yo me formé en la izquierda, si se quiere, más tradicional. En los primeros años del gobierno de Menem, el Tata ocupó la silla del "señor 5", es decir que fue el jefe del Servicio de Inteligencia del Estado, la SIDE. En esos días yo escribía en *Qué Pasa*, el periódico del Partido Comunista. Él entiende que Cuba y el Che Guevara atacaron a la Argentina y a otros países de Latinoamérica para instalar un régimen comunista. Yo entiendo que la atacada fue Cuba y que los líderes de la revolución buscaron una estrategia para defenderse y sobrevivir.

Las diferencias son muchas, pero hay algunas coincidencias.

El Tata y yo somos periodistas de formación y —por lo que entiendo— buscamos alguna de las formas de la verdad. Cuando entré al escritorio de su casa, en el corazón del aristocrático Barrio Norte, le descubrí una completa, envidiable y ordenada biblioteca con todo lo que pueda ser leído sobre la Segunda Guerra Mundial y otra sobre los últimos años de Cuba. Una pasión que nos podría regalar semanas enteras de conversación. Y por lo que también pude ver en la pared de la oficina que montó en su propia casa, con distinto título y un mismo concepto, el Tata y yo hemos sido tapa de una misma publicación: Yofre enmarcó y colgó de una pared la portada de la revista *Veintitrés*. En la foto se lo ve de pie mientras habla por un celular. El título dice: "El cerebro de la derecha". Algunos años después, el de la portada de esa misma revista fui yo. El ejemplar colgaba de los kioscos de la Argentina con una foto mía cruzado de brazos y con un título que me bautizaba como "El cerebro comunista de *Gran Hermano*", lo que por varias razones no era del todo cierto pero ya, en ese momento y ante el Tata, fue un buen tema para iniciar la charla y romper el hielo.

Nos vinculó la casa editorial que también compartimos y Ana Laura Pérez, la editora de este libro, armó el contacto. El Tata contestó el correo que nos presentara casi de inmediato y solo pidió una semana para organizar el encuentro porque estaba con las últimas correcciones de *Puerta de Hierro*, que iba a salir a la venta semanas después, con las historias y los documentos secretos de Perón en el exilio.

A comienzos de 2015, cuando la investigación sobre el Losojo avanzaba en busca de pruebas, Yofre publicó *Fue Cuba*, un libro repleto de información sobre los años 60 y 70, y sobre las acciones de agentes, militantes y personajes latinoamericanos. *Fue Cuba* pone el foco en Fidel y Raúl Castro, en el Che Guevara y en Manuel "Barbarroja" Piñeiro, otro de los líderes de la revolución que no fue tan "famoso" afuera de la isla porque su tarea se desarrolló al frente de la inteligencia y la seguridad del Estado.

Yofre confirma que Angelito, el coronel español que entrenó a Losojo, en efecto fue una pieza clave para la formación de los combatientes que se adiestraron en Cuba, y agregó un dato no menos importante: que Angelito era agente de la KGB, el servicio de espionaje soviético.

Después de invitarme con un café de media mañana, Yofre contó de su odio o su desprecio a los Castro y a la Cuba socialista. No tiene ambigüedades al respecto y se enorgullece de haberles puesto piedras en el camino a los representantes diplomáticos de Cuba cuando compartió con ellos espacios o reuniones protocolares, en el tiempo en que fue embajador argentino en Panamá y en Portugal.

Me habló del paso de su padre por el mundo de la diplomacia. De que conoció a Carlos Mugica en la Facultad de Derecho y que el papá del cura y el suyo fueron muy amigos. A propósito de Mugica, Yofre sostiene en *Fue Cuba* que el sacerdote tercermundista estuvo muy allegado al Che y sospecha que podría haberlo acompañado en la Argentina antes de que viajara a Bolivia, en 1966. Él especula con esa posibilidad en el libro, pero advierte que no lo pudo probar.

En la página 514 de *Fue Cuba* cuenta Yofre:

En la biografía de Jorge Rulli se puede encontrar la siguiente anécdota: Cuando trascendió la muerte de Guevara en Bolivia, Jorge Rulli, al comentar la noticia del jefe guerrillero con su compañera "Bechi" ésta le dijo: "Y pensar que nosotros lo conocimos al Che… Acordate, Jorge… ¡Lo conocimos! ¡Sí! Nos lo presentó Mugica. ¿Te acordás? Ese día, cuando Mugica vino a visitarnos y llegó junto a otro sacerdote… ¡Ese cura era el Che!… era el disfraz que usaba él…".

Y más adelante, en la página 516:

El Che pasó por Córdoba y trató de convencer a sus correligionarios y simpatizantes de la necesidad de iniciar acciones en Argentina. Hasta estuvo reunido en el Palacio Ferreyra, a metros de la delegación de la Policía Federal Argentina. Con Roca, Lucio Garzón Maceda, Raúl Faure. En Buenos Aires, no tuvo eco con los partidarios de Victorio Codovilla, Carlos Paz y el responsable de la revista *Novedades de la Unión Soviética*. No logró convencerlos y rumbeó para Bolivia.

Sentí que se ilusionó con la posibilidad de que la historia del Losojo le pudiera ratificar esta teoría, y no mostró desaliento cuando le expliqué que Orlando nada tuvo que ver, en términos prácticos, con el ingreso del Che a Bolivia. Cómo es que entró, por dónde lo hizo y si pasó por la Argentina es lo que Yofre pretende desentrañar desde que investigó el caso. Escuchó con avidez la historia del Losojo, quiso saber si Orlando fue testigo de algunas reuniones entre el Che y Fidel o si estuvo con Guevara en algunos momentos claves de la historia de esos años. A pesar de que no pude confirmarle nada de lo que preguntó, se entusiasmó con las peripecias de este nuevo ladero del Che del que hasta el momento, me aseguró, no había tenido noticias.

La única pausa que tuvo la charla fue para traer un vaso de agua y para conversar de la colección de once mil discos de música que tiene clasificados y ordenados detrás de su escritorio. Cuidadoso con el orden el Tata, hasta la obsesión.

Le pregunté si de sus tiempos al frente de la SIDE le había quedado algún contacto al que pedirle información sobre Fernando

Escobar Llanos o el Losojo. Quería saber si los servicios de inteligencia argentinos lo habían detectado en sus pasos por la frontera o en alguna de sus actividades. Me explicó que eso era imposible porque no solo no tenía contactos confiables en la actualidad, sino que en sus tiempos como "señor 5" tampoco solía curiosear las carpetas con la información de los espiados. Me sugirió que lo fuera a ver a Oscar Parrilli, el actual titular de inteligencia, pero que dudaba que hubiera una carpeta de comienzos de los '60 tal como especulaba encontrar yo.

Donde sí me prometió buscar fue entre los documentos de los servicios checos que tiene en su poder y sobre los que basó la investigación para el libro. Nunca hasta esa mañana había oído hablar de Fernando Escobar Llanos ni del Losojo, por eso no se había detenido en ver si ese nombre aparecía en los archivos de Praga en los que figuran muchos de los que fueron y vinieron de Cuba en misiones secretas.

Sin detenerse en detalles que pudieran volverse incómodos o complicados, me comentó que una de sus fuentes es un contacto de la inteligencia cubana, un hombre del mismísimo riñón de Ramiro Valdés, uno de los más legendarios y encumbrados comandantes de la revolución, superior jerárquico de Barbarroja Piñeiro en las labores de inteligencia, ex ministro del Interior de Cuba y Vicepresidente del Consejo de Estado y del Consejo de Ministros de Cuba al escribirse este libro. No me quedó en claro si el contacto de Yofre es hoy un agente activo o un desertor que abandonó la isla. No me animé a preguntarlo.

El Tata me prometió que dentro de sus posibilidades y con sus contactos iba a sondear para ver si alguien supo algo del personaje que le presenté esa mañana. La curiosidad ya se había apoderado también de él. Se puso a disposición para que pudiera chequear con él la información que necesitara, y me dio un pdf con planos e informes de la Operación Manuel. Muchos están escritos en checo. Otros, traducidos al inglés. Fernando Escobar Llanos no aparece mencionado ni detectado. Orlando, como es obvio, tampoco.

—Vos tenés la oportunidad de probar que el Che pasó por la Argentina —dijo, cuando me iba—. Ese puede ser un buen desafío.

La sorpresa, la alegría, la primera confirmación concreta desde que empecé con este trabajo me llegó esa misma noche. Abrí la computadora para revisar el correo y encontré un mail de Yofre. Lo copio de manera literal:

Tuve respuesta del exterior: "Sí, lo conocí de vista. Me contaron de su trayectoria admirable. Publicaron sobre él en *Granma*".
El Che tenía medio millón de hombres de confianza, igual que Perón, que Cristina, que Bergoglio o Mugica.
Veremos si este hombre quiere contactarse.
Abrazo,
Tata

42

Planear un vuelo relámpago desde Buenos Aires a La Habana es un tanto complicado. Es decir: excepto Montevideo y Santiago de Chile, no hay destino sencillo para un vuelo relámpago desde Buenos Aires. Estamos en el sur del sur. Cuando tuve la posibilidad de trabajar en programas de televisión de Lima, México o de Bogotá pude ver lo fácil y barato que es para los colegas viajar a Estados Unidos, Centroamérica, el Caribe o a cualquiera de las ciudades de la región. Las distancias son mucho más cortas. Y en consecuencia los tiempos. Desde Buenos Aires a La Habana son nueve horas de viaje y solo hay dos vuelos semanales. Uno de Aerolíneas Argentinas y el otro de Cubana. Se puede ir los miércoles para regresar recién el miércoles de la semana siguiente. Difícil de encajar en un semestre cargado de obligaciones profesionales, y demasiado incómodo y largo para hacerlo con escalas.

La oportunidad se produjo cuando me confirmaron un trabajo que me obligaba a estar todo diciembre en México. Tenía que ser ahí. Pedí dos días libres y saqué pasaje para el jueves 3 de diciembre. Desde el D.F. se llega a La Habana en solo dos horas y hay varios vuelos por día. Tenía jueves, viernes y sábado para hacer las entrevistas que Tony López me pudiera conseguir.

Descarté una visita al archivo del diario *Granma* porque me confirmaron que no estaba digitalizado. Encontrar una pequeña nota sobre el Losojo sin siquiera saber la fecha en la que fue publicada iba a ser imposible. Me propuse buscar la famosa casa de El Vedado que fue tan protagónica en el relato de quien alguna vez dice haber sido Fernando Escobar Llanos. Sabía que a Campo Cero no iba a poder ir porque hoy funciona ahí una base militar y no se permiten visitas.

Agendé el museo del Che que está frente a la casa en la que vivió y le mandé la lista de prioridades a Tony. Estaba en claro que el objetivo central del viaje era entrevistar a Pombo. De todas las personas que rodearon al Che y que Orlando dice haber conocido, Pombo es el único que está vivo y puede hablar.

—No fuimos íntimos ni tan cercanos, pero a lo mejor se acuerda de mí —me dijo Orlando cuando le confirmé que había sacado pasaje, y volvió a insistir con un nombre que casi había descartado—. Wilfredo Ruz. Con él sí fui más íntimo. Él te va a poder contar todo. Por favor, trata de localizarlo.

Estaba en los preparativos para trabajar todo el mes en México con viaje a Cuba en el medio, cuando el correo electrónico trajo noticias de Tony. Pombo iba a viajar a Chile y volvería recién el viernes por la noche. Solo teníamos el sábado para localizarlo y hablar con él. La cosa amenazaba complicarse pero Tony no parecía nervioso.

—Tengo un par de entrevistas que ya confirmé —escribió—, estoy muy compenetrado en ayudarte en tu investigación.

Lo que me impactó fue el pedido:

…te voy a molestar pues necesito un favor con unos pequeños repuestos de un FIAT 125 argentino del año 76. Necesito unos rodamientos, o sea unos pequeñas cajas de bola, que llevan en el sistema de las ruedas. Te mando los datos exactos después, ya que ahora no lo tengo a mano.

Tony pudo haber pedido cualquier cosa para que le llevara a Cuba. Un libro, yerba mate, un whisky, no sé… pero me pidió un repuesto para un Fiat 125 modelo 76. Un auto de la mismísima partida en cuya exportación trabajó mi hermana antes de ser secuestrada. La paradoja me movilizó mucho más que una sonrisa. Me sonó a un capítulo más de marxismo mágico. Le respondí el correo:

En Buenos Aires esos rodamientos se llaman rulemanes. Espero conseguirlos. Ese modelo ya no existe. Espero tener suerte.

Tony respondió al otro día.

Sí, es un modelo viejo, pero siempre se consiguen en la Fiat. Imagínate: ese es el auto que importamos en la época de Perón, cuando éste abrió el crédito a Cuba. Eso fue en momentos en los cuales muchos países de América Latina no tenían relaciones con nosotros.

Las especificaciones son:

FIAT- 125 B Legítimas: 4140357

SKF. 614450 CA/CA (es un similar de la legítima)

Solo necesito las traseras. En Buenos Aires hay una zona, cuyo nombre ahora no recuerdo que es donde venden todo tipo de pieza de cualquier carro. No sé si seguirá existiendo. Hace exactamente veinte años que salí de mi querido Buenos Aires.

Por favor, cómpralas y dime cuánto salió toda esa vaina para reintegrarte la plata.

Un abrazo.

Tony

Tal como lo previó, conseguí los rulemanes en la calle Warnes, que es la zona a la que se refería en el mail. Pude enviárselos por César que viajaba un mes antes que yo. Me pareció la más contundente de las paradojas que me pidiera el repuesto de un auto que mi hermana había colaborado en exportar desde la Argentina. No estaba nada mal que su propio hijo fuera el que le llevara el repuesto a Tony.

43

Ya estaba todo alineado. Lo único que faltaba eran las fotos que Orlando me había prometido desde los comienzos de la investigación y que nunca me dio. Lo llamé y se las pedí. Ya tenía el pasaje para ir a Cuba. Pombo me iba a recibir y quizás también algún otro personaje importante que Tony pudiera conseguir. Necesitaba fotos de cuando él era joven y ya no tenía margen para que me lo estirara. Si no había fotos en Cuba, al menos que fueran tomadas en la Argentina o en otro lugar, pero de esa época. Quería llevarlas para ver si alguien lo reconocía.

Quedamos en que me las iba a traer a casa en la mañana del primer viernes de noviembre. Y cumplió.

Llegó puntual como cada vez que me tocó esperarlo. Traía consigo la sonrisa de siempre y un sobre de papel viejo pero doblado con rigurosidad. Me pidió si se las podía escanear y enviárselas por correo para también poder conservarlas en formato digital.

Encendí la computadora, nos sentamos frente al escáner y mientras el sistema se acomodaba empecé a mirar las fotos de a una. Orlando acodado en un balcón, a los sesenta y pocos años. Orlando joven y en cuclillas frente a un tradicional monumento en Montevideo.

—Esa es de cuando volví de la escuela, en el '63 —acotó.

En otra imagen que dice que fue tomada en Paraguay está de pie y en el fondo se distingue un bosque y un río. En otra… Hasta que me topé con esa foto. Con ESA foto.

Era la más importante de todas. Nunca me había dicho que la tenía. Era una foto en blanco y negro y estaba muy desgastada pero en el centro estaba él, en primer plano y atento a una vieja cámara de fotos que tenía en la mano. A su alrededor, también atentas a la cámara, tres africanas con tocados de tela en la cabeza y el torso descubierto. En tetas.

—Orlando, nunca me dijiste que tenías esta foto. Es clave.

—Bueno, hay muchas cosas que no te dije. Es que no me acordaba que la tenía.

—¿Cómo no te vas a acordar? Es la foto más importante de todas. Es la única prueba concreta de que estuviste en África.

—Sí, pero perdí la más importante… La que estaba con el Che.

Se refería a la que me había contado que tenía el padre Meisegeier. Según contó Orlando aquella vez, El Che le sacó una foto a él rodeado por unas africanas. Pero a la vez un agente francés tomó la foto de la foto. Es decir, le sacó la foto al Che tomándole la foto a Orlando. Esa foto es la que se perdió con la muerte del sacerdote. Entonces caí en la cuenta que eso también quería decir algo:

—¿Quién sacó esta foto?

—Creo que Ernesto.

—¿Cómo creés?

—Bueno, sí. Esta puede ser la foto que me sacó Ernesto. A él le encantaba sacar fotos.

No lo podía creer. Después de más de un año de buscar por todos lados y de preguntarle cien veces, así, como si nada, Orlando me traía la primera prueba fehaciente de que había estado en África. Por lo menos una parte de lo que decía, entonces, era cierto.

Digitalicé las fotos y se las envié a su correo por mail. Tomé el grabador y el mate, y a último momento se me ocurrió cambiar de ámbito para la charla. Siempre que vino a casa nos reunimos alrededor de la mesa del comedor, pero a esa altura ya había desgrabado casi todo lo conversado y le había leído todos los textos que había escrito sobre el tema. Así es como detecté que en todo lo que Orlando cuenta hay una repetición. Con el Che, con el cura Meisegeier, con el dirigente del PC que el hermano mandó a su casa para que lo vuelva a vincular… con todos se reunió en la cocina. ¿Habrá sido así en verdad? Es probable. Lo importante es que en ese momento concluí que si nos sentábamos a conversar en la cocina de casa en vez de en el living o en el comedor quizás se sintiera más cómodo. ¿Para qué buscaba su comodidad? Para ver si podía cruzar algunas de las barreras que hasta ese momento me habían sido infranqueables. Es muy probable que esta especulación que se me cruzó por la cabeza en ese instante fuera una estupidez absoluta. Pero probé.

Recién encendí el grabador cuando estuvo listo el mate. Tomamos los primeros mientras nos actualizábamos de las noticias. Cuando sentí que era el momento, le conté detalles del viaje a Cuba y le pedí que grabase un mensaje para que le pudiera hacer escuchar a Pombo. Lo hizo y se emocionó. Por momentos se pasó de formal, y me pidió grabarlo de nuevo, así que repetimos.

El grabador quedó encendido. Tomó un mate como para que le pasara todo lo que le había quedado en la garganta, y aproveché ese momento para preguntarle cuál había sido su tarea en el Partido Comunista. Siempre que me habló de eso y de su salida del PC fue esquivo y contradictorio.

Me contó que cuando su hermano Alfredo le pidió que se volviera a vincular a la estructura partidaria fue porque lo necesitaba. La tarea que se le asignó estaba encuadrada dentro de la secretaría de organización. Sospeché de qué se trataba y le pedí precisiones para ver si estaba en lo cierto. Y sí, lo estaba. A Orlando se le asignó una tarea clandestina. Pasó a ser el responsable de autodefensa del Partido en Lomas de Zamora.

Uno de los secretos mejor guardados dentro de la pirámide orgánica del Partido Comunista Argentino fue el del Frente de Autodefensa. Se trataba de una organización paralela con diferentes niveles de responsabilidad y de profundidad tanto en las tareas como en el secreto. La misión era proteger la estructura del Partido, a los dirigentes, a las columnas de manifestantes en las marchas, a los comités, todo lo que pudiera ser vulnerable. Las tareas del Frente de Autodefensa podían ser varias: la inteligencia para evitar posibles infiltraciones, la vigilancia de los locales, los dispositivos de seguridad que fueran necesarios para proteger edificios o personas, la escolta de los dirigentes, y seguramente unas cuantas más que desconozco. Desde que se volvió a vincular a la militancia en el PC, la responsabilidad de Orlando pasó a ser la de dirigir esa tarea en Lomas de Zamora. Cuando volvió de la escuela de entrenamiento, en 1963, se convirtió en el responsable de autodefensa de la región sur de la provincia de Buenos Aires. Los territorios bajo su responsabilidad se multiplicaron.

En algún momento me había dicho que se fue del Partido después de tener una fuerte discusión con el máximo responsable político de Lomas. Pero yo sabía que no era cierto. Y supongo que él sospechaba que yo no le creía.

La de esa mañana de noviembre no iba a ser una charla más de las muchas que tuvimos. Ya tenía suficiente información acumulada. Y algunos agujeros que necesitaban respuestas ciertas.

—¿Con quién pudiste conectarte después de que mataran al Che?

—Con nadie. Quedé desvinculado por completo de toda la organización del Che. Un tiempo después volví a Salta y desarmé la casa de seguridad que se había montado ahí. Estaba sobre la calle Balcarce, muy cerca de adonde ahora están las peñas folclóricas. Se habían escondido armas, documentos, medicinas, por si pudieran necesitarse.

—¿A esa casa la habías armado vos?

—No. No sé quién la armó. Me pidieron que estuviera atento a ella, nada más.

—¿Y qué pensás de toda esa experiencia que viviste con el Che?

—¿Hoy? Que fue una locura. Yo no sé cómo pude sobrevivir a muchas cosas por las que pasé. De verdad, no lo sé. Esa era una de las cosas que discutíamos con Ernesto. Porque yo soy creyente. Soy jesuita. Creo que tuve un Dios aparte. Es más, muchas veces tuve el presentimiento de que me seguían. Como si algo me protegiera. En ese momento de repente me daba vuelta, cambiaba de vereda, miraba una vidriera, volvía para atrás. Hasta que estaba seguro de que si realmente me habían seguido, los había perdido. Muchas veces me pregunté: "¿Para qué me siguen?". Tenía la paranoia de que la CIA, el FBI, todos los que andaban atrás de Ernesto en ese momento, me podían estar vigilando. Yo tenía esa sensación… qué locura… qué locura..

—¿Lo volverías a hacer?

—Y, sí.

44

Orlando se había abierto como pocas veces antes. Sentí que me decía la verdad.

—Vos no te fuiste del Partido por una discusión… a vos te sancionaron.

—Sí, es cierto.

—¿Por qué? Supe que fue por "problemas de índole moral". Pero nunca me quedó en claro cuáles fueron esos problemas. Sin eufemismos. ¿Qué hiciste?

—Me cogí a mi secretaria.

—…y estaba casada con un compañero.

—No más detalles. Solo te puedo decir eso. Pero ese no fue el único motivo. También fui acusado de mentirle al Partido, de ocultarle lo que había hecho con Ernesto. Y también era cierto. Porque yo al Partido nunca le informé de mi trabajo paralelo con el Che. Así que eso era cierto.

—¿Me podrás contar cómo fue que se tomó esa decisión?

—Fue en 1968, poco menos de un año después de la muerte de Ernesto. Me citaron en la casa de un compañero, en Burzaco. Antes de entrar me crucé con Alfredo, mi hermano, que era miembro de la dirección del Partido y que iba a estar ahí también. Lo que me dijo fue: "Lo único que te pido es que no manches nuestro apellido". Nada más.

—¿Qué te quiso decir?

—No lo sé. Suponé lo que quieras. Yo me guardo mi suposición. Adentro, en la reunión, estaba la mesa chica de la zona. Víctor Bruschi, que era el secretario, Juan Ochipinti, que hasta fines de los 80 fue el máximo responsable del Partido en el Regional Sur de la Provincia de Buenos Aires, Mariana Ibarrola, Morán, que más tarde fue secretario del Partido de Lomas, y mi hermano Alfredo. Me acuerdo que salí aturdido. Que empecé a caminar y me perdí. No sé por dónde anduve, pero de pronto me di cuenta de que había cruzado la vía y que estaba del otro lado de Temperley. Había llegado caminando hasta ahí. No sé cuánto es. Lloraba y me preguntaba "¿Quién soy? ¿Qué carajo me hicieron?". No entendía nada. De pronto sentía el vacío más absoluto debajo de los pies y a mi alrededor. De tanto que me habían golpeado no sabía cómo volver a mi casa. Y ahí había estado mi propio hermano. Pasé muchos años sin volver a hablar con él. Porque no me defendió. Estuvimos como cinco o seis años sin hablarnos.

—¿Se reencontraron?

—Sí. Después de ese tiempo. Fue en una fiesta familiar a la que vino, en la casa de una tía nuestra. Creo que fue ahí que nos volvimos a ver.

—¿Lo perdonaste?

—Decidimos dejar el tema de lado. No, esperá. ¡Él me llamó! Me llamó y me pidió que fuera a la casa. Vivía en la calle Viamonte, en Banfield. Eso fue antes de la fiesta. Ahí fue que conversamos.

—Vuelvo un poco a vos. Dentro de lo que pude hablar con mucha gente en este tiempo, me saltó un dato que no sé si es cierto y te lo quería preguntar. ¿Es verdad que un altísimo dirigente del Partido te fue a buscar y te ofreció volver porque te necesitaban para una misión?

—Sí, es cierto. Me ofrecieron devolverme el carnet. Fue uno de los capitostes del Comité Central el que me citó. Eso fue en 1972 o 1973, no me acuerdo bien.

—¿Y cuál era esa misión?

—Querían que me infiltrara en Montoneros. Me invitaron a un lugar y me dijeron: "Te devolvemos el carnet, pero te tenés que infiltrar en Montoneros". Esa era una táctica común en el Partido. Para tener información.

—¿Por qué dijiste que no?

—Porque ya no estaba dispuesto a jugar las cartas de la clandestinidad. Yo me había cansado de ser clandestino. ¿Vos sabés lo que es vivir tanto tiempo así? ¿Sabés lo que es mostrar una cara ante el verdulero o los vecinos y otra ante los compañeros? No… es muy duro. Les dije que no.

45

Por fin llegó el jueves 3 de diciembre. A bordo del vuelo 451 de Aeroméxico revisé el último correo que me había escrito Tony:

Mi amigo querido, ya recibí tu itinerario. Así que tranquilo que iré con el taxista de confianza. No necesito cartelito en el aeropuerto, jajaja. Estaré allí, como soldado prusiano. Envíame tus señas para que nos reconozcamos. Yo mido 1,70, 70 kg de peso, soy absolutamente canoso y uso gafas.

El avión tocó tierra en el aeropuerto José Martí de La Habana a las dos de la tarde. El cielo estaba gris. Había dejado de llover pero solo por unos minutos. Bajé entre los primeros y después de cruzar migraciones enfilé derecho a la salida. No había despachado equipaje. Dos mudas de ropa de verano, una máquina de fotos, un libro, una laptop y el celular cabían a la perfección en un bolso de mano.

Al cruzar la puerta corrediza me topé con el tumulto de todos los aeropuertos. Guías de turismo que señalaban su posición para congregar alrededor a los pasajeros que contrataron ese tour, taxistas que ofrecían un viaje seguro a la ciudad, familiares de ojos ávidos que buscaban con ansiedad y en puntas de pie, kioscos de artesanías… Lo primero fue constatar que cuando Tony dijo que no iba a poner un cartelito con mi nombre, lo había dicho en serio. Empecé a buscarlo antes de cruzar la barrera y nada. Imposible identificarlo. No había ninguna mirada que se cruzara con la mía con gestos de entendimiento. ¿Cómo ubicarlo entonces? Decidí salir. Mezclarme entre la gente y esperar ahí. No di más de tres o cuatro pasos cuando escuché que alguien decía mi nombre. Estaba a mi lado. No sé de dónde había salido. Era canoso y usaba lentes, en efecto, tal como lo había avisado. La sorpresa fue que era blanco. No sé por qué me había convencido que Tony era negro. Desde que nos empezamos a escribir lo supuse negro y así me quedó en el imaginario hasta que me lo desmintieron los hechos.

Nos dimos un abrazo de encuentro y salimos rumbo al coche.

En el estacionamiento nos esperaba Fernando, licenciado en Historia, con un pasado de guía turístico y un presente de taxista a bordo de un Lada 1990 algo desvencijado, pero digno. Para lo que lo necesitábamos nos iba a servir a la perfección. Los saberes y las historias que iba a contar en esos tres días de recorrida, iban a resultar un valor agregado al viaje. De hecho, apenas salimos del aeropuerto ,el relato ya estaba envuelto de nostalgia tanguera. Fernando vivió casi dos meses en la Argentina. Llegó atraído por una mujer que lo instaló a vivir con ella en Lanús Oeste, en el sur de la provincia de Buenos Aires. Más tarde paseó por las provincias de Córdoba y de Santa Fe. Hasta que por fin se volvió a Cuba para retomar el trabajo y empezar a añorar las pizzas y los helados argentinos.

No perdimos tiempo. Pasamos por el hotel para dejar el bolso y encaramos directo para la zona de El Vedado. El Vedado es uno de los barrios más poblados de La Habana. Fernando argumenta que se llama así porque en tiempos de la colonia española estaba prohibido edificar en ese sector. Más tarde fue el barrio en el que muchas de las familias aristocráticas construyeron sus casas. Cuando triunfó la revolución estas familias abandonaron Cuba, las casas quedaron vacías y muchas fueron expropiadas. En algunas se instalaron organismos públicos. Otras fueron usadas como casas de protocolo o de seguridad, tal como me confirma Tony al empezar la recorrida.

Las de seguridad o protocolo son casas cuya aplicación no es de público conocimiento. En algunas de esos caserones de dos o tres pisos se instalaron a trabajar grupos de inteligencia o de organismos cuya labor requería un mínimo de reserva. Otras fueron utilizadas para alojar a huéspedes que por ilustres o por clandestinos no podían quedarse a dormir en un hotel. Dirigentes guerrilleros de otros países, cuadros de partidos de izquierda que visitaban Cuba cuando en sus propios países había una dictadura, funcionarios de otras latitudes que visitaban la isla para hablar de tareas de espionaje, refugiados políticos, perseguidos… los huéspedes de la casas de protocolo —cuenta Tony— podían provenir de cualquier país de la tierra. Hasta de latitudes insólitas para la época.

En alguna de las charlas, cuando a mi pedido se esforzaba por recordar, Orlando creyó atisbar que la "finca de El Vedado" en la que el Che lo alojó en su primera visita podía estar entre las calles 14 y 15. No estaba seguro. Lo advirtió desde el primer minuto. Pero ante un mapa de La Habana extendido sobre la mesa y la insistencia mía, dudó si no podía ser por ahí. No recordaba la calle sobre la que estaba la casa. Eso le resultaba imposible. Pero sí que tenía salida por las dos calles laterales. Quizás eran la 14 y la 15… por ahí…

Tony es un baqueano en la zona. Asegura que en ese barrio no existen casas con el fondo libre tal como dice Orlando que había en la que él se alojó. El Losojo sostiene que ese fondo alguna vez fue pensado por el Che como una especie de polígono de tiro para que sus hombres entrenasen, y Tony está convencido de que una casa con esas características es imposible en El Vedado. Recorremos el barrio y me pide que lo vea yo mismo. Es cierto. La zona está superpoblada. Una casa está al lado de la otra. No hay espacio como para instalar un polígono. De pronto el Lada se detiene en una esquina. Estábamos entre 14 y 15.

—Esa puede ser la casa —señala Tony, y me muestra un caserón de tres pisos con un gran espacio adelante para estacionar cuatro autos—. Es la casa de las Juventudes Comunistas. Alguna vez pudo haber funcionado como casa de protocolo.

La sede de las Juventudes Comunistas no se parece en nada a la que recuerda Orlando. Fui escéptico apenas la vi. De todos modos entramos. Me llamó la atención que pudimos pasar con total libertad. En la puerta no había guardia ni recepcionista alguna. El paso era libre para cualquiera que anduviera por ahí. Más tarde iba a constatar lo mismo en todos los sitios a los que fuimos. En la plana baja, cerca de la cocina, nos encontramos con una mujer que, sentada con parsimonia, clasificaba granos de café sobre una mesa. La saludamos. Respondió con una sonrisa sin dejar de hacer. Tony le preguntó por alguien y ella dijo que no estaba. Merodeamos un poco y volvimos al auto. No cabían dudas de que esa casa no era.

A estas alturas, Tony estaba más intrigado que yo. Quería saber cuán seguro estaba Orlando de que esa casa se encontraba en El Vedado.

—A mí me parece más probable que sea en el Reparto Kohly o en el Nuevo Vedado —dijo y explicó que son los dos barrios que rodean a El Vedado.

Y sí, claro que es probable. Si la memoria de Orlando está tan borroneada como yo sé que está, no es ilógico suponer que pueda estar equivocado cuando ubica la casa. Fuimos con el Lada rumbo al Reparto Kohly. Eran apenas seis o sietes cuadras más allá. Claro que era probable. Pero tampoco ahí encontramos una casa con las características que buscábamos.

Recorrimos El Vedado, el Nuevo Vedado y el Reparto Kohly. Husmeamos por las callecitas laterales y fuimos de una punta a la otra de las avenidas más señoriales, que por ahí hay un par. Cada vez que pasamos por una de las casas que años atrás fue usada como lugar de seguridad o para alojar a alguien de modo protocolar, Tony la señaló. Hasta me dejó sacar algunas fotos. De más está decir que esas casas ya no son secretas y hoy tienen otras finalidades. Si quedan lugares que hoy tienen un uso encubierto, Tony no lo sabría porque está retirado. Y si lo supiera, no me las revelaría.

—Otra posibilidad es que estemos hablando de la "49". Pero bueno, si es así, ahí no llegamos.

Y basta que lo diga de ese modo para que yo quiera ir. Pero no. Ese es el límite. Tony me cuenta que en el comienzo de la revolución, en la primera mitad de la década del sesenta, hubo una casa de seguridad sobre la calle 49 y que desde entonces se la llama así. Era una casa que estaba un poco apartada de las demás, en medio de una zona descampada y rodeada de árboles en el Reparto Kohly. Esa casa sí podría tener detrás un espacio para un polígono de tiro. Existe una seria posibilidad de que sea de la que habla Orlando. Pero nunca lo vamos a saber. Ahora funciona ahí la Dirección de Custodia Personal. Ahí trabajan los escoltas de Fidel, de Raúl Castro y de los principales hombres del gobierno. Esa casa ahora es un centro estratégico desde el que también se maneja lo que Tony denomina la logística del gobierno. Es decir: ahí es donde se controlan la calidad y la salubridad de la comida que después se distribuye entre los dirigentes.

—No te olvides de que Fidel debe estar en el libro Guinness de los récords mundiales por ser la persona a la que más veces quisieron matar. Sufrió más de doscientos atentados. Varias veces le intentaron envenenar la comida y hasta un cigarro con veneno le quisieron dar.

Tony le pidió entonces a Fernando que fuera a la calle 47 en el Nuevo Vedado. Fuimos rumbo al Centro de Estudios Che Guevara. El Centro, que también es museo, fue construido en 47 entre Conil y Tulipán. En el número 772 de esa calle, justo enfrente del edificio de piedras que contiene todo el material de estudios sobre Guevara, está la casa en la que vivió el Che junto con Aleida March y los hijos. Hoy esa casa aloja las oficinas administrativas y de dirección del Centro de Estudios y de vez en cuando, con suerte, uno se la puede cruzar a la propia Aleida como a cualquiera de los que trabajan ahí.

Tony propuso ir en busca de la doctora María del Carmen Ariet. María del Carmen fue profesora de Tony en la carrera de Ciencias Políticas y a la vez es la directora del museo. Si hay alguien que sabe sobre Guevara —aseguró Tony— esa es María del Carmen.

Diez segundos después no la hubiéramos encontrado. Llegamos en el preciso instante en que se subía al auto. Otra vez un Lada del 90, solo que blanco. Tony le explicó el motivo de mi visita y —aunque estaba apurada porque iba a una reunión— nos concedió unos minutos para que pudiéramos preguntarle. Cerró el auto, volvió sobre sus pasos y nos invitó a pasar al living de la casa adonde esperamos, mientras ella resolvía algún asunto que le había quedado pendiente.

Se metió en una oficina. Tony se puso a responder un mensaje que le había llegado y yo estaba de piedra. No me encontraba en un museo ni en un memorial, estaba en el mismísimo living de la que fuera la casa del Che. Un living austero, de clase media. Un pasillo que iba hasta el fondo, lleno de puertas que hoy dan a oficinas. Una escalera que llevaba a la planta superior donde es más que seguro que alguna vez estuvieron los dormitorios. A diferencia de las otras oficinas o dependencias a las que fuimos, las paredes eran blancas y no tienen cuadros ni afiches con frases revolucionarias. Todo estaba limpio. Limpio en todas las acepciones de la palabra. Solo un busto del Che que presidía el living, junto a la puerta que daba a la calle.

A pesar de las ganas, solo tomé un par de fotos. Me contuvo el sentir que violaba cierta intimidad.

Al fin llegó María del Carmen y se acomodó en una de las dos sillas de metal y mimbre que presidían el lugar. A su lado se sentó Tony, que dejó el sillón que quedaba para mí. María del Carmen estaba ansiosa y apurada. Ansiosa por escuchar el dato que Tony le había contado que yo traía, el de la existencia del Losojo. Apurada porque se tenía que ir a la reunión que pospuso por nuestra llegada.

Quizás fue esa ansiedad. Quizás fue ese apuro. María del Carmen no escuchó demasiado. Apenas le empecé a explicar, me dijo que la historia era falsa. Que no podía ser. Que estaba llena de imprecisiones. Le pude aclarar que lo de las imprecisiones era cierto y que hasta el propio protagonista las admitía con culpabilidad. Tony intervino para aclarar que María del Carmen estudia la vida del Che hasta en los más mínimos detalles desde hace treinta años y que si hay alguien en el mundo que sabe del comandante guerrillero, es ella. Que es la que mejor me puede ayudar a ver qué es cierto y que no.

Pero María del Carmen no parecía tener las mismas ganas de dilucidar que mi amigo. La sentí cada vez más apurada y fastidiosa. Es probable que el fastidio se debiera al apuro, lo cual no dejaría de ser lógico. Pero por momentos percibí que lo que le generaba incomodidad era lo que yo contaba. Tomó la cartera que había dejado a un costado. Nunca dejó de ser cortés ni educada, pero el apresuramiento se le hizo tan visible como su molestia. Me propuso que le hiciera llegar el material para que ella lo chequeara, se lo agradecí y le pedí la dirección de correo para así enviárselo. Y no me la dio. Me dijo que se lo mandara a Tony y que él se lo haría llegar. Entonces se puso más contundente y dijo que ahora que son pocos los que pueden contestar, hay muchos que se atribuyen falsas experiencias con el Che y que por eso es imprescindible investigar en serio. Traté de explicarle que eso era precisamente lo que estaba intentando hacer y Tony quiso ayudarme y comentó que para eso es que me había subido a un avión y me había ido hasta Cuba. Pero no hubo caso. María del Carmen ya no nos escuchaba. Se tenía que ir. Y se fue.

Nos alistamos para marcharnos y de una de las oficinas salió un hombre rubio, de pelo largo y con unas entradas que le hacían más ancha la frente. Apenas nos vio, lo saludó a Tony con alegría. Me tendió la mano, me dio la bienvenida, y se puso a bromear con Tony, al que veía más flaco que la última vez. Los chistes rondaron sobre dietas y gorduras, para despedirse al rato con un abrazo. El rubio se fue escaleras arriba y nosotros camino al Lada, para seguir la recorrida.

46

La Habana no es una ciudad que se caracterice por estar llena de bares. El Vedado menos. Aun así, Fernando encontró un lugar de tapas españolas para que nos pudiéramos sentar a picar algo y, sobre todo, para que pudiera beber el primer mojito de mi estadía. Nos instalamos afuera. El calor no era agobiante, por lo que declinamos el aire acondicionado y nos instalamos debajo de una galería cubierta a ver la lluvia y conversar.

Pedimos camarones, tortilla española y unos pinchos de pollo que mis compañeros decidieron acompañar con cerveza. El mojito llegó primero y cuando lo había empezado a saborear, como al pasar, Tony comentó lo buena gente que es Camilo.

—¿Qué Camilo? —quise saber.

—Camilo, el hijo del Che. Es el muchacho rubio con el que conversamos ahí en la casa.

Se me atragantó el mojito. No se dio cuenta de presentármelo y se deshizo en disculpas. Fue la única vez que lo sentí trabado en el habla. Quizás haya sido porque la mirada se me volvió asesina mientras revolvía el trago con una frustración que no podía disimular. Acabábamos de estar con el hijo del Che y no lo supe hasta después. No lo podía creer. Pude volver a concentrarme en la charla cuando me prometieron regresar al Centro de Estudios al día siguiente para ver si lo encontrábamos, cosa que no era segura. Camilo no vivía ahí.

Cuando era ministro de Industria, el Che tuvo dos secretarias. Una fue la primera esposa de Tony. Se separaron hace más de treinta años, pero mantuvieron una buena relación porque de ese matrimonio nacieron los hijos. Ahora su ex mujer se fue a vivir un tiempo a los Estados Unidos, donde están sus hijos.

Sentí que era el momento de saber más de Tony. Encendí el grabador y le pedí que me contase.

"Yo provengo del Ejército Rebelde. Más precisamente del Movimiento 26 de Julio. Cuando estaba en el colegio integré las brigadas de acción del movimiento estudiantil que era parte del 26 de Julio. En 1956 me integré a las Brigadas Estudiantiles para luchar en contra de la dictadura de Fulgencio Batista. Mi responsable era Jesús Suárez Gayol, que más tarde murió en Bolivia, cuando fue a pelear con el Che.

"Yo estudiaba en la Escuela Superior. Viví la incorporación a la militancia como algo natural porque vengo de una familia que siempre estuvo vinculada a la política. Mi papá, mi mamá, mi abuela, y mi abuelo paterno militaban en el Partido Socialista Popular, que es como se llamaba entonces el Partido Comunista acá en Cuba. Mis tíos, los hermanos de mi padre, eran miembros del Partido Ortodoxo que es donde militaba en ese entonces Fidel Castro. El Partido Ortodoxo era una escisión del Partido Revolucionario Cubano que había fundado José Martí. En aquel entonces, en los años 50, era dirigido por Eduardo Chibas.

"Hoy tengo setenta y cuatro años, esto que te cuento fue hace sesenta. Empecé a militar a los catorce. En ese entonces tenía una vida relativamente normal, pero había tanta represión que el día a día se nos hacía insoportable. La policía y las instituciones represivas del batistato eran muy fuertes y se la tomaban siempre contra los jóvenes aunque muchos no estuvieran vinculados a la política. Hubo numerosos jóvenes que no pertenecían a ninguna organización y fueron masacrados.

"Yo soy de Camagüey. Vivía allí. Cada vez que venía una fecha patriótica, el 7 de diciembre, por ejemplo, salíamos de las escuelas y nos convocábamos en manifestaciones. Al final eso siempre se convertía en una tribuna para denunciar a la dictadura de Batista. De allí nacieron las brigadas estudiantiles, que eran grupos más organizados y estructurados de manera institucional al que no podía entrar cualquiera. Solo se aceptaba a los que se destacaban en diferentes actividades.

"Mientras todo esto pasaba, empezaba a crecer de manera orgánica el Movimiento 26 de Julio. A nivel nacional lo dirigía Frank País, aunque el primero que tuvo ese mandato fue Antonio Ñico López que murió en el desembarco del Granma.

"Me sumé a las brigadas a fines de 1956 y pasé a integrar las células de acción y sabotaje del Movimiento 26 de Julio. Organizábamos acciones contra determinadas empresas o instituciones. Por ejemplo: Se tiraban cadenas a los tendidos eléctricos para generar un corto circuito y provocar apagones. O se colocaban petardos y bombas. Siempre con una condición que impuso Fidel: que no afectara a ningún civil inocente. Fidel siempre estuvo en contra del secuestro y de acciones que pudieran poner en peligro a la población. Siempre. Por eso, el concepto era que la guerra se peleaba contra el ejército de Batista. Contra el Ejército como institución, que era el que respaldaba y sostenía el poder económico de la aristocracia y de la burguesía. Ese era un principio y un concepto fundamental que siempre manejó Fidel y que se trasladó a esta clase de organizaciones.

"Más allá de esas acciones, también distribuíamos 'La historia me absolverá', que es el alegato que hizo Fidel en el juicio por el ataque al Cuartel Moncada; distribuíamos bonos para financiar al movimiento, ayudábamos a compañeros que fueran perseguidos, esas cosas eran las que hacíamos.

"Cuando se cumplió un año del ataque al Palacio Presidencial, en Camagüey organizamos una huelga para homenajear a los mártires. Hicimos llamados a los estudiantes escuela por escuela. Los invitábamos a salir y a movilizarse con nosotros. Pero la directora de una de esas escuelas, era la hija del Coronel Rojas, que había sido jefe de la policía. Esta mujer trató de impedir que entráramos. Yo me subí a una parecita para arengar a los estudiantes, pero uno de los compañeros que estaba conmigo sacó una pistola calibre 32 que apenas tenía dos balas y le apuntó a la vieja. Eso provocó un lío terrible. El hermano de esta mujer era un asesino llamado Raúl Rojas. Era teniente del Servicio de Inteligencia y era conocido ya por varios crímenes que había cometido. Bueno, este hombre se dedicó a nosotros. Uno de nuestros compañeros cayó preso. A mí me amenazaron de muerte y me empezaron a buscar por todos lados. Eso llevó a que yo pasara a la clandestinidad. Ya no vivía en mi casa. Me tuve que esconder.

"Unos meses después, cuando la situación se hizo insostenible, se decidió que abandonase la ciudad y me sumara al Ejército Rebelde. Pasé a ser parte de la columna Ignacio Agramonte que comandaba Víctor Mora. Ya era 1958.

"Con el triunfo de la revolución, el 1 de enero de 1959, nuestra columna ocupó Camagüey y los regimientos de toda la provincia. A mediados de enero, no recuerdo la fecha con exactitud, se dio la orden de que viajáramos en avión a La Habana. Fue la primera vez que montaba en uno. Estuve en La Habana, hasta que en agosto de ese 1959 decidí pedir la baja del Ejército para continuar con mis estudios. Ya tenía diecisiete años.

"Me fui del Ejército pero seguí vinculado al movimiento 26 de Julio. Conseguí un trabajo en el Ministerio de Obras Públicas. De día trabajaba y militaba. Por las noches, estudiaba para lograr mi bachillerato.

"En aquella época el movimiento 26 de Julio estaba por un lado, el Partido Socialista Popular por el otro y el Directorio Revolucionario por el otro. Años más tarde las tres organizaciones se fundieron y formaron el Partido Comunista de Cuba. Pero en 1960 todavía iba cada uno por su lado. En noviembre de ese año, Emilio Aragonés y Armando Hart, que eran integrantes de la dirección nacional del 26 de Julio, me seleccionaron junto a un grupo de compañeros para que fuera a la Escuela de Instrucción Revolucionaria.

"En esa escuela estudié hasta abril de 1961, cuando nos sorprendió la invasión de Playa Girón. El día que se produjo el ataque estábamos en Santiago de Cuba. Acabábamos de regresar de una excursión al Pico Turquino. Nos convocaron y nos incorporaron como comisarios políticos en los batallones del Ejército Rebelde de esa época. Cuando terminaron los combates regresamos a La Habana, y en mayo me destinaron a los nacientes órganos de la seguridad del Estado. Allí conocí a Manuel Piñeiro, Barbarroja, y empecé a trabajar con él en lo que se llamó el 'Departamento M'. Se trataba de un organismo cuyo objetivo era buscar información en el exterior sobre las actividades de la contrarrevolución. La inteligencia cubana nunca fue una inteligencia ofensiva. Nosotros somos un país pequeño, no podemos pensar en atacar a nadie ni tenemos deseo de hacerlo. Somos una isla… somos un país que no ataca. Por eso, siempre nuestro servicio de inteligencia fue defensivo. Así se lo pensó y en función de ello se montó el 'Departamento M'.

"Cuando empecé a trabajar con Barbarroja, me enviaron a capacitarme a la escuela de inteligencia."

Fue una de mis pocas interrupciones.

—¿Ahí conociste a Angelito?

—Eh…, sí, ¿el Español? Sí, Angelito estuvo por ahí. Era agente de la KGB soviética, Angelito. Un tipo muy tranquilo que sabía enseñar.

"Cuando terminó el curso de inteligencia, varios compañeros fueron enviados a algunos países con fachada diplomática. Otros, yo entre ellos, pasamos a la sección que llamábamos de 'ilegales'. El nuestro iba a ser un trabajo ilegal, sin cobertura diplomática. Lo más parecido a un espía que te puedas imaginar. El problema es que uno de los que estuvo en esa escuela conmigo fue a México y ahí nos traicionó. Por culpa de eso todo lo que habíamos hecho no sirvió de nada. Ya estábamos todos quemados porque el traidor nos conocía. Todo ese grupo de 'ilegales' fue desactivado. Yo ya tenía una misión asignada, pero no la pude hacer. Se desarmó todo porque lo nuestro había dejado de ser un secreto.

"Seguí trabajando con Piñeiro y cuando en 1962 se desató la crisis de los misiles, vino un llamado de Fidel por el tema de las armas estratégicas. Pedí irme a eso y ahí fui. Pasé a la contrainteligencia militar, adonde estuve hasta 1965.

"Mi trabajo se desarrollaba en Cuba. Tenía que detectar posibles atentados, sabotajes o espías. En el 65, lo fui a ver a Piñeiro y le dije que quería hacer algo más, que necesitaba superarme. Ya había empezado a hacer un curso de nivelación. Para ingresar a la universidad había que rendir examen. Para el caso nuestro, me refiero a la gente que había estado en la lucha, se organizó un curso de nivelación y yo estaba en ese curso porque quería estudiar Derecho.

"Así es que después de rendir bien, pude ingresar a la escuela de Derecho. Estudiaba y trabajaba a la vez en contrainteligencia. Ahí es que hablé con Piñeiro y pasé al trabajo político como dirigente de la Juventud Comunista. Tenía veintitrés años.

"Piñeiro me propuso para que integrase la comisión de Relaciones Exteriores de la Juventud. Ahí estuve durante unos años.

Como miembro de esa comisión participé en la legendaria Conferencia Tricontinental. Lo más importante de mi trabajo en esos años fue atender a la diáspora de exiliados latinoamericanos que se habían diseminado por distintos lugares en Europa. En 1972 me designaron como representante del Comité Nacional de la Juventud Comunista para atender el trabajo de los exiliados desde Berlín. Viví siete años en Alemania.

”En 1978 Piñeiro me comunicó que me volviera a instalar en Cuba para trabajar en el 'Departamento América'.

”El Departamento América fue una dependencia del Comité Central del Partido Comunista de Cuba, cuyo objetivo era atender a los movimientos revolucionarios o de liberación de América Latina. Los cubanos no solo se relacionaban con los Partidos Comunistas de la región, también cultivaban vínculos más o menos cercanos con otras organizaciones de izquierda que en ese tiempo luchaban contra los gobiernos opresivos o las dictaduras militares que se habían instalado en el continente.”

En palabras de Tony, el Departamento América empezó como un organismo de inteligencia y más tarde se dedicó a atender a los movimientos de liberación nacional como manera de defender a la revolución cubana.

Continúa Tony.

“En el Departamento América fui asignado junto con un grupo de compañeros para atender a El Salvador. Éramos un equipo de trabajo cuya función era atender a los compañeros del Frente Farabundo Martí. Bueno… varios de estos compañeros hoy están en el gobierno salvadoreño. Después de El Salvador me tocó colaborar con Nicaragua. Y desde 1984, con Chile.

”Para poder trabajar con Chile me instalé en la Argentina. Cuando estaba en Buenos Aires me reunía con toda la oposición a Pinochet, cuando digo con todos, es con todos. Fidel siempre nos dijo que teníamos que escuchar a todo el mundo, que no podíamos casarnos con una sola versión. Nada es negro y nada es blanco. En el medio hay muchos matices. Y si a eso le sumas todas las complicaciones y todos los problemas que existen entre la lucha de masas, la lucha electoral y la lucha armada… Me refiero a Chile y a toda América Latina. A eso hay que agregarle todas las discusiones internas que hubo con los partidos comunistas de cada país. Yo llegué a la Argentina cuando dentro del PC se estaba produciendo lo que se llamó 'el viraje' político. Hasta ese momento, el Partido de Argentina tenía una línea muy definida al lado de la posición soviética. Eso pasaba con todos partidos de los países del Cono Sur, pero sobre todo con el argentino."

Tony guardaba gratos recuerdos de los ocho años que pasó en la Argentina. Durante ese tiempo, desde 1986 hasta 1994, se reunió y conversó con casi todos los dirigentes políticos, más allá de los colores. De algunos, se hizo amigo y los recuerda con un cariño especial. A la hora de contar anécdotas es bastante discreto. Pero tiene una que vale la pena citar.

Sucedió en julio de 1988. La interna del peronismo acababa de proclamar a un nuevo candidato presidencial, Carlos Menem, que había derrotado en las urnas a la fórmula que integraban Antonio Cafiero y José Manuel De la Sota. En esos días cumplía setenta y cinco años quien fuera uno de los padrinos políticos del riojano: Vicente Leónidas Saadi. Julio Mera Figueroa llamó a Tony para invitarlo al asado que se había organizado en Catamarca, para homenajear al cumpleañero. Tony le explicó que iría encantado, pero que el dinero para el pasaje no estaba contemplado en el presupuesto de la embajada, por lo tanto no tenía como llegar. Eso no fue un problema. Mera Figueroa lo pasó a buscar con un pasaje del Senado de la Nación para viajar en Aerolíneas Argentinas.

El asado estuvo muy concurrido. Toda la crema del Justicialismo se había dado cita ahí. De pronto, entre vuelta y vuelta de los mozos, Carlos Menem se sentó frente al cubano y lo saludó con la más ganadora de las sonrisas. Le preguntó si lo veía a Fidel, y Tony le contestó que sí. Quiso saber cuán rápido le podía hacer llegar a Castro un mensaje personal. Tony le dijo que él no le transmitía los mensaje a Fidel en persona, sino a su jefe, y que era su jefe —en todo caso— el que se lo haría llegar si lo creía pertinente. A Menem debe haberle parecido apropiado, porque de inmediato le dio el mensaje que tenía para el Comandante en Jefe cubano.

El entonces gobernador riojano le explicó a Tony que si llegaba a ser presidente iba a construir un polo de poder alternativo al de las dos potencias que en ese momento reinaban en el mundo. Tenía planeado construir una tercera posición que tuviera como base a Cuba, a la Panamá del general Noriega, a la Nicaragua sandinista y a la Argentina que él iba a presidir. Tony lo escuchaba con respeto. No lo sé, porque no lo admite, si el proyecto del candidato peronista lo entusiasmó. Lo que es seguro es que el entusiasmo, si es que lo tuvo, se le desmoronó en el minuto siguiente cuando Menem le pidió que le hiciera llegar a Fidel el pedido de dos millones de dólares para la campaña electoral.

Tony le explicó a Menem que Cuba es un país pequeño y humilde al que no le sobra ese dinero. Que aún de tenerlo, por política, nunca financió a candidato alguno. Que pronosticaba una respuesta negativa de parte del gobierno cubano, pero que aun así transmitiría el mensaje. Segundos después, Menem se levantó y fue a conversar con otra gente.

Recuerda Tony que le hizo llegar el pedido a Piñeiro y que días después llegó un cable cifrado desde La Habana en el que apoyaban la respuesta que él le había dado a Menem.

—Viví y trabajé en la Argentina hasta 1994. Ahí volví a Cuba. Y al año siguiente Fidel me designó como su representante para la mediación en las negociaciones de paz en Colombia durante el gobierno de Pastrana. Más tarde, en 2008, me nombraron representante del comité central en Nicaragua. Y en 2010, a los sesenta y nueve años, me jubilé. Me jubilé pero no me retiré, ja. Me jubilé para poder escribir. Estoy cerca de terminar la tesis de grado para mi doctorado en Ciencias Políticas.

—¿Qué relación tuviste con el Che?

—Cercana, casi nada. Mira, te cuento una anécdota: El 26 de marzo de 1962, Fidel Castro hizo una comparecencia en un estudio de televisión que está en la calle P. Ese día fue mucha gente al estudio. Fue cuando Fidel denunció lo que se conoció como la "microfracción", un grupo que estaba haciéndole daño al movimiento revolucionario y a la revolución. Y denunció que había un hombre, no me acuerdo ahora cómo se llamaba, que tenía el puesto de director de personal del Ministerio de Industria y que ponía gente de la microfracción en cargos importantes en el ministerio y que el Che era uno de los que sufría esa situación. Cuando terminó ese evento, salí y me quedé parado en la puerta. El Che vino de atrás, me puso la mano en el hombro y dijo: "Mira que yo haber tenido a ese tipo de jefe de personal sin saber que estaba haciendo daño". Ahí llegó su carro y se fue. El Che por lo general manejaba su carro. Tenía un Chevrolet 60, Impala. Lo manejaba él. Esa fue toda mi relación el Che.

47

Volví al hotel con un sabor confuso en el paladar. No tenía más de cinco horas en La Habana y ya había estado en la casa del Che, me había cruzado con Camilo Guevara —aunque no lo hubiera sabido a tiempo— había intentado contrastar información con la directora del Centro de Estudios Che Guevara, y me había sentado a escuchar la historia de Tony que parecía salida de un libro de aventuras y espionaje.

La sensación era rara. Por un lado, la generosidad de Tony que me pasó en limpio la agenda del día siguiente y entendí que no solo me franqueaba las puertas de importantes dirigentes de la revolución, sino que estaba seriamente comprometido con mi búsqueda. Tony había previsto entrevistar a un par de dirigentes cubanos de los que en la Argentina no se tienen ni noticias, pero que no solo fueron más que importantes en la vida del Che, sino que iban a ser claves para descifrar el enigma del Losojo. Faltaba Pombo, por supuesto. Por él me había decidido viajar a Cuba y ahora Pombo estaba de visita en Chile, regresaría el viernes por la noche, y quien más preocupado se veía porque lo pudiéramos encontrar era Tony. Bueno, en realidad yo, pero trataba de disimularlo.

Decía que la sensación era ambivalente. Porque por un lado estaban Tony y la perspectiva de las entrevistas que teníamos por delante. Pero por el otro, estaba la charla con María del Carmen. La directora del museo se inflamó cuando Tony mencionó el motivo de mi visita. ¿Cómo podía ser que el Che haya tenido un espía del que nadie supo? Eso molestó, era natural. Pero la cosa explotó ante el segundo dato impreciso que le di. Y en este punto, al momento del balance, tuve que hacerme cargo. Estaba ante una persona que decía

lidiar con un sinfín de mentirosos que se inventaban algún protagonismo en la historia del Che. Era lógico que para María del Carmen
la historia del Losojo pudiera ser una más en esa dirección. Yo me
dejé llevar por el entusiasmo y caí en un par de imprecisiones imper-
donables. Y no porque fuera impreciso Orlando, que ya lo era de por
sí, sino porque el ambiguo fui yo. No había repasado el testimonio
del Losojo antes de la entrevista. Recién cuando a la noche llegué al
hotel, me senté a leer con detenimiento lo que había recopilado a lo
largo de un año, y ahí me di cuenta de que cuando María del Carmen
dijo que un dato no era cierto, estaba en lo correcto, porque no era
cierto. Nunca lo había dicho Orlando. Lo había creído yo. Y en ese
error, enterré la posibilidad de poder indagar más a fondo.

Antes de salir a cenar, recopilé el material que iba a tener que leer
previo a la próxima entrevista. No podía cometer el mismo error por
segunda vez. Una cosa es saberse el material de memoria y otra cosa
es no chequearlo. Cuando lo revisé esa noche me di cuenta de que con
el paso del tiempo y la obsesión había completado con imágenes mías
algunos vacíos que me había dejado Orlando. Y fue precisamente eso
lo que me desmintió la primera entrevistada. Sentí que había cometido
un error grave. Al menos para mí. Más me enojé conmigo cuando al
reunir el material di con un viejo mail que me había escrito Alberto
Nadra al enterarse que estaba en mis planes viajar a Cuba:

Pensando, pensando, ya que le he buscado pulgas a Orlando, y ya que
en breve visitarás a nuestros amigos isleños, va un consejo que pro-
viene de la experiencia, pero que surgió luego de rumiar durante años:
NUNCA TE OLVIDES QUE ES LA DIRIGENCIA CUBANA LA QUE ELIGE
QUIÉNES FUERON O SON SUS HÉROES. Nadie más. Nunca.

Lo entendí más claro que cuando lo leí por primera vez. Era
increíble que semejante contundencia se me olvidara al aterrizar en
La Habana.

Y por el otro lado estaba Tony, que se indignaba con sus propios
compañeros y confesaba que no entendía por qué hay algunos que no
estaban dispuestos a contar. Para él no había nada que ocultar. Estaba
orgulloso de cada una de las acciones que se encararon en defensa de
la revolución y entendía que contarlo ayudaba a comprender.

Tony me avisó que estaba a la caza de Salvador Prat. Salvador es uno de los hombres que se dedicó a atender las escuelas de entrenamiento que se organizaron en la isla, a principios de los sesenta. A él, en particular, le tocó dedicarse a la Argentina y en consecuencia fue quien se ocupó de la escuela del '63 en la que estuvo Orlando. Esa entrevista podía ser clave. Lo llamó varias veces en el día para fijar la hora de la entrevista, pero Salvador no lo atendió. Estaba en una reunión muy importante en el ministerio. Tony insistía cada media hora y nada. Yo me preguntaba: ¿Acaso Salvador sería Wilfredo Ruz? Porque según lo que me decían los unos y los otros, la tarea de Salvador bien pudo haber sido la que hizo el supuesto Wilfredo. Era el dilema del día y a las ansias por Pombo se me sumaron nuevas ansias por conocer a este hombre.

La noche envolvió a La Habana. No estaba en México. No pude saludar a la familia ni revisar el correo porque no tenía internet. La tarjeta que me podía dar acceso estaba agotada en el hotel. Pude comprarla por diez dólares en el Cohiba, el hotel de al lado. Me alcanzó para una hora de whatsapp y de mails en el celular. Suficiente para saber que todo marchaba bien en Buenos Aires, y que en la producción de México no había demasiados problemas.

Salí a buscar un lugar para cenar. Un detalle se llevó mi atención. En casi todas las esquinas, como en Buenos Aires, como en Quito, como en Nueva York o en Bogotá, los jóvenes cubanos se juntaban. A diferencia de las otras capitales, en La Habana se juntaban para mirar el celular. Ellos también son parte de la generación agachada, la nuestra, la que inclina la cabeza para mirar pantallitas y aplicaciones. En todas las esquinas se congregaban en grupos de ocho o diez personas para abstraerse en sus propios dispositivos. El detalle residía en que se juntaban solo para eso. No se hablaban entre ellos. No se miraban. No se tocaban. Cada uno buceaba en la pantalla de su propio teléfono. No terminé de entender bien qué es lo que miraban porque la internet de la zona no era de las más pródigas, pero lo miraban igual.

Caminé la noche y palpé lo difícil que me resultaba ser objetivo. Me quedó una sensación fea de la entrevista con María del Carmen. No me la podía sacar de la cabeza. Más que dos personas que querían saber la verdad, éramos dos personas pulseando por tener la razón. No sé si fue así o si así lo sentí. En todo caso fue un error.

Me pregunté hasta dónde uno busca la verdad, y hasta dónde uno busca ser ratificado, es decir: que le den la razón. Eso no es lo mismo que la verdad, pero sacia el ego. Y el ego es el peor enemigo de una investigación que pretende serlo.

La mejor prueba de mi equivocación es lo poco que sé de lo que hizo el Che en el África. Ahí le fue mal. Las cosas no salieron como estaba planeadas. Tampoco en Bolivia. Y no es casual que el adolescente que era cuando leí al Che hubiera omitido esos capítulos. Entiendo que el Che se convirtió en el héroe de mi adolescencia. Y que omití las batallas perdidas que son de las que más se aprende. Tenía que desprenderme de esa torcedura en las próximas entrevistas.

Encontré un "paladar" a tres cuadras del hotel. El mozo se puso feliz al verme. Era el único cliente. Mientras esperaba el sánguche de cerdo me volvió a la memoria una frase de María del Carmen: "Ahora todos vienen a escribir. ¡Hasta Ciro Bustos escribe!".

48

Segundo día en Cuba.

Desde la ventana de la habitación, en el piso 11, me quedé hipnotizado con la lluvia torrencial que caía sobre La Habana al mismo tiempo que el mar Caribe embestía contra el malecón y derramaba lenguas de agua salada sobre la avenida. Los autos parecían sobrevivir indemnes y pasaban a toda velocidad. Entendí que era peligroso, pero me quedé varios minutos y no sucedió nada. Solo olas que se alzaban por encima de la muralla para explotar y derramarse sobre el asfalto, mientras los autos las eludían en un juego sin fin. Nadie parecía alarmarse. Sería lo normal, entonces.

Tony me esperaba en la planta baja. Conversaba con un hombre corpulento, canoso y de unos cincuenta años, al que llamaba Manolito. Era el hijo del comandante Manuel Piñeiro, Barbarroja, el jefe de la inteligencia cubana que falleció en 1998 en un accidente de tránsito. Manolito traía un libro con fotos de Fidel que acababa de ser editado. El autor del libro es el fotógrafo Axel Castro, uno de los hijos de Fidel. Por la conversación me enteré de que el comandante bautizó a toda su descendencia con nombres que empiezan con la letra "a". Axel, Alejandro, Antonio… un dato nuevo para mí.

Nos pusimos a ojear el libro. Con el pasar de las páginas desfilaron todos los que en los últimos tiempos fueron a visitar al ex primer ministro cubano. Desde una edición de lujo y un papel de muy buena calidad sonreían García Márquez, Pepe Mujica, Daniel Ortega, Evo Morales, Chávez, Correa, Cristina Fernández de Kirchner y Maradona, entre otros. Las fotos eran sencillas, sin demasiadas pretensiones. En una de las instantáneas distinguí a un hombre flaco y pelado que no conocía. Pero me llamó la atención porque le percibía un parecido a alguien que no llegaba a descifrar. Manolito me despejó la duda de inmediato. Era Alejandro, otro de los hijos del *Comandante en Jefe*, porque así le dicen aún. Alejandro es médico. Se parece al papá, pero sin barba y sin cabello.

El libro se vendía a veinticinco dólares. Inalcanzable para los cubanos. Era una edición para turistas, supuse. Lo trajo para mostrárselo a Tony, y de paso para alcanzar a Luis, un ex oficial del ejército cubano que escribió *Fidelidad,* la vida del comandante Barbarroja. Quería sondear conmigo la posibilidad de publicarlo en Buenos Aires. Lo invitamos a pasar el día y las entrevistas con nosotros.

Fuimos en busca de Víctor Dreke.

Seguía lloviendo de manera torrencial cuando llegamos a la Asociación Provincial de Combatientes de la Revolución Cubana. Entramos sin pedir permiso. No había recepcionista ni guardia. Nada. Subimos a la planta alta y nos encontramos con dos viejos de un poco más de setenta años que trabajaban frente a la computadora. Las paredes estaban empapeladas con imágenes de Fidel, del Che, de Camilo Cienfuegos y de Ramiro Valdés. Tony los abrazó como a antiguos amigos y se pusieron a repasar las novedades. Acababan de llegar del cementerio. Esa mañana se había llevado a cabo el acto de conmemoración del desembarco del Granma. Se cumplían cincuenta y nueve años.

Hechas las presentaciones, se entusiasmaron con el "escritor argentino" y comenzaron a contar: uno de ellos había sido embajador en Panamá en los años 70, antes de eso, peleó en todos lados y ahora lo contaba orgulloso y con una sonrisa. El otro se reía mucho y hablaba poco. Apenas le pude sacar que fue agente de inteligencia en el departamento "M"; en vez de contar su vida me preguntó si había alguna revolución en puerta porque todavía le quedaban ganas. Con la pregunta soltó la carcajada. En él todo eran chistes, pero de contar, nada. El primero sí que tenía ganas de recordar. Entrenó en los tres PETI, que eran los centros de instrucción guerrillera que hubo en Cuba. En uno de esos PETI, asegura que entrenó con varios Montoneros. No me pudo decir con cuáles porque a ninguno le conoció el verdadero nombre.

—Cada uno usaba un nombre de fantasía. El único que tenía las verdaderas identidades anotadas en una libretita era yo. Nunca la leí. No necesitaba saberlo. Cuando se volvieron para su país, quemé la libretita. No tenía para qué tenerla conmigo —me dijo, sin dejar de sonreír.

En eso estábamos cuando se abrió la puerta y entró un negro que emanaba autoridad sin decir palabra. Tenía unos setenta y cinco años y una guayabera blanca que de tan impecable contrastaba con él. Era el jefe. El presidente del centro de la Asociación de ex Combatientes, Capitán del ejército Rebelde y más tarde ascendido a Comandante: Víctor Dreke. Segundo del Che en África.

A principios de 1965, el Che Guevara renunció a todos sus cargos y a la nacionalidad cubana y anunció que partía hacia "nuevos campos de batalla". Fidel Castro leyó la carta en el primer Congreso del Partido Comunista Cubano y con eso daba por cerrada la gestión del Che al frente del Ministerio de Industria, del Banco Central y de todos los cargos oficiales que había ocupado desde el triunfo de la revolución. Con la lectura de esa carta, el entonces Primer Ministro cubano también respondía a la gran intriga de ese tiempo. Porque todos se preguntaban dónde estaba el Che. Incluso algunos medios llegaron a decir que el Che estaba desaparecido porque la cúpula cubana lo había matado por disidencias internas.

El Che viajó a África. Llegó a Tanzania y allí hizo base para cruzar al Congo Belga después. En ese momento, Tanzania era liderada por el anticolonialista Julius Nyerere, que nada sabía de la presencia del Che en su propio país. El Che encabezó un grupo de ciento cuarenta cubanos que cruzaron al Congo para instruir y entrenar a los revolucionarios que habían formado el Comité Nacional de Liberación (CNL) y peleaban por tomar el poder. Un año antes, el CNL, con Laurent-Désiré Kabila entre sus líderes, había logrado establecer una "zona liberada" que se llamó República Popular del Congo, y peleaba por sostener el control de esa zona en la región oriental del país, sobre el lago Tanganika.

El Che y el grupo de instructores cubanos se instalaron en la zona de combate. La idea era empujar una revolución socialista en la región. Como él mismo había dicho antes, se trataba de crear un nuevo Vietnam en África. Era la mejor manera —a su entender— de defender a la revolución cubana: abrirles nuevos frentes de batalla a los Estados Unidos.

La experiencia salió mal. El propio Guevara comenzaría el libro *Pasajes de la guerra revolucionaria* con la frase: "Esta es la historia de un fracaso". Tuvieron que enfrentar un montón de obstáculos. Desde el idioma y la cultura propia de los africanos, hasta la distancia que mediaba entre lo que soñaban y la realidad, internas entre los aliados, desorganización, indisciplina, y sobre todo la falta de apoyo y de comprensión del resto del mundo fue clave para el desastre.

El final fue la retirada. El ejército de Liberación del Congo abandonó la lucha y el enemigo avanzó sobre ellos. El Che escribió que "no hubo un solo rasgo de grandeza en esa retirada". Joseph Mobutu tomó el poder en El Congo con un golpe de Estado e instaló una dictadura que iba a durar tres décadas.

Fue una experiencia traumática que empezó el 1 de abril de 1965, cuando Guevara partió de Cuba acompañado solo por dos hombres. Uno de ellos era Ricardo "Papi" Martínez Tamayo, un guerrillero que peleó desde el primer momento contra la dictadura de Batista y que caería en 1967 en Bolivia. En África, Papi fue apodado Mbili, que quiere decir "dos" en swahili. "Tres" se dice Tatu, y así fue el apodo del Che. El "uno", que en swahili se dice Moya, era Víctor Dreke Cruz, el hombre de guayabera blanca que se acomodó esa tarde en una silla de mimbre en su oficina del Centro de ex Combatientes de la Revolución.

—Es decir que usted fue el jefe del Che. Si usted era el uno…

—Nunca. —La risa era tan franca como blanca y también contrastante—: En los números sí, pero eso fue una idea de él porque en África no podíamos decir que el jefe era el blanco. No se podía pensar en que un blanco fuera el que daba las órdenes. Por eso es que el Che me nombró a mí como el uno. Fíjate que todos los cubanos que fueron allá eran negros, ese fue un detalle que no se descuidó.

Dreke no duda en el relato. El Che, Papi y él salieron de la isla de manera clandestina el 1 de abril de 1965. Primero fueron a Praga. De ahí a Egipto, y de El Cairo volaron a Dar es-Salam, la capital de Tanzania. Al llegar, se alojaron en una finca.

—¿Quién consiguió esa finca? ¿Ustedes?

—No. No lo sé. Nosotros llegamos y fuimos directo a ese lugar. No sé quién la alquiló para nosotros. Eso lo sabía solamente el Che y la gente que él puso para armar ese operativo.

El comandante Dreke recuerda que el viaje fue una verdadera misión de riesgo porque si llegaban a descubrir que era el Che el que iba con ellos, lo mataban o lo desaparecían. En ese momento el destino de Guevara era el misterio más mentado en gran parte del mundo y todos lo buscaban.

Le conté del Losojo y de las misiones que le encomendó Guevara. Dreke me aseguró que no lo conoció. Que nunca lo vio donde él estuvo. Escuchó la historia con toda atención y le pareció importante detenerse a subrayar que el que no se atribuyera misiones heroicas o determinadas importancias estratégicas hablaba bien de esa persona. Pensó un rato, como si tratara de recordar o meditara sobre lo que acababa de escuchar. Comentó que uno que podría saber de eso era Oscar Fernández Mell, el médico que en ese entonces era como un hijo para el Che. Fernández Mell es el que se quedó con Guevara en la embajada de Cuba después de la retirada. También habría que preguntarle a Juan Carretero, o Ariel tal como era llamado en las misiones de inteligencia. Él fue un hombre clave en el armado del Che. Ulises Estrada también pudo haber sabido algo, pero falleció en 2014.

Dreke tiraba líneas. Quería ayudar y hurgaba en su memoria.

—Es que el Che tenía mucha gente trabajando con él. Y había compartimentación de la información. Muchas de las cosas que tú me cuentas ahora yo no las sabía. No eran mi misión, no tenía por qué saberlas.

Y era el segundo del Che en la línea de mando. Siguió Dreke:

—Incluso cuando estuvimos los tres en Tanzania, que estuvimos algún tiempo los tres solos, hablamos de muchas cosas. Pero no de estas. De hecho nunca nos habló de ir para la Argentina. Nosotros sabíamos que el final era la Argentina. Eso era lo que tenía el Che en la cabeza. No era el Congo. Ni era Bolivia. Bolivia era de tránsito. A la Argentina era adonde quería ir él. Pero nunca nos lo dijo.

Le pregunté si estuvo con ellos un francés que trabajaba para su embajada y que además decía ser representante de la Unesco. Lo negó.

—Nosotros entramos a Tanzania de manera tan secreta que el presidente del país, Nyerere, no lo supo. Teníamos relaciones diplomáticas con ellos, pero a pesar de eso no le dijimos que íbamos para allá, ni que estaba el Che. Entramos de manera clandestina.

—¿Cómo fue?

—Llegamos los tres y nos instalamos en una finca. Estuvimos ahí varios días hasta que armamos un grupo de catorce con los primeros que llegaron. Con ellos ingresamos al Congo. Los demás se sumaron poco a poco. No llegaron todos juntos. Al final eran ciento cuarenta compañeros que fueron escogidos especialmente para esa misión. Porque el Che no quería que ninguno se apendejara, ni traicionara. Esos compañeros pudieron llegar de a poco para que no se descubriera lo que íbamos a hacer. Imagínate que llegan cientos de negros de Cuba, todos en la misma época, con la misma maleta y la misma ropa… era imposible no despertar sospechas. Entonces lo tuvimos que organizar así.

A cada rato se interrumpe y va a revolver en los cajones del escritorio para ver si encuentra algún libro, alguna foto, algo que me pueda dar para apoyarme en la investigación. Como es lógico, no encuentra lo que busca. Las ganas son más fuertes que la realidad y el tema que le traje no lo tenía previsto. Así es como el relato cae en los finales de aquella pelea, cuando se tuvieron que retirar.

—En El Congo se quedaron cuatro o cinco compañeros que no estaban en el campamento en el día de la retirada. También se quedó un grupo dirigido por Fernández Mell y otro compañero que falleció, que entraron y salieron varias veces para buscar a esos cubanos que se habían quedado. Pudieron rescatar a tres. Hubo un cuarto que apareció en Burundi como dos o tres años después. Y no traicionó. Volvió para Cuba. Eso es importante. Nunca traicionó. En El Congo murieron seis compañeros. Cuatro cayeron en el cuartel el 28 o 29 de junio de 1965. El día 30 se celebra históricamente la liberación del Congo, y se hizo una acción militar por eso… el Che estuvo en contra de esa acción. Bueno, en esa acción murieron cuatro compañeros cubanos. Después murió un quinto compañero, y días más tarde murió un sexto que había sido herido en combate. Fíjate que el Che le dedica a él el libro *Pasajes de la guerra revolucionaria*.

—¿Cómo viajaron desde Tanzania hasta el lago Tanganika?

—En una camioneta. Por ahí debo tener una foto. Voy a tratar de encontrarla a ver si es la misma camioneta que dice el señor ese del que tú me hablas.

—¿Es posible que él haya estado ahí?

—No, eso seguro que no. Él no estaba ahí. No había ningún blanco. Excepto el médico Fernández Mell y el Che, todos éramos negros. Y después Emilio Aragonés, que nos fue a visitar. Su nombre de guerra era Tembo, que quiere decir "elefante".

Tony escuchaba la conversación y asentía. Cada tanto me sugería que le mostrara las fotos a Dreke. Yo quería escucharlo primero, saber más, entender… hasta que sentí que era el momento y saqué la tableta en la que tenía digitalizadas las imágenes de Orlando a través de los años y se la di.

Dreke las miró de a una. Despacio. Con detenimiento. Primero Orlando joven en Montevideo, apenas llegado de la escuela de entrenamiento de 1963. Después Orlando cincuentón que hablaba y gesticulaba en una mesa. Otra en la que posaba junto a un perro… Ante cada imagen Dreke se detenía unos segundos. Daba la sensación de que hacía fuerza para recordarlo, pero no. Ese hombre no estaba en su memoria. Por fin llegó a la última foto que no por casualidad era la última. Ahí se veía a Orlando inclinado sobre su propia cámara de fotos, rodeado por tres negras en tetas que lo miraban con curiosidad. Me quedé tan en silencio, tan expectante, que el corazón se me aceleró en el pecho. Esa era la foto. Orlando en África. Si alguien podía identificarlo en esa imagen era Dreke. Nadie más. El viejo comandante se quedó mirándola en un silencio que pareció eterno. Cometí la torpeza de querer explicarle y me calló.

—Espérame un segundo. Déjame pensar —dijo, y cerré la boca enojado con mi ansiedad. Al final, levantó la vista de la tableta y nos miró a Tony y a mí. Estaba seguro de lo que iba a decir y nos lo dejó saber.

—Yo al hombre no lo reconozco. Aunque por lo que tú dices que era su misión, yo no tenía por qué conocerlo. Ahora, esta foto es en Tanzania. Sí. Es Tanzania —y volvió a repetir—: esto El Congo no es, es Tanzania.

—Es que él dice que a El Congo nunca entró.

—Entonces debe ser verdad. Eso que usan las negras en la cabeza es propio de unas tribus que había en Tanzania. Lo que no me explico es en qué momento estuvo con él.

Sentí que había convertido un gol. Como tantas veces a lo largo de esta investigación, tenía una confirmación. El segundo al mando de las tropas cubanas en África ubicaba la foto de Orlando en el mismo país en el que Orlando juraba haber estado. Era una confirmación. Otra más. Parcial. Pero no definitiva. Definitiva hubiera sido que lo reconociera, que me contara historias del Losojo que pudiera recordar. Pero no. Otra vez no. Me pidió que le volviera a resumir cuáles eran las misiones que le había encomendado el Che.

—El Losojo dice que su misión fue en Dar es-Salam, la capital de Tanzania. Tenía que alquilar casas de seguridad, chequear información, trazar mapas de la ciudad y de la zona… Cuando ustedes llegaron él no estaba ahí. Porque el Che le dijo que tenía que ser el hombre invisible, que nadie lo podía ver y que no debía figurar en ningún lado.

—Y puede ser. Casi seguro que sí. Hay mucha gente que nosotros no conocemos. Por eso te digo. Por ahí nosotros no lo hemos visto personalmente… pero sabíamos que existía un hombre… Quizás Aleida lo conozca.

—No, el Losojo dice que con ella nunca se cruzó. Es más, alguna vez que estaba con él, el Che le dio la orden de que se fuera porque iba a llegar Aleida.

—Puede ser. El Che era un conspirador nato. Un especialista. Igual que Fidel. También pudo haberlo conocido Pablo Ribalta, que era el embajador nuestro allá, pero lamentablemente falleció. Con el que sí tienes que hablar entonces es con Juan Carretero. Él puede saber algo.

Nunca había oído el nombre de Juan Carretero. Como tampoco el del ya fallecido Ulises Estrada. Hay una porción enorme de la historia de la revolución cubana que casi no se conoce afuera de la isla. Y eso es increíble porque la vida de cada uno de esos hombres parece demasiado hasta para una película de aventuras y acción. Le pedí a Tony si me ayudaba a localizar a Carretero y me prometió intentarlo. Como en un reto me volvió a decir que hubiera sido importante que me quedara más días. Teníamos apenas el viernes y el sábado por delante para localizarlo. Y todavía quedaba encontrar a Pombo que no había regresado de Chile.

Víctor Dreke se había quedado pensativo en su sitio. De pronto volvió a hablar.

—Otro que pudo saber es Ulises Estrada, que también falleció. Pero está Carretero. Con Carretero tienes que hablar. Te estoy dando nombres que te pueden ayudar a amarrar los hechos si lo que dice este hombre es verdad. Porque ¿sabes qué pasa? Después de que se murió, todo el mundo salió a decir "yo estuve con el Che", y hay que chequear quién dice la verdad y quién no. Por eso tendrías que hablar con Carretero. Carretero es importante porque era el jefe de los compañeros que venían a entrenarse aquí a Cuba. Y yo fui el jefe de las escuelas de entrenamiento guerrillero antes de salir con el Che.

Creía que la charla estaba terminada y guardaba la cámara de fotos en la mochila cuando Dreke mencionó las escuelas de entrenamiento. Me volví a sentar y encendí otra vez el grabador.

—El Losojo se entrenó en una de esas escuelas, en Campo Cero. Fue junto con un grupo de cincuenta comunistas argentinos en 1963.

—Yo fui el jefe de Campo Cero pero después del '63. Lo hice hasta que me fui al África. En el '63 yo era el jefe de la lucha contra bandidos en las sierras del Escambray. Muchos de los compañeros que venían a entrenarse a Cuba iban al Escambray para hacer las prácticas con nosotros. Después de eso fui jefe en Punto Cero. Y más tarde también fui el jefe de las tres escuelas a las que llamamos PETI. Pero eso fue más tarde, en el '64. Por ejemplo, recuerdo que uno de los que entrené fue a Tomás Borge, que después fue comandante sandinista y ministro del Interior de Nicaragua. Y a Turzio Lima, el guatemalteco. Con él hablamos y le explicamos que Fidel y el Che enseñaron que no había que luchar en la ciudad, que había que luchar en el campo. Y lo primero que hizo el compañero, que era muy cojonudo, fue meterse en la ciudad. Ahí lo mataron.

Se puso de pie y otra vez fue a buscar algo que no encontró en el escritorio. Sin perder la calma se volvió a sentar y retomó el hilo.

—Las escuelas de entrenamiento pertenecían al Minint, el Ministerio del Interior, bajo las órdenes del comandante Piñeiro. Ahí éramos varios compañeros que atendíamos diferentes regiones. A América la atendían Carretero y otros más. Y a la Argentina en particular la atendía Salvador Prat, que tenía como apodo: Juan Carlos. Todos nos manejábamos con seudónimos. Aún hoy algunos no conocen el verdadero nombre de otros compañeros.

Un denominador común en todas las conversaciones que tuve en Cuba es que entre ellos se llaman compañeros, y a los únicos que le dan autoridad es a los comandantes de la revolución. Sobre todo al

Comandante en Jefe, al Che, a Ramiro Valdés, a Piñeiro… Todos los demás son "compañeros", tengan el grado que tengan. Otro detalle es que a ninguno le tocó "dirigir" nada. A todos les tocó "atender" diferentes tareas. No vi falsas imposturas al respecto. Lo sentían así. Lo sienten aún.

—Losojo cuenta que cuando hizo la escuela recibió varias charlas de Angelito, un oficial medio español y medio soviético.

—Sí, eso es verdad. Puede ser. Angelito daba charlas a veces. Sí.

—Y después menciona a Palo y a Ratatá.

—Puede ser. Por ahí los conozco, pero no los recuerdo particularmente. Imagínate que en esa época hubo muchos instructores… y pasaron tantos años.

—¿Y a Wilfredo Ruz?

—No. No sé quién es.

49

Había dejado de llover cuando salimos del Centro de ex Combatientes. Buscamos un lugar sobre el malecón y nos sentamos a almorzar con vista al mar. Estaba con nosotros Luis, el oficial retirado del ejército cubano que había escrito *Fidelidad*, el libro con la historia del comandante Piñeiro. *Fidelidad* había visto la luz gracias a la editorial Verde Olivo, que es la editorial del Ejército Cubano. Luis quería saber cuáles eran las posibilidades de editarlo también en la Argentina. Hablamos de eso, de Piñeiro y de la vida en Cuba. Después de las pastas, Tony pasó en limpio el plan.

Por la mañana del día siguiente nos iba a recibir Salvador Prat, alias Juan Carlos, el hombre que atendía a la Argentina en los tiempos en que Orlando había ido a la isla a entrenar junto a otros cuarenta y nueve militantes del PC. Pombo llegaría esa misma noche de Chile, por lo que al día siguiente íbamos a comenzar la cacería. Le volví a insistir sobre esta entrevista. Para mí era la más importante de todas. Nos quedaba Juan Carretero. Ariel, en sus épocas de clandestino. Tony no tenía muy en claro cómo localizarlo, pero Luis sí. Milagros de la hospitalidad, habíamos terminado de almorzar cuando nos comentó que poco tiempo atrás le había tenido que alcanzar unos libros a la casa. Creía recordar dónde vivía.

Llegó Fernando al volante de esa especie de Fiat 125 soviético que es el Lada que pilotea. Salimos en busca del barrio en el que vive Carretero. Yo no era del todo optimista. Nunca había oído hablar de él por lo que no tenía noción de lo que nos podía aportar. Encima le estábamos cayendo de sorpresa en la siesta de un viernes. Encontrarlo y que aceptara recibirnos ya era pedir demasiado. Había que empezar por ahí y después ver.

Llegamos a un barrio de casas bajas, cerca de El Vedado. Bien podría pasar como un barrio de clase trabajadora del gran Buenos Aires. Casi no circulaban coches por las calles mojadas. Alguna casa con rejas. Otra con las puertas abiertas de par en par. Dos chicos en bicicleta y con uniforme de pioneros que volvían de la escuela. Todo tranquilidad. Luis creía que estábamos en zona pero no lograba recordar con precisión, por lo que dimos un par de vueltas hasta que Tony señaló un Lada del mismo modelo que el de Fernando, pero azul y tuerto.

—Ese es el auto de Juan —dijo Tony, y Fernando estacionó de inmediato unos metros más allá.

Nos bajamos del coche. De la esquina venía un viejo de aspecto humilde. Tenía bigotes canos, camisa raída, pantalones sucios, una vieja gorra y anteojos. En la boca un cigarro consumido y apagado, una lapicera en el bolsillo que le contrastaba con los dos grandes baldes vacíos que traía en cada mano. Parecía que venía de tirar los escombros de algún arreglo. Podría ser un albañil en obra, o un jubilado que aprovechaba el tiempo libre para arreglar la casa. Pero no era nada de eso.

—Ahí viene Juan —casi gritó Tony, feliz de haberlo localizado.

Carretero nos miró con curiosidad y nos comentó que había aprovechado que ya no llovía para llevar la basura a la esquina. Tony le explicó por qué lo estábamos buscando y Carretero nos hizo pasar a la casa o, mejor dicho, a una pequeña galería cubierta y llena de plantas y sillones que tenía en el frente de la casa. Si hay algo de lo que no caben dudas, es que Juan Carretero no usó la revolución ni los cargos que ocupó para ganar dinero.

Nos acomodamos alrededor de una pequeña mesa ratona. Escuchó con atención la introducción de Tony y antes de que yo emitiera palabra alguna, me miró con seriedad y me pidió que cualquiera fuese el tema que investigara, escribiera la verdad. Como la directora del museo y como Dreke, al comienzo de la charla se mostró un poco receloso. Hizo algunas preguntas sobre el Losojo y sobre el objeto del libro y me volvió a decir que si quería hacerle honor a la memoria del Che, tenía que contar la verdad.

Como los anteriores entrevistados se quejó de que ahora hay muchos que cuentan aventuras con el Che y que en realidad no estuvieron ni cerca. El punto es que la historia de Guevara es su propia historia. Juan Carretero no fue testigo. Fue protagonista. Nadie se lo contó. Y ahora, cuando lee lo que otros cuentan, es uno más de los que se pone loco. Todos los cubanos que tuvieron que ver con aquel tiempo son celosos de su historia. Vuelvo a recordar las palabras de Nadra: "Ellos eligen a sus propios héroes".

Lo que más le duele es la versión de que Cuba abandonó al Che en Bolivia. Esa es la daga que más hondo se le clava y, sin que medie motivo, me asegura que no fue así. Es que Juan Carretero, Ariel, era nada menos que el jefe de la sección, la persona que manejó el operativo para que el Che pudiera entrar a Bolivia.

—¿En qué año vino este argentino a Cuba a entrenar?

—En 1963. Vino con un contingente de cincuenta militantes del PCA.

—¿Y qué nombre usaba él?

—En la escuela y para los cubanos era Fernando Escobar Llanos. El Che después lo bautizó el Losojo, pero eso no lo supo casi nadie.

—No. Es que en 1963 yo no estuve aquí en Cuba. Yo estaba en Bolivia. Cumplía una misión del Che y a los argentinos que conocí fueron a los de la Operación Sombra, el grupo de Masetti que entró a Salta.

En 1963 un grupo de argentinos, con apoyo cubano y por indicación del Che, entró a Salta desde Bolivia para sentar las bases guerrilleras y la logística para hacer la revolución en la Argentina. El grupo era encabezado por el periodista argentino Jorge Ricardo Masetti, el Comandante Segundo. Ciro Bustos, otro de los integrantes de ese grupo, dice en su libro que nunca se explicitó, pero que todos dieron por sentado que el "Comandante Primero" era el Che. Después de algunas semanas de sufrir la hostilidad del entorno natural, el grupo tuvo varios problemas: enfermedades, combates inesperados y alguna deserción, que los fueron desgastando. El golpe de gracia lo dio la Gendarmería argentina que logró infiltrarle dos hombres camuflados como nuevos reclutas. La mayor parte del grupo fue capturada. Masetti estaba muy enfermo. En medio de la persecución se perdió en el monte y nunca más se supo de él ni se encontró su cuerpo.

—Usted estuvo con la guerrilla de Masetti.

—Sí. En Bolivia con el Comandante Colomé y con Papi Martínez Tamayo.

—Con el grupo guerrillero estaban Hermes Peña, que cayó allí, y otros compañeros. Yo era el enlace entre los jefes y el Che, así que eso lo conozco muy bien. Y este hombre que tú dices no tuvo nada que ver con eso.

—No, en absoluto. En 1963 estaba en Cuba en la escuela de entrenamiento.

—Pero ya te digo, yo no estaba aquí entonces, no puedo decir nada… ¿Y cómo es que el Che lo contacta?

Le conté del viaje de la delegación del PC a entrevistarse con el Che en Punta del Este, de Alfredo, el hermano de Orlando y del pedido que el Che le hizo. Le conté del primer viaje de Orlando a la isla y de la casa de El Vedado en la que se entrevistó varias veces con Guevara. Le expliqué que con el paso de los años y la soledad, Orlando confunde los nombres y a veces los tiempos, pero que a pesar de ello tiene datos y da información que de otro modo no puede haber conocido. Le conté de las primeras misiones que le fueron encomendadas, y de cómo se dedicó a reconocer los puntos flacos de las fronteras del cono sur para trazar mapas y estrategias. Carretero dijo entonces que a él no le constaba que la historia fuera cierta, pero que podía ser, ya que ese tipo de cosas eran propias del Che.

Podría decir que la entrevista se dividió en partes. En la primera era el cubano el que preguntaba y yo el que respondía. Quería conocer la historia del Losojo. Revisarla. Encontrarle puntos flacos —que los había— y quizás también ponerme a prueba. En todo ese tiempo habló poco y miró desconfiado. Si accedió a escucharme y a sentarse con nosotros fue porque estaba Tony. De eso no había dudas.

El clima se relajó cuando de adentro de la casa salió una señora con una bandeja repleta de tacitas de café. Ahí empezó una segunda instancia, más relajada y con algunas anécdotas que se entrelazaban entre sí y que parecían salidas del cine.

—Al café lo tomo amargo y no porque sea diabético. Me tuve que acostumbrar a tomarlo así porque Manuel Piñeiro y el Che lo tomaban amargo, entonces yo era el único comemierda que decía "oye, ¿me puedes traer un poquito de azúcar?". Me vino muy bien de todas formas... como el agua y la caminata. —Al momento de ponerse a contar, le cambió el tono, se relajó, sonrió—: No tomé más agua y no tomé más agua. Caminaba sesenta kilómetros sin beber ni una gota. Subí a Pico Tuquino, que es la sierra más alta de Cuba, y la cantimplora me la tomé sentado ahí arriba. No quería estar jodiendo con eso de "oye, tráeme un poco de agua..." Y así es también como me fumo los tabacos: hasta el cabito. Cuando era jefe de la sección América Latina en el Departamento M, que era el departamento de inteligencia en los primeros tiempos de la revolución, lo tenía que ir a ver al Che todos los días. Yo era el que le llevaba a los compañeros de otros países que visitaban la isla y que se entrevistaban con él. Aquellas conversaciones empezaban a la madrugada, a las doce de la noche, o a la una, cuando él terminaba su trabajo de Ministro. Una vez estábamos con unos peruanos, no me acuerdo quiénes eran, y él tenía una cajita de tabacos que les convidó. Yo fumaba mucho tabaco, porque fumo desde que tengo catorce años. Cogí uno y lo prendí. Y lo fumé hasta que me quedaron como unos cinco centímetros. Ahí lo boté, lo dejé. El Che no dijo nada. A los dos días, volví con otra gente y otra vez la misma cosa. Pero cuando fui a tomar un tabaco él quitó la caja y me dijo: "No, a ti no porque tú no sabes fumar. Tú dejas la mitad del tabaco. Y a estos los hacen los trabajadores que son los que me los regalan para que tu vengas ahora a botar el trabajo de ellos a la basura". A la otra semana volví con otros visitantes, y cuando se repitió a la operación me adelanté y cogí un tabaco. Se me quedó mirando mientras hablábamos. Y yo me fumé el tabaco hasta el final final. Me quemé los dedos. Se lo apagué ahí con el olor a la carne. Y no me dijo nada. A la otra vuelta, cuando vino una nueva ronda de visitantes y tabacos, me dijo: "A ti se te puede dar un tabaco porque ya aprendiste a fumar".

Como las anécdotas cambiaron el clima, de pronto me encontré tuteándolo.

—Y ya tenías acceso libre a la caja de tabacos del Che.

—¿Qué? Dos o tres veces, cuando él salió de viaje, tuve que caerle atrás porque el Comandante en Jefe me mandaba para informarle determinadas cosas, y de paso le llevaba tabacos.

—¿Eras el que le llevaba tabacos cuando se le agotaban?

—¡A veces! Cuando estuvo en África, por ejemplo, Fidel me

mandó con una carta para él, para explicarle cosas de América Latina. Bueno, ahí por ejemplo le llevé algunos.

Se terminó el café. Juan encendió entonces un cigarro cubano, uno de esos que aprendió a fumar hasta quemarse los dedos, y el anecdotario viró a otro de sus viajes para encontrarse con Guevara.

—Una de las primeras veces que salí de Cuba tuve un tropiezo con la ropa. Bueno, fue una de mis primeras veces, después gané experiencia. Yo no tenía ropa de civil ni nada. Usaba uniforme nada más. Entonces lo que llevaba conmigo era una maleta pequeña con dos calzoncillos, dos camisetas y ya. La ropa era el uniforme que llevaba puesto. Y cuando fui a Moscú a llevarle unos papeles al Che, se me rompió el zíper de la bragueta. Y ahí, en la embajada cubana, me enteré de que los soviéticos no usaban zíper y que entonces nadie podía arreglar ni cambiar el de mi uniforme. Era un problema, porque era la única prenda que yo tenía.

—¿Y conociste Moscú con la bragueta abierta?

—Me quedé ahí en la embajada. El clavista me prestó un clavo para salir a comprar un traje. Me convencieron de que tenía que comprarme uno porque yo no quería. No quería que el Che se enterara de que yo había gastado no sé cuánto dinero en comprarme ropa. Eso era un pecado… era un pecado para mí… Pero, bueno. En ese viaje le llevé una maleta llena de tabacos.

De pronto se rio para sí, como recordando algo más. Le dio una chupada al cigarro y retomó.

—…bueno, en verdad la maleta que llevaba llena de tabacos se me perdió en El Cairo. Menos mal que llevaba un maletín de mano y ahí había puesto dos o tres cajas de los mejores tabacos. Y eso fue lo que le pude dar allí porque para él el tabaco era importante.

El clima ya era distendido. La sonrisa se había instalado con la nostalgia. Carretero volvió a preguntar sobre el Losojo y sobre lo que dice haber hecho en Tanzania o Praga.

—Dime, porque ahí sí estuve yo. ¿Cómo es la cosa de Dar es-Salam?

—Cuando el Che se retira del Congo…

—No va a ninguna casa, va la embajada de Cuba. En la embajada de Cuba se le habilitó una habitación ahí con su baño y nadie podía subir a ese piso. Nada más estaban autorizadas dos personas:

el embajador que era Pablo Rivalta, que había sido capitán con él en la invasión del ejército rebelde a Santa Clara, y un compañero nuestro que estaba allí que era el que le hacía la comida y se la subía. Ahí arriba no iba nadie.

—Bueno, Losojo estuvo en Tanzania, dice. Y dice que después de ahí, el Che lo mandó a Praga.

—Bueno… Eso… ya ahí dudo.

—¿De todo lo que te conté es lo primero que te hace dudar?

—Sí. El Che no recibió a nadie ahí, porque muy pocos sabían que estaba allí.

—Bueno, este sí, de hecho hay una foto que no te mostré…

—Dijo Dreke que esa foto fue sacada en Tanzania —acotó Tony.

—El que dice que fue en Tanzania es Dreke —agregué yo—. Porque el Losojo no se acuerda dónde se la tomaron.

—Es que este hombre está casi en los ochenta años… —sumó Tony como en defensa del argumento y la desmemoria.

—La primera parte de lo que me cuentas… eso de que el Che lo reclutó aquí para que le peine las fronteras en América Latina, es muy probable. Viendo al Che cómo actuaba, es posible que él haya hecho ese amarre con él independientemente de nosotros, que éramos los que hacíamos eso. Eso puede ser.

Creí oportuno contarle entonces la escena en la que el Che le presentó a Fidel y la broma que este le hizo de que no lo podía ver porque era el "hombre invisible". Pero Carretero se había colgado en África.

—Pero… ¿él te dijo que había visto al Che en Tanzania?

—Sí.

—Yo te puedo asegurar que no. Yo estuve ahí.

—¿Vos sos uno de los que sacó al Che del Congo?

—Sí.

—¿Y lo llevaste a Praga?

—No. Lo llevó Ulises Estrada. Ulises era el que atendía a los argentinos en esa etapa.

—Y Juan Carlos —agregó Tony.

—Y Juan Carlos —acomodó Carretero.

—¿Existe alguna persona que se llamara o se haya hecho llamar Wilfredo Ruz?

—No.

De África nos fuimos a Praga. Le conté que Orlando había dicho que el Che lo envió a la capital checa antes de que Aleida llegara a África, adonde él empezaba a escribir el libro sobre la experiencia en El Congo. Que más tarde, se volvieron a cruzar en esa ciudad y que Orlando cree recordar que el Che fue algunas veces a un bar que se llamaba América, pero que después se cambió a otro llamado El Imperial que era menos ruidoso que el primero. En esta parte Orlando era mucho más confuso en lo que decía recordar. Alguna vez me dijo que habló poco ahí con el Che y que fue mientras caminaban por unas calles internas para evitar que los siguieran. En otra ocasión, cambió de manera rotunda y me dijo que si bien estuvo en Praga al mismo tiempo que el Che, nunca se vieron en persona. Yo también tenía esta etapa un poco borrosa. Juan Carretero no.

—Yo estuve con el Che en Praga un tiempo. Era su escolta, su amigo, su compañero y nunca vi ni él me habló de esta persona. Yo era el que estaba dirigiendo los preparativos de la operación en Bolivia. De la guerrilla boliviana. Me tuve que ir porque tenía que atender todo el problema de las comunicaciones, justamente.

—Se quedó José Luis —agregó Tony.

—José Luis era el oficial nuestro que estaba a cargo de Praga. Era el que nos traía la comida, nos traía todo eso. Nosotros estábamos clandestinos en un apartamento en el centro. Y de ahí yo tuve que volver a Cuba. Pero el que estuvo desde el principio con el Che fue Ulises, que fue quien lo trajo desde El Congo. Se decidió que fuera Ulises el que viajara con él. Yo fui antes para explicarle todo lo que estábamos haciendo en Bolivia, pero yo no podía viajar con el Che porque corría el riesgo de ser detectado. Yo era bastante conocido. El que tenía que sacarlo de África necesariamente debía ser negro. Y ese fue Ulises. Viajaron juntos de África a Praga y se quedó un tiempo con él. Eran los únicos dos que estaban allí en ese apartamento. Nadie sabía eso, nada más que José Luis que era nuestro enlace.

—Trato de unir lo que me cuentas con lo que me contó el Losojo. ¿Es posible que haya sido él quien consiguió ese apartamento?

—No. Esos eran recursos nuestros. Teníamos varias casas de seguridad y hasta una finca. A esa finca lo trasladaron después para que pudiera caminar, hacer ejercicios...

Otra vez fue Carretero el que quiso saber y retomó las preguntas.

—¿Y cómo se comunicaba él con el Che?

—Me dijo que tenía una persona que hacía de intermediaria a través de la cual se mandaban mensajes.

—¿Pero, quién? ¿Mensajes cómo?

—Por carta, mensajes cifrados. No fue claro en esto.

—Chico, de verdad que sería un gran descubrimiento para nosotros. Pero yo te puedo asegurar que por lo menos todo eso de Tanzania y de Praga es un cuento, porque el Che estuvo las veinticuatro horas del día con un compañero nuestro al lado. Si no era yo, era otro de los jefes: Ulises. Nadie más.

Y en este punto de la entrevista debo detenerme y poner el foco en un error que cometí. Antes de viajar a Cuba repasé el material que tenía y todas las entrevistas que le hice a Orlando para poner negro sobre blanco lo que tenía que ir a buscar. Escribí algunos apuntes con lo que creía importante. Ese fue el material que usé en las entrevistas y me fue útil. Claro que sí. El problema es lo que no anoté. Por desconocer a varios de los protagonistas que no se hicieron "famosos" fronteras afuera de la isla, y por lo confuso del relato de Orlando, pasé por alto un fragmento de conversación que tuvimos unos cuantos meses antes, en una de las primeras charlas.

Hablábamos sobre la maleta que había olvidado en Praga y en ese contexto me dio un dato que no terminé de entender o valorar:

—Pero nos habías contado que alguien te contactó para decirte que la valija todavía estaba ahí. ¿Quién fue el que te lo dijo?

—Ay, no me acuerdo cómo se llama. Es un negro grandote que siempre estaba con el Che, que a veces también era parte de la escolta… No me acuerdo cómo se llama, pero podés averiguarlo. Es el que después fue el esposo de Tania, la guerrillera. ¿Viste Tamara Bunke? ¿Tania? Bueno, ella se casó con un negro del entorno del Che. Él fue el que me lo dijo. Con él yo me comunicaba en Praga. Es más, me acuerdo que un día le hice una recomendación. Le dije que era demasiado visible para estar en Checoslovaquia. Era el único negro ahí. Le sugerí que cuando fuera a almorzar a un bar, buscara uno alejado porque si no se notaba demasiado.

—¿Y lo seguían?

—No lo sé. Pero era negro, grandote, ¿vos creés que no lo van a seguir?… por favor… porque había… quizás empleo mal la palabra… pero bueno, había una cierta impunidad, casi de soberbia al caminar por esas calles.

Dámaso Lescaille Tabares falleció en 2014 y fue conocido por todos sus compañeros como Ulises Estrada. Era negro. Era grandote. Fue fundador de la Dirección General de Liberación Nacional dependiente del Ministerio del Interior Cubano, y más tarde del Departamento América del Comité Central del Partido Comunista Cubano. Fue uno de los hombres de mayor confianza de Ernesto Guevara. Fue el jefe de la sección que se armó dentro de las estructuras de la revolución cubana para apoyar el intento guerrillero del Che. Fue la persona a cargo del entrenamiento de Tamara Bunke, más conocida como Tania, la guerrillera argentina que cayó en Bolivia. Estrada es el que la entrenó, se enamoraron y formaron pareja. Pero además, Ulises fue el jefe de Ariel, es decir, de Juan Carretero, y fue el hombre que sacó a Guevara de África para instalarlo en Checoslovaquia adonde se quedó con él hasta que llegó Carretero para reemplazarlo. El motivo del cambio fue el mismo que, como al pasar, comentó Orlando que le dijo un día en esa misma ciudad europea: el color de la piel lo volvía demasiado llamativo en una ciudad en la que no había negros. Los cubanos notaron lo mismo y enviaron a Carretero en su reemplazo.

En el momento de la entrevista con Carretero no tenía en la memoria esta conversación con Orlando. No la había incluido en los apuntes. Me saltó a la vista semanas después, cuando desgrababa y contrastaba información. De haberla tenido me hubiera sido más que útil. El dato con el que creí que Juan Carretero desmentía la versión de Orlando, en realidad me la confirmaba.

El contacto entre el Che Guevara y el Losojo fue Ulises Estrada, el marido de Tania, que se encontraba en Praga con el Che. Los dos estaban escondidos y nadie tenía cómo saberlo. Mucho menos este viejo jubilado que en el barrio de Caballito hoy se enorgullece de haber sido los ojos del comandante guerrillero.

50

La tarde de La Habana continuaba llamativamente fresca. Un alivio, en verdad. Seguíamos instalados en la pequeña galería de Juan Carretero adonde los recuerdos iban y venían, envueltos por el aroma del tabaco y del café cubano. En una pausa de la charla, Tony comentó que la casa le parecía conocida, que él creía haber estado alguna vez ahí. Lo confirmó cuando el anfitrión le contestó que hasta pocos años atrás ahí vivió Conchita, la viuda de Jorge Masetti, el Comandante Segundo, que cayó en Salta cuando intentaba armar una base guerrillera. Conchita se quedó en Cuba con los hijos del matrimonio y allí vivió hasta poco antes de su muerte, en 2009.

La charla volvió a retomar el hilo. Carretero preguntaba sobre el Losojo y lo trataba de contrastar con los recuerdos, para ver qué era cierto y qué no. De pronto apareció un dato que para mí había sido insignificante pero no para él. Después de la escuela de entrenamiento de 1963, el Che le dio al Losojo una misión en el África. Eso ya está contado. Pero también en ese tiempo lo mandó a París. Y en Francia, Orlando vivió casi tres meses para perfeccionar el francés y reconocer el terreno, tal como se le había pedido que hiciera en cada lugar al que iba. Para mí eso había sido una anécdota más. Para los cubanos, no.

—Yo te puedo decir, conociendo al Che, que es posible que haya hecho eso de reclutar a este compañero para él tener una visión… eso cabe dentro de la forma. Porque, además, el Che tenía el plan de ir de Tanzania a París.

—¿Pero no fue a Praga desde Tanzania?

—Se quería ir a París con Tuma, con Pombo, con Papi y con

Pachungo. Esos eran los que lo iban a acompañar. Yo sabía de eso, yo lo sabía. Y es por eso que Fidel le mandó una carta para decirle: "Mire, ya estamos avanzando con las cosas de Bolivia". Esa carta se la llevé yo. Y se la di en la mano. Pero él no quería venir a Cuba porque tenía ese prurito de que sería una traición al pueblo cubano. Porque él se había despedido y porque el pueblo lo hacía a él combatiendo en El Congo. Yo le llevé la primera carta de Fidel y le propuse la variante de ir a Praga porque yo ya sabía todo esto que él tramaba. El Che pedía un poquito de ayuda nada más, porque no quería causarle problemas a Cuba ni gastar dinero de Cuba. Tenía ese pensamiento que resulta un poco absurdo ¿no?

—Vos sabés que hay otras versiones. Por ejemplo, que el Che no quería volver a Cuba porque había escrito la famosa carta de despedida que Fidel leyó en público y que Cuba le había cerrado la puerta. Que Fidel no quería que regresara.

—Al contrario. Y te lo dice un testigo de primera mano. Yo le llevé no una, sino dos cartas. Y soy el que logró convencerlo de que lo que iba a hacer era una barbaridad.

—¿Irse a París?

—Irse a París. El Che aceptó la propuesta que yo le llevé. Así es como logré que viajara a Praga y no a París. Porque en Praga teníamos todo un aparataje coordinado con la seguridad checa. Que por cierto, esos oficiales que conocimos en ese trabajo sí que eran comunistas de verdad. No eran comunistas de pacotilla. Y querían a Cuba como locos. Pero aparte de todo eso, como un principio de trabajo operativo, nosotros en Praga teníamos un sistema paralelo. ¿Me explico? De casas de seguridad y todo eso. Un andamiaje propio.

—Bueno, acá hay una cosa que sí cierra. La idea del Che de mandar al Losojo a Francia…

—Eso encaja. Pero ya te digo por qué no fue. Lo que sí te confirmo es que adonde el Che tenía planeado ir era a París. Y eso no lo sabía nadie.

Se hizo un silencio claro y contundente. Todos masticábamos la conclusión a la que llegamos después de cruzar los datos. Yo estaba más cerca que nunca de creer que Orlando decía la verdad. Los otros también empezaban a amasar la posibilidad de que la historia del Losojo fuera cierta.

Entonces Carretero habló. Y volvió a tender los puentes de la comunicación.

—Cuando estaba en Praga, Fidel le mandó una segunda carta que está publicada. Todo el mundo ha podido leer esa segunda carta.

—¿Quién se la llevó esta vez?

—Yo, la llevé cuando fui a sustituir a Ulises. Ulises era negro. Y en esos días tenía una porra así de enorme en la cabeza. Imagínate tú en Praga… las checas se le tiraban encima. Entonces el Che viendo todo eso dijo: "No, este no puede seguir aquí porque me van a detectar". Ahí es que me mandaron a mí. Y Fidel me mandó con Papi Martínez Tamayo y otro compañero más. Fuimos para allá y le llevamos la carta. En esa carta le decía que volviera a Cuba, que aquí tenía todas las facilidades. ¿Tú quieres leerte la carta? Yo la tengo ahí.

—¿La original?

—No, hombre. Se publicó en un artículo que hice hace poco.

No esperó respuesta. Se puso de pie, entró a la casa y a los dos minutos salió con un ejemplar de la revista *Paradigma*. El artículo que había escrito contenía varias fotos del propio Carretero en los años sesenta y setenta. Y la carta que Fidel le mandara al Che en ese momento. Una carta que no es tan conocida como otras más difundidas en todo el mundo, y que la entendí estratégica porque permite entender un poco mejor la relación que había entre ellos y el rol que los cubanos jugaban en los planes del Che.

Junio 3 de 1966

Querido Ramón:

Los acontecimientos han ido delante de mis proyectos de carta. Me había leído íntegro el proyecto de libro sobre tu experiencia en el C. y también, de nuevo, el manual sobre guerrillas, al objeto de poder hacer un análisis lo mejor posible sobre estos temas, sobre todo, teniendo en cuenta el interés práctico con relación a los planes en la tierra de Carlitos. Aunque de inmediato no tiene objeto que te hable de esos temas, me limito por el momento a decirte que encontré sumamente interesante el trabajo sobre el C. y creo que vale realmente la pena el esfuerzo que hiciste para dejar constancia escrita de todo.

Acerca del manual de guerrillas me parece que debería modernizarse

un poco con vistas a las nuevas experiencias acumuladas en esa materia, introducir algunas ideas nuevas y recalcar más ciertas cuestiones
que son absolutamente fundamentales.

Sobre tu situación
Acabo de leer tu carta a Bracero y de hablar extensamente con la
Doctora.

En los días en que aquí parecía inminente una agresión yo sugerí a
varios compañeros la idea de proponerte que vinieras; idea que realmente resultó estar en la mente de todos. El Gallego se encargó de
sondear tu opinión. Por la carta a Bracero veo que tú estabas pensando
exactamente igual. Pero en estos precisos instantes ya no podemos hacer planes basados en ese supuesto, porque, como te explicaba, nuestra
impresión ahora es que de momento no va a ocurrir nada.

Sin embargo, me parece que, dada la delicada e inquietante situación
en que te encuentras ahí, debes, de todas formas, considerar la con-
veniencia de darte un salto hasta aquí.

Tengo muy en cuenta que tú eres particularmente renuente a considerar cualquier alternativa que incluso poner por ahora un pie en Cuba,
como no sea en el muy excepcional caso mencionado arriba. Eso, sin
embargo, analizado fría y objetivamente, obstaculiza tus propósitos,
algo peor, los pone en riesgo. A mí me cuesta trabajo resignarme a la
idea de que eso sea correcto e incluso de que pueda justificarse desde
un punto de vista revolucionario. Tu estancia en el llamado punto
intermedio aumenta los riesgos; dificulta extraordinariamente las tareas prácticas a realizar; lejos de acelerar retrasa la realización de los
planes y te somete, además, a una espera innecesariamente angustiosa,
incierta, impaciente.

¿Y todo eso, por qué y para qué? No media ninguna cuestión de
principios, de honor o de moral revolucionaria que te impida hacer
un uso eficaz y cabal de las facilidades con que realmente puedes
contar para cumplir tus objetivos. Hacer uso de las ventajas que
objetivamente significan poder entrar y salir de aquí, coordinar,
planear, seleccionar y entrenar cuadros y hacer desde aquí todo lo
que con tanto trabajo solo deficientemente puedes realizar desde ahí
u otro punto similar, no significa ningún fraude, ninguna mentira,
ningún engaño al pueblo cubano o al mundo. Ni hoy, ni mañana, ni

nunca nadie podría considerarlo una falta, y menos que nadie tú ante tu propia conciencia. Lo que sí sería una falta grave, imperdonable, es hacer las cosas mal pudiéndolas hacer bien. Tener un fracaso cuando existen todas las posibilidades del éxito.

No insinúo ni remotamente un abandono o posposición de los planes ni me dejo llevar de consideraciones pesimistas ante las dificultades surgidas. Muy al contrario, porque creo que las dificultades pueden ser superadas y que contamos más que nunca con la experiencia, la convicción y los medios para llevar a cabo los planes con éxito, es por lo que sostengo que debemos hacer el uso más racional y óptimo de los conocimientos; los recursos y las facilidades que se cuentan. ¿Es que realmente desde que se engendró la ya vieja idea tuya de proseguir la acción en el otro escenario, has podido alguna vez disponer de tiempo para dedicarte por entero a la cuestión para concebir, organizar y ejecutar los planes hasta donde ello es posible. Realmente más que organizar hemos tenido que improvisar. Esto se hace cada vez más claro para mí, sobre todo después del desenlace en el país de Carlitos y el peregrinar angustioso por el país vecino buscando desesperadamente un hombre ...aunque sea un hombre con quien contar. ¿Tenemos realmente necesidad de eso?

¿Es que acaso no podemos nosotros disponiendo tan solo de un poco de tiempo, con las relaciones, los recursos, la experiencia, una estrategia y una concepción revolucionaria correcta, hacer un trabajo que nos ahorre este papel de indigentes políticos que nos vemos obligados a hacer mendigando la cooperación de elementos vacilantes y ofreciéndoles la más decidida ayuda para hacer una revolución a la que realmente no quieren saber una palabra? Hasta cuándo vamos a tener que estar actuando en esa especie de clandestinidad política y de ilegalidad moral con gentes y organizaciones flojas y vacilantes para que nos permitan consciente o inconscientemente ayudar y participar en una revolución que tenemos todo el derecho a hacer. Está bien que en el C. hubieses tenido que plegarte a la tan amarga y humillante situación, por querer cumplir deberes internacionalistas, pero en B., y mucho menos en tu tierra de origen (circunstancias esta que se convierte en el privilegio de no tener que chocar con el chauvinismo) no debemos pasar por experiencia parecida. Es imprescindible actuar por cuenta propia y con absoluto derecho propio a hacer la revolución.

Existen factores objetivos y en la gran masa del pueblo los factores humanos; y eso puede ser perfectamente preparado hasta donde sea posible y hacerlo con premura.

Es una enorme ventaja en este caso que tú puedes utilizar esto, disponer de casas, fincas aisladas, montañas, cayos solitarios y todo cuanto sea absolutamente necesario para organizar y dirigir personalmente los planes, dedicando a ello ciento por ciento tu tiempo, auxiliándote de cuantas personas sean necesarias, sin que tu ubicación la conozcan más que un reducidísimo número de personas. Tú sabes absolutamente bien que puedes contar con estas facilidades, que no existe la más remota posibilidad de que por razones de Estado o de Política vayas a encontrar dificultades o interferencias. Lo más difícil de todo, que fue la desconexión oficial, ha sido logrado, y no sin tener que pagar un determinado precio de calumnias, intrigas, etcétera. ¿Es justo que no saquemos todo el provecho posible de ello?

¿Pudo contar ningún revolucionario con tan ideales condiciones para cumplir su misión histórica en una hora en que esa misión cobra singular relevancia para la humanidad, cuando se entabla la más decisiva y crucial lucha por el triunfo de los pueblos?

Hemos hecho y continuaremos haciendo todo lo que pides con relación a tus planes. Sé que los compañeros se han esmerado en cumplir minuciosamente todas tus instrucciones, pero no ignoro cuánto se angustian ante las increíbles y casi fantásticas dificultades que la premura y las condiciones políticas en que tienen que realizar las tareas les imponen y el temor de que la improvisación pueda conducir al fracaso. ¿Por qué no hacer las cosas bien hechas si tenemos todas las posibilidades para ello? ¿Por qué no nos tomamos el mínimo de tiempo necesario aunque se trabaje con la mayor rapidez? ¿Es que acaso Marx, Engels, Lenin, Bolívar, Martí no tuvieron que someterse a esperas que en ocasiones duraron décadas?

Y en aquellas épocas no existían ni el avión ni el radio ni los demás medios que hoy acortan las distancias y aumentan el rendimiento de cada hora de la vida de un hombre.

Nosotros en Méjico, tuvimos que invertir 18 meses antes de regresar aquí. Yo no te planteo una espera de décadas ni de años siquiera, solo de meses, puesto que yo creo que en cuestión de meses, trabajando en la forma que te sugiero, puedes ponerte en marcha en condiciones extraordinariamente más favorables de las que estamos tratando de lograr ahora.

Sé que cumples los 38 el día 14. ¿Piensas acaso que a esa edad un hombre empieza a ser viejo?

Espero no te produzcan fastidio y preocupación estas líneas. Sé que si las analizas serenamente me darás la razón con la honestidad que te caracteriza. Pero aunque tomes otra decisión absolutamente distinta, no me sentiré por eso defraudado. Te las escribo con entrañable afecto y la más profunda y sincera admiración a tu lúcida y noble inteligencia, tu intachable conducta y tu inquebrantable carácter de revolucionario íntegro, y el hecho de que puedas ver las cosas de otra forma no variará un ápice esos sentimientos ni entibiará lo más mínimo nuestra cooperación.

Leche

51

La revista *Paradigma* quedó sobre la mesa ratona, al lado de las tazas de café vacías. Juan Carretero retomó el relato de sus días en Checoslovaquia junto al Che Guevara.

—Yo llegué a Praga, sustituí a Ulises y me quedé con él como quince días. Hasta que aceptó regresar.

—Era terco el Che.

—Sí. Pero aceptó regresar. También tenía elementos que yo le mostraba del trabajo nuestro en Bolivia. Porque nosotros nunca dejamos de trabajar en Bolivia. Cayó Masetti y se disolvió aquella guerrilla, pero nosotros seguimos. Es más, parte del armamento que tenía el Che cuando fue a Bolivia era uno que recogí yo. Era de una guerrilla que iba pa'l Perú, la guerrilla del ELN. Esa avanzada tuvo un encuentro con militares peruanos y no pudo llegar. Fue un descalabro tremendo. Yo estaba en la zona porque atendía a Masetti en Bolivia. Cuando se produjo el desastre de los peruanos tuve que buscarles médicos y contener esa desbandada. Después recogí las armas. Porque un guerrillero no se puede separar nunca de las armas. Usted a lo mejor puede no tener una mochila, o una cantimplora, pero el fusil siempre tiene que estar a mano. Y yo empecé a recoger todo aquello en el Alto Beni. Las engrasé y las enterré porque dije "esto puede ser útil algún día". Al poco tiempo se liquidó la guerrilla de Masetti y nosotros tuvimos que salir de allí, pero dejamos gente trabajando en eso. Buscaban armamento, lo enterraban, buscaban uniformes, esto o lo otro, porque algún día… Cuando el Che llegó ahí, le sobraban armas. Las tuvieron que guardar.

—Una pregunta más, esto no se supo, creo. O quizás soy yo el que no lo sabe. ¿por dónde entró el Che a Bolivia?

—¿Por dónde entró? Por Chile.

—¿Es imposible pensar que pasó por la Argentina? Disfrazado, pelado…

—No. Él era bastante.. como se llama… Fidel lo ha dicho, el Che era un tipo muy arriesgado, temerario. Pero no era bobo.

—Porque hay una anécdota.. que lo ubica con el padre Carlos Mugica en Córdoba. Hay dos dirigentes del peronismo de izquierda que tuvieron una reunión con Mugica en el año 66, a la que el cura fue con otro hombre. Y que después se dieron cuenta de que ese hombre podía ser el Che. Pelado y disfrazado, por supuesto. Esto lo cuenta Yofre en el libro *Fue Cuba*. Dice que no está comprobado, que es una posibilidad.

—Imposible, no. Él fue directo, Chile-Bolivia.

—¿Ese plan lo armaste vos? ¿Lo armó Tania?

—Lo armamos nosotros. Lo hizo un compañero nuestro que era el jefe de este departamento que nosotros llamábamos de ilegales. Era el departamento que se usaba para dotar a nuestros agentes de identidades falsas. Ellos además buscaban las mejores rutas y todo porque hacían investigaciones de los aeropuertos, de las fronteras y todo eso.

El tema recayó en el material que hay sobre la revolución dentro de la propia Cuba y que afuera no se conoce. Del mismo modo que a la inversa, la cantidad de cosas escritas sobre ellos que no han llegado a la isla. Hablamos de *Fue Cuba*, el libro del Tata Yofre que le había mencionado minutos atrás.

Fue la oportunidad para que Tony pudiera decir lo suyo.

—Yo no entiendo por qué hay compañeros nuestros que no quieren hablar. Yo creo que hay que contar todo. Cómo fueron en verdad las cosas, así como lo estamos hablando ahora. Porque en América Latina no se conoce nada. Nos han hecho quedar como que nosotros somos unos hijos de puta que nos hemos metido a terroristas. Esa es la imagen que han formado. Y eso no es verdad. La inteligencia cubana nunca fue ofensiva. Todo lo contrario, siempre fue defensiva. ¡Mira si nosotros, una isla pequeña y pobre en medio del Caribe, vamos a atacar a otros! Todo lo contrario.

—Bueno, cuando se dice atacar no se habla de que Cuba vaya a invadir, sino que ha apoyado a todos los movimientos revolucionarios que surgieron en ese momento.

Intervino entonces Carretero:

—En cierto sentido sí, fue así. Era devolverles el plato a los americanos que nos habían invadido y nos tenían bloqueados. Nosotros no invadimos a nadie y el Che tenía toda la moral y todo el respaldo de los latinoamericanos revolucionarios para hacer lo que hizo en Bolivia. Cuba no pretendió exportar su revolución, como se dijo alguna vez. Pero jamás se le puede negar la ayuda a ningún compañero que la quiera hacer en su país o que luche contra una tiranía. Y ahí sí, hemos sido abiertos.

52

La tarde y la entrevista se terminaban. Carretero ahora se actualizaba con Tony de las novedades de la política, de los compañeros y de la salud. Luis, el biógrafo de Piñeiro, escuchaba en silencio. Fue poco lo que intervino. Yo le tomaba algunas fotos al dueño de casa y guardaba el cuaderno con anotaciones, mientras pensaba en lo poco que se lo conoce al Che-persona en pos del Che-póster, el Che-tatuaje o el Che-camiseta. La imagen del Guevara que muchos hemos consumido, es la del hombre al que fotografió Korda en un acto público en los primeros años de la revolución cubana. La del guerrillero de la Sierra Maestra, la del despojado y exigente funcionario de los primeros años sesenta. El Che de las frases célebres y los videos épicos. Ernesto Guevara fue un hombre. Y los compañeros de ese tiempo, como Carretero, lo cuentan desde ese lugar. Lo adoran y lo evocan desde el compañerismo y la admiración, pero también desde las dudas y las terquedades. A mí, por lo menos, se me volvía más interesante y dimensional.

En eso pensaba mientras acomodaba la mochila. Por fortuna no había guardado todavía el grabador. Carretero le contaba a Tony sus últimas novedades, cuando le dijo que acababa de terminar de escribir un libro sobre Chile.

—¿Y cuándo se publica? —le pregunté con interés resucitado.

—Lo tiene el Comandante en Jefe en sus manos y no me ha dado respuesta.

—¿Se lo diste a Fidel?

—Sí. Quería su opinión.

—¿Y qué es lo que hiciste en Chile?

—Bueno… lo primero que hice fue asegurarme que Allende tomara el gobierno. Fue la primera misión que me dio Fidel a mí en Chile.

Viajamos a 1970. Nos volvimos a acomodar en los sillones. El grabador ya estaba encendido otra vez y por un rato me olvidé del Losojo.

—Un día me llamó Fidel y me dijo: "Oye, tienes que ir a Chile". Yo atendía toda la cosa de los chilenos aquí. Cuando Allende triunfó en las elecciones, mandó para acá a su hija Beatriz y a su secretaria privada, Miriam. Vinieron para decirle a Fidel que el presidente electo le pedía alguna ayuda en materia de seguridad. Entonces se viró para mí y me dijo: "Tú tienes que ir para allá. Tu misión es muy sencilla: Allende tiene que ponerse la banda de presidente. El pueblo lo eligió y él tiene que llegar vivo a la presidencia de Chile, eso lo tienes que asegurar tú". Y me dio a tres de sus escoltas personales para que me acompañen. Así salimos. En aquella época se podía ir con armas en los aviones. No había tanta revisión porque no se habían hecho tantos atentados. Recuerdo que llegamos a Madrid para recoger un Lan Chile porque desde aquí no se podía ir. Estábamos los cuatro en la fila para subir al avión. Nos acompañaba el cónsul nuestro ahí por cualquier cosa. Y menos mal que estaba porque a mí me dio por sospechar que había una cola grandísima y que no avanzaba. Entonces le pregunté a uno que estaba ahí qué era lo que sucedía y me dijo: "es que la policía está registrando a todos porque hay una amenaza de bomba en el avión".

—Plena época de Franco en España.

—Sí. Alguien llamó para decir que habían puesto una bomba. Y revisaban el avión y a los pasajeros. Abrían todos los maletines y el equipaje de cada uno. Yo llevaba en un maletín de mano como tres o cuatro pistolas y dos granadas. Además de lo que cada uno llevaba encima. No existía detector ni nada, lo llevábamos con nosotros. Ahí le dije a los compañeros "vengan detrás de mí, rápido". Y los puse a esperar un poco más allá de la hilera. Fuimos con el cónsul a hablar con la policía y les preguntamos: "Oiga, señor, ¿ese registro incluye a los diplomáticos?". Muy resuelto yo. Nos dijo que sí porque comprendía la seguridad de todos, y me confirmó lo de la amenaza. Hicimos como que volvíamos a la fila, subimos adonde estaban los demás y nos fuimos todos al baño más próximo. Lo tuvimos que decidir en segundos. O seguía para Chile o ahí se formaba un tiroteo que no tenía sentido. Le di todas las armas al cónsul y se las llevó. Eso fue lo que hice porque yo no me podía quedar ahí. Ya íbamos a conseguir armas en Chile. Como fuera. Y en efecto, cuando llegamos lo resolvimos enseguida.

—¿Y hubo algún intento de asesinato a Allende?

—Bueno, que conociéramos nosotros, hubo alrededor de cinco atentados.

—¿Antes de que asumiera?

—Sí. Bueno, ya habían asesinado al Jefe del Ejército de Chile, al general Schneider. Nosotros llegamos a Chile con el estado de sitio y el general Schneider muerto. Apenas estuvimos ahí nos pusimos en contacto con la gente de Allende y nos sumergimos en la clandestinidad. Ya estaban Luis Fernández Oña, que era un oficial nuestro, y dos más.

Juan volvió a encender el mismo puro que había saboreado toda la tarde. Se lo iba a fumar hasta el final, nomás.

—Ahí empecé a preparar la escolta de Allende. Eran chilenos del Partido socialista y del Movimiento de Izquierda Revolucionaria. Sobre todo del MIR. La gente les puso "Grupo de Amigos del Presidente", el GAP. Sí, porque le preguntaban a Allende y "esta gente que tiene alrededor" y Allende decía "esos son un pequeño grupo de amigos que me acompañan" y así se quedó el GAP. Eso era ilegal. Pero bueno, el Presidente tenía los cojones para implantarlo y entonces se armó esa escolta. Después me tocó buscarle la casa. Porque todo presidente de Chile tenía dos opciones. O vivía en La Moneda, adonde había un apartamento grande para el presidente, o el Estado le tenía que comprar una casa. Hasta ese momento Allende vivía en un apartamentico. Bueno, me dediqué una gran parte de mi clandestinidad a buscarle una casa a Allende. Que tuviera los requisitos de seguridad que se necesitaban. Esa casa fue bombardeada el día del ataque, en 1973. Además de bombardear la Moneda, le bombardearon la casa. Con la esposa, doña Hortensia Bussi de Allende, adentro. Por fortuna, nosotros teníamos justo ahí un compañero que era asesor de la escolta y se la pudo llevar por detrás. Por una salida de emergencia que preparamos desde el inicio. En esa misma casa, dos días después de la toma de posesión y de la recepción que se hizo en La Moneda, se firmó el restablecimiento de las relaciones de Chile con Cuba. Fue el primer decreto que firmó Allende. Y yo feliz y ansioso porque me volvía a casa.

—Ahora con vuelo directo. No te tenías que pasar más hasta Europa.

—Sí, claro. Yo pensé que me volvía con la delegación…

—¿Y cuánto tiempo más te quedaste?

—Hasta el golpe de Estado. Casi tres años. Incluida la visita de Fidel Castro, que duró veintiséis días.

—¿Estuvo veintiséis días en Chile?

—Con sus noches. Fue una experiencia muy importante. Tuve que hacer de todo allí. Y todo salió bien por suerte, porque contra Fidel ahí hubo tres atentados.

—¿Los evitaron o llegaron a producirse?

—No. Se cogieron las armas y todo. Se neutralizaron.

—¿Quiénes fueron los que atentaron? ¿Los chilenos, la CIA?

—No, cubanos. Terroristas de Miami. Hubo un tipo que tuvo a Fidel ahí, para tirarle, y se apendejó. Tenía una pistola escondida en la cámara de televisión.

—Sí, ese caso recuerdo haberlo escuchado.

—Y tengo otro. Cuando termina la visita a Chile, Fidel me dice "ven conmigo" porque tenía que ir a Perú. Mientras estaba en Chile, yo había preparado la visita de Fidel a Perú. Iba a ser una visita corta a Perú, un tránsito. Y de ahí cogimos otro avión más pequeño para ir a Guayaquil adonde lo había invitado el presidente Velasco Ibarra. Ahí, en ese avión, yo creía que iba a regresar a Cuba. Pero no. "No, no, mira, tú tienes que abrir la embajada en Chile" y entonces ahí se decidió que yo me quedara y fuera el consejero de la embajada cubana en Chile para tener una persona de protección.

—¿Y cómo saliste cuando fue el golpe de Estado? ¿Con cobertura diplomática?

—Eh, ¿tú no sabes nada de eso? Porque se ha publicado. Bueno, te lo contaré de manera breve. Ya nosotros estábamos esperando el golpe, era cantado. Le habíamos dicho a Salvador que iba a haber un golpe de Estado. Era algo que ya sabía todo el mundo. Pero él se aferraba mucho a su creencia política de que el éxito era a la Constitución. Y bueno… tenía esa creencia constitucionalista. Era muy apegado a las leyes. Nosotros siempre le ofrecimos a Chile lo que teníamos y lo que no teníamos. Cada persona de este pueblo dio tres libras de azúcar de donación a Chile. ¿Cuántos millones de toneladas de azúcar?

—Unos cuantos —despejó Tony como para que siguiera con el relato y no se detuviera en cálculos.

—Todo lo que hiciera falta. Porque además Fidel era un gran amigo de Salvador Allende y lo apoyó a pesar de que esa no era la vía en la que nosotros creíamos.

—Volvamos al día del golpe de Pinochet.

—Nosotros siempre dijimos que había que tomar algunas medidas para proteger al presidente y armar a los trabajadores para defender a la Constitución. Para defender al gobierno legítimamente electo por el pueblo, y eso Allende nunca lo aceptó. Para que se entienda cómo fue ese día para nosotros tengo que explicarte estos antecedentes: en septiembre de 1973 teníamos allí una compañía reforzada en la Embajada, con todo el transporte listo para salir a proteger al Presidente. Creíamos que había que conseguir algún lugar seguro para llevarlo, desde donde pudiera transmitir al pueblo su mensaje. Elaboramos un plan para llevarlo a la Comuna de San Miguel que era una las comunas industriales más importantes. Allí en diez minutos podías reunir unos cinco mil trabajadores y los podías armar. Él nunca accedió. Dijo que no. Días antes yo le había mandado un mensaje a Fidel en el que le decía que el golpe ya venía. Que si no era a principio, sería a mediados o a finales de septiembre pero que ya venía. Teníamos una información tremenda.

—El equipo que había allí era el equipo más especial que teníamos. Estaba Chuchi, estabas tú, estaba Beto, Filberto, José Luis... era un equipazo. —Otra vez la acotación vino de la memoria de Tony.

—Le dije a Fidel: "Comandante en Jefe ordene. Acá estamos 120 compañeros y compañeras listos para cumplir las órdenes que se nos den, pero tenemos que saberlo desde ahora y no cuando sea el día". Y le dije también que veía muchas dudas en el entorno del Presidente. Fidel mandó a Piñeiro y al canciller nuestro a hablar con Allende. Vinieron a reiterar el ofrecimiento de toda la ayuda, y se fueron. Pero no pasó nada.

—Hasta que llegó el 11 de septiembre de 1973.

—Ese día nosotros estábamos listos para cumplir con las orientaciones de Fidel: "Hacer todo lo que Salvador Allende considere. Él es el único que decide lo que ustedes tienen que hacer. Si lo pide, van en su apoyo. Si no, se quedan en la embajada y defienden la embajada". Y eso mismo fue lo que nos dijo Allende ese día. Lo llamamos dos veces. Primero mandé a Salchicha y a José Luis. Los mandé de avanzada allá a La Moneda para que hicieran contacto con él o con los enlaces nuestros ahí y que nos dijeran qué hacer. Nosotros teníamos todo listo. En las dos oportunidades nos respondió eso mismo, que nosotros los cubanos podíamos constituir una provocación, que nuestra tarea era defender el territorio de Cuba, es decir, la embajada.

Tony asentía en silencio. Era evidente que escuchaba una historia conocida y parecía acompañarla moviendo la cabeza como quien sigue el ritmo de una melodía. En ese instante agregó una mirada política.

—Realmente yo creo que era certero Fidel, porque podría haberse interpretado como una intervención nuestra. Digo yo, mirándolo a la distancia, en aquel momento...

Juan no pareció del todo de acuerdo con esa óptica.

—Yo creo que si nosotros preparábamos lo que teníamos ahí, con el acuerdo de Allende... Para ese momento habíamos entrenado a más de dos mil jóvenes chilenos del Partido Comunista y del Partido Socialista. ¡Más de dos mil! y teníamos hierro.

—Y la comuna San Miguel hubiera sido... —dijo Tony, pero más que una acotación pareció una pregunta.

—No, la comuna, ya estaba. La cuestión era que eso se preparaba fácil. Íbamos a llevarnos la Radio Magallanes que era la radio de ahí a un búnker a prueba de bombas, a prueba de todo eso. Y desde allí podíamos hacer una defensa activa. Una defensa activa quiere decir que usted no está sentado esperando a que venga el enemigo a buscarle sino que usted va, lo embosca, lo ataca, le coge la zamba y retrocede y se le aparece por otro lado.

—Teniendo todo lo que dice Ariel —ahí sí coincidió Tony, que sin darse cuenta invocó el seudónimo de Carretero—, déjame decirte que el golpe no prosperaba. O sea, hubiera sido otra cosa...

—En la práctica allí en San Miguel, estuvo el jefe militar del Partido Socialista, Arnoldo Camú, que había sido de los que formó allí el apoyo al Che. Arnoldo estuvo con su Estado mayor y una pila de socialistas. También fue el MIR. Se reunieron allí y déjame decir que cogieron una guagua llena de carabineros y la hicieron mierda con una de las bazookas que les habíamos dado nosotros. Cogieron las armas esas y combatieron ahí hasta el otro día. Pero bueno, ya había muerto Allende… Mira, eso tenía un noventa y cinco por ciento…

Se interrumpió apenas para tomar un trago de agua. Esto le sirvió para volver a encontrar la línea de tiempo que el relato había perdido.

—Cuando llegó el día del golpe, nos llamaron del palacio de gobierno enseguida para decirnos que el Presidente ya había salido para La Moneda, que había un alzamiento en Valparaíso y que el ejército se había sumado. Mandé a Salchicha y a José Luis con radios para allá y llegó un momento en el que me dijeron: "no podemos pasar más". Porque el ejército había puesto barricadas en todos lados. Entonces llamamos por teléfono, que funcionó de manera permanente. Una cosa increíble, pero funcionó siempre bien. Quiero decir que no lo cortaron. Y así recibimos los mensajes de Beatriz y de Miriam. El Presidente nos mandaba a decir que nos quedáramos a defender la embajada. Ahí empezamos a preparar nuestra defensa.

"A las once y media de la mañana los militares comenzaron a tomar posiciones. La embajada era una manzana. Estaba entre una avenida que se llama Pedro Salazar, y otra que ahora no recuerdo el nombre. Ahí terminaba. Más atrás pasaba una especie de acueducto que había allí, no muy grande, pero todo era monte. Entonces, estaban los tanques esos de agua y del otro lado un campo limpio. Como a un kilómetro había un barrio de oficiales del ejército. Muy cerca había una escuela que se llamaba San Patricio o algo parecido. Esa escuela daba el patio de la embajada en el que vivían los compañeros nuestros de tropas especiales. Y enfrente teníamos casas. El ejército tomó posiciones y empezamos a ver que se amontonaba gente en la esquina. Eran de Patria y Libertad. Fachos. Más arriba, en un edificio y en la escuela habían emplazado ametralladoras, una aquí, otra por allí. Eran de tiro directo. Ya lo teníamos todo visto. Hicimos la distribución del fuego nuestro, todo lo que había que hacer. Y a las once de la mañana, once y media, dos soldados, un suboficial y otro más, se subieron por el muro de la Embajada. Ahí había dos compañeros que hacían la posta… ellos tenían ponchos. Nuestro uniforme de combate era un poncho, para que no se viera el hierro. Entonces los dos militares chilenos le dijeron a los compañeros nuestros que saltasen el muro y que se fueran por ahí. Que tiraran las armas y salieran."

—Es decir que no saltaron dentro de la embajada, se quedaron sobre el muro.

—Sí, pero estaban ahí. Casi del otro lado del muro, hacían equilibrio con una pierna adentro y la otra afuera para que subieran los compañeros. Por supuesto que los nuestros no se iban a rendir nunca. Uno de ellos distrajo al militar que les apuntaba y se tiró detrás de unos carros que había. El militar le disparó. Desbarató una pila de carros. Pero el que quedó más libre, se levantó el poncho y les tiró con todo. Con suerte para ellos que no les dio. Yo sentí los disparos y salí. Ahí vi dos sombras que se arrojaban desde la pared hacia el otro lado. Dejaron el casco, las armas, todo y se fueron corriendo para allá. Ese era el Ejército que estaba dando un golpe de Estado.

"El segundo mío en la Embajada era el esposo de Beatriz, la hija de Allende. Ella había estado en La Moneda con su padre hasta que él le pidió que se fuera. Como a las tres de la tarde llamó el general Palacios, que era el jefe de la guarnición de Santiago. El anterior jefe de esa guarnición había sido Pinochet, pero como lo habían ascendido a comandante en jefe, designaron a Palacios en su lugar. Tremendo hijo de puta. Ese señor llamó para decir que, bueno, que Salvador murió sobre la una o dos de la tarde. Pidió hablar con el embajador y le dijo: 'Como usted sabe, el presidente Allende está muerto. Le van a hacer un entierro en Valparaíso y lo llamo porque hace falta que la familia lo acompañe'. Mario, el embajador nuestro, nos reunió para ver qué hacíamos. Podía ser un trampa o podía ser cierto. Luis, el marido de Beatriz, dijo: 'Lo que sea, pero lo que no podemos es desaprovechar la oportunidad de traer con nosotros a la familia'. Acordamos que sí. Entonces le dijimos a Palacios que el yerno de Salvador Allende era funcionario nuestro y que estaba en disposición de acompañar a la familia en la ceremonia. Nos dijeron que a las siete en punto de la tarde lo iba a recoger un oficial de las Fuerzas Armadas en un Jeep que iba a entrar por la calle Pedro de Valdivia, por donde estaban los estanques. Que nos lo decían para que no hubiera incidentes, y que lo recogerían en la puerta misma de la embajada. Mario, el embajador, dijo que Luis no debía salir solo, que él lo iba a acompañar. Y el oficial chileno tomó nota de eso.

"En efecto, a las siete de la tarde, cuando ya había oscurecido, un oficial en un Jeep en la entrada nos hizo señas para que lo dejemos pasar. Avanzó. Venía despacito. Mario acompañaba a Luis y abrieron el portón del frente. Había una recepción y luego un portón de madera y hierro. Ellos salieron por la puertecita, y cuando dieron unos pasos hacia el Jeep empezó una balacera que te traqueteaba los cojones. Mario cogió a Luis, lo abrazó y una astilla se le clavó en la mano. Tiraban de todos lados. De las casas de enfrente, del edificio, de la escuela... Yo no sé cómo no los mataron. Bueno, estaba oscuro... Pero me imagino que también fue porque estaban todos cagados. Porque claro, cuando sonaron nada más que dos disparos, lo que salió de dentro pa' fuera fue un vendaval. Que eso fue lo que nos salvó la vida a nosotros, la resistencia que le pudimos hacer ahí. Y entonces... hay que darle crédito a Patricio de la Guardia, jefe de la guarnición de tropas especiales, que salió y cogió a Mario y a Luis y los metió. Pero ahí empezó un tiroteo que duró... no sé, hay muchas versiones de los que estuvimos allí."

—¿Diferentes versiones entre ustedes mismos?

—Sí, hay quienes dicen que fueron ocho minutos, hay quien dice que fueron el doble. Como sea, yo sé que nunca se han tirado tantos tiros en tanto poco tiempo. Además eran balas trazadoras. Fíjate que ellos tenían una dotación con una ametralladora 30. Cuando al otro día amaneció y pudimos ver, no había quedado ni la ventana. Solo el concreto. No había marco ni ventana ni nada. Me imagino que por lo menos ahí se fueron cuatro. La del otro lado, igual. Ahí llamó Palacios y le dijo a Mario: "Óigame, embajador, ustedes han atacado a nuestras Fuerzas Armadas y usan además un armamento sofisticado. Por favor, le pido que cesen el fuego". Y Mario le contestó: "Bueno, mientras ustedes estén disparando, nosotros vamos a disparar, porque defendemos el territorio de Cuba que ustedes están violando con fuego. Además nos han tendido una trampa aquí". El tipo se calmó: "No, pero mire, por el bien de las dos partes yo le pido...". Ya se había puesto nervioso. Eso es lo que notó Mario. Ahí se produjo el cese el fuego.

"Tuvimos un herido, un compañero que era chofer. Perdió un ojo por culpa de unas astillas. Lo operamos enseguida porque teníamos un búnker con un quirófano completo. Estábamos preparados para resistir todo lo que había que resistir. Al poco rato, volvió a llamar ese señor: 'Tengo que comunicarle que el gobierno de la Junta militar chilena ha decretado el rompimiento de las relaciones con su país y ustedes tienen cuarenta y ocho horas para marcharse'. Respuesta: 'Nosotros nos marcharemos cuando tengamos arreglado todo lo que hay que arreglar y cerremos la embajada'. Palacios nos dijo que al otro día por la mañana se iba a presentar un coronel para llevar a cabo la negociación, y que solo teníamos cuarenta y ocho horas para salir de Chile. Ah, y que nos prometía la protección de las fuerzas armadas chilenas.

"A la mañana siguiente vino el oficial ese y convinimos la salida. En el aeropuerto de Santiago había un avión soviético, un avión comercial, que había aterrizado ahí en la mañana del golpe y quedó varado. Nos empezaron a llamar todos los embajadores de los países socialistas. Y los soviéticos ofrecieron el avión para salir. Teníamos que salir todos los cubanos. Hizo falta que se recogiera al compañero de Prensa Latina, al embajador, a otros que estaban en otras misiones, los rescatamos a todos. El único que no vino con nosotros fue Mauricio, el compañero que salvó a Tencha, la viuda de Allende. Lo llamé para que viniera y me dijo: 'No, yo no puedo dejar a esta señora sola aquí'. Él fue quien la sacó de la casa cuando empezaron a bombardear. Se escondieron en las viviendas de algunos socialistas. Pero de todos lados los botaban. Hasta que logró filtrarse en la embajada argentina. Por fin pudo salir para la Argentina. Y Tencha se asiló en México.

"Entonces preparamos la operación de salida. Íbamos armados hasta los dientes. En las valijas y debajo de los ponchos llevábamos las pistolas. Guardamos el grueso del armamento en unas cajas. Les dijimos a estos señores que íbamos a llevar un camión con los archivos de la embajada. Que habíamos empaquetado toda la documentación en cajas, que eso se tenía que ir con nosotros y que era inviolable. Aceptaron. Así es como sacamos el grueso del armamento de Chile. Hubo armas que tuvimos que dejar. Nos quedaron unos cuatrocientos fusiles que llevamos en un camión Mercedes Benz. Se los íbamos a entregar al Partido Comunista, y me dejaron embancado en la calle. Tiempo después se reivindicaron, hicieron mucha actividad internacionalista con nosotros. Estuvieron con nosotros en Nicaragua y El Salvador. Pero aquel día me dejaron en la calle patrullada por el ejército de Pinochet con un camión lleno de fusiles que eran para ellos y no vinieron a buscar. Eso no me lo voy a poder olvidar nunca.

"Los militares cumplieron con lo que se había comprometido el oficial que negoció con nosotros. De todas formas, tomamos todas las medidas de seguridad posibles. Armamos una caravana. Yo iba en el primer auto con el Coronel este a mi lado. Puse detrás de mí a Bemba, y le dije: 'Si tu nomás ves esto, le pegas un tiro'. Yo iba adelante para ver cómo estaba la situación porque nos podían meter una emboscada y matarnos a todos allí. Si nos emboscaban era muy difícil salir ileso. Todo el mundo llevaba su fusil al lado, dentro de la valija. Nomás había que sacarlo.

"Así es que llegamos al aeropuerto. Era el 13 de septiembre por la noche. Un funcionario que no tenía pasaporte diplomático le dio un revólver a otro para que se lo trajera. Cuando en la revisión le abrieron el maletín vieron el arma ahí. Entonces el oficial chileno que revisaba gritó: 'Hay un armamento aquí'. El coronel se acercó como para calmar las cosas y me dijo: 'Mira lo que ha pasado. Eso sí, lo tenemos que requisar. Las leyes son las leyes'. Y por suerte se apagó el problema. Yo me cagué en la madre del que era el dueño de la maleta. Porque casi echa a perder todo.

"Y después está lo que le pasó al compañero que estaba a cargo del camión con los fusiles… bueno, es que ese era el ejército chileno que estaba dando el golpe. Nosotros tenemos alguna experiencia en eso por nuestra propia historia. Aquí en Cuba el ejército de Batista, que era uno de los ejércitos mejor entrenados por los americanos, estaba formado por una base de reclutas, los 'casquitos' que les llamábamos. Esa gente estaba ahí por los treinta y tres pesos que le pagaban todos los meses. En esa época no era tan poco. Y eso mismo lo vivimos de nuevo en Santiago de Chile, en el aeropuerto. Cuando ya habíamos pasado los controles, viene el compañero oficial de tropa que subió los fusiles a informarme que el avión estaba cargado, que podíamos embarcar. Y ahí me cuenta: 'Mira, cuando entramos el camión a la pista subió con nosotros un recluta con su arma. Era el que nos iba a escoltar como protección hasta el avión. En ese trayecto yo empecé a hablar con el muchachito: «Ven acá, amigo, ¿qué tú sabes si el Presidente de Chile murió?» «¿Cómo, mataron al presidente Allende?» «Sí, lo mataron en La Moneda, es el golpe de Estado que están dando ustedes.» «¡No me diga! ¡No me diga! ¿Han matado a Allende? ¡Ay, mi mamá! ¿Cómo estará mi mamá? Óigame, mi mamá es allendista y yo también, ¿cómo es posible?» Entonces yo le dije: «¡Pero si usted tiene un arma y está avalando todo esto!» «Es que a nosotros nos metieron en una barraca en el aeropuerto cuando empezó todo, nos metieron en esa barraca y yo acabo de salir para llevar este camión seguro hasta ese avión. Yo no sé nada, los oficiales no nos han hablado, no me han dicho nada». Entonces nuestro compañero le dijo: «Pues mire que en las comunas hay bastantes muertos». «¡No! Pero no puede ser... ay, mi mamá... cuando mi madre sepa que mataron a Allende... los oficiales nuestros no nos dicen nada. Ni radio podemos tener»'. Es decir: el grueso de esa gente armada era de ese calibre. Muchachos de las comunas, campesinos que no eran políticos, ni sabían lo que era un golpe, ni eran asesinos ni nada de eso. Había un grupo de asesinos, de fascistas que envolvió todo y utilizó los resortes de la cadena de mando..."

Carretero es de las personas que saben contar. El texto no tiene interrupciones porque no lo pudimos interrumpir. Era imposible cortar ese momento. Se apasionaba. Se notaba que lo que vivido le volvía a pasar por el corazón y de ahí salía. Sostenía el hilo y los climas. El relato cobraba cadencia. Nunca como esa tarde sentí tan en primera persona, tan de cerca una historia que ya tiene cuarenta años y le pertenece a la humanidad.

—Los soviéticos se portaron muy bien. Nos dieron el avión y la tripulación. Fíjate que el tipo había sido piloto de la Segunda Guerra Mundial. Despegó con las luces apagadas porque tenía miedo de que le tiraran. Le fuimos a preguntar porque la pista estaba toda apagada. Y el tipo no nos contestó. Hizo así —imitó un gesto con la mano como si jalara una palanca—, apagó las luces del avión y salió. Había que ir para el mar, porque hacia el este estaba la Cordillera de los Andes. Pero apuntó hacia las montañas. Yo le dije: "¡Oiga! ¿Qué cosa es? Hay que ir pa' el mar, no pa' los Andes". Y con un traductor, el tipo nos dijo: "Vuelo a gusto arriba de los Andes. Ahí no me pueden perseguir con los aviones ya que los cazas van muy rápido. Yo me pego bien a la montaña para que no me puedan tirar". Fue así hasta Perú y recién ahí viró para el mar. Entonces encendió las luces. Respiramos.

Con el relato de la salida de Chile se terminaba el día en que Juan Carretero fue a la esquina de su casa para sacar la basura, y volvió acompañado por tres tipos que por buscar la confirmación de la historia del Losojo, le iban a abrir el dique de la memoria. Empezaron los saludos de cortesía y los agradecimientos. Ya estábamos de pie y en la puerta cuando Carretero me buscó la mirada y trató de ubicarme en el contexto de la historia.

—Yo te iba a recomendar una cosa que, no sé, bueno es mi criterio. Tómalo así. Pudo haber existido esa persona para un trabajo del Che.

A veces tengo la insana costumbre de interrumpir para terminarle el concepto al que me habla.

—Pero tengo que filtrar muy bien lo que sucedió y lo que no…

—No, eso claro. Es lo que intentas hacer… Lo que te quería decir es que pudo existir. Pero que no fue tan estratégico.

—No, claro. Pero él no presume de serlo.

—Lo que me cuentas, yo no puedo decirte "es falso", tampoco puedo decirte "yo lo conocí". Es posible. ¿Tú sabes quién tenía que conocer de esto? Ulises. Pero Ulises murió, quizás Prat, Salvador, que era asistente de Ulises… Pero lo dudo.

—Gracias, Juan. Voy a publicar todo lo que me has contado. Aun lo de Chile, que no tiene que ver con el Losojo.

—Puedes publicar lo que quieras. Todo lo que hemos hablado es bien conocido. Sobre todo por el enemigo.

53

Tony me dejó por la noche en el hotel. Quedamos en que iba a pasarme a buscar al otro día, sábado por la mañana. Teníamos que encontrar a Salvador Prat y a Pombo. Pombo había sido desde el comienzo el objetivo central de mi viaje a Cuba. Fue el jefe de escoltas del Che Guevara. Estuvo con el comandante argentino en África y en Bolivia y es uno de los pocos cubanos que sobrevivió a la derrota de la guerrilla ahí. Hoy es general del ejército en retiro. Orlando dice que con él sí compartió un par de situaciones y que quizás por eso lo recuerde... aunque no sabe. Después de todos los indicios que recogí a lo largo de la búsqueda, sería la única confirmación que me falta.

Pero Pombo llegó el viernes por la noche de Chile. El sábado salió temprano de su casa y a lo largo de todo el día Tony no lo pudo localizar. Tampoco logramos dar con Salvador Prat, pero por otros motivos.

Cuba acababa de volver a entablar relaciones con los Estados Unidos. Unos días antes de mi llegada se volvió a abrir la embajada americana en la isla, después de casi cinco décadas. Se creía que en un futuro cercano se levantaría el bloqueo impuesto en 1962, y que el intercambio comercial iba a volver a ser una realidad entre cubanos y estadounidenses. Pues bien, en diciembre de 2015 los cubanos se estaban concentrando en esta posibilidad de manera focal. Una de las medidas más importantes que pusieron en marcha fue la construcción de un puerto para buques de gran calado en el puerto de Mariel. Cuba no estaba preparada para recibir una buena tanda de barcos de carga de gran calado llenos de contenedores, y el objetivo fue ponerse a la altura de las circunstancias para cuando fuera necesario.

Uno de los responsables del consorcio gubernamental que estaba al frente de este proyecto era Salvador Prat. Por eso estuvo de reunión en reunión todos los días. No pudimos dar con él. Al despedirnos en la noche del viernes, Tony me prometió que lo iba a perseguir hasta conseguirlo. No sabíamos qué nos iba a dar el sábado. Por eso quedamos en que me pasaría a pasar a buscar por la mañana. Y allí estaba, en el lobby del hotel, cuando bajé a las diez.

La buena noticia era que había podido hablar con Salvador y que nos iba a recibir en su oficina. Pero eso sería después del mediodía, por lo que tendríamos que aprovechar la mañana de otro modo.

Otra vez a bordo del Lada de Fernando fuimos hasta el centro de La Habana Vieja. Estacionamos y nos dispusimos a caminar por las calles de la ciudad. Subimos por la calle Obispo que de tan hermosa y tan colonial parecía detenida en el tiempo. Pasamos por el Floridita y por la Bodeguita del medio. Una se especializaba en daiquiris. La otra presumía ser el centro mundial del mojito. Demasiado temprano para beber. Tony me detuvo en una esquina para contarme una anécdota de su juventud, cuando era un soldado del Ejército Rebelde recién llegado a La Habana. La anécdota no lo tenía en una trinchera en medio de balas enemigas, sino colgado de un balcón que estaba frente a nosotros, tratándose de ocultar de un marido que había vuelto a casa de manera inesperada.

Nos metimos en cuanta librería pudimos encontrar. Tony me quería regalar un libro sobre los combatientes internacionalistas cubanos. Yo quería ver si encontraba un ejemplar de Méndez Méndez, un periodista cubano, que abordó el caso de los secuestros en la embajada de Cuba en la Argentina. Los dos fracasamos en el intento.

Abandonamos La Habana Vieja y almorzamos en un bar que estaba cerca del legendario hotel Habana Libre, la mole que alguna vez fue el Hilton, en el que se instalaron Fidel Castro y los principales comandantes de la revolución en los primeros tiempos del triunfo. El bar era pequeño pero bien iluminado. Pedimos tallarines con camarones y una cerveza fría para empujar. Estuvieron bien. Pero lejos de ser inolvidables.

Faltaba todavía un rato para ir a la cita con Salvador Prat. Tony me invitó entonces a pasar por su casa y allá fuimos. Vive en una zona de casa bajas y humildes muy cerca del centro de La Habana Vieja.

La puerta de la casa da a la calle, y ahí nomás, a solo un metro de la vereda está el pequeño living en el que reinan tres mecedoras a las que casi nos tiramos de cabeza. Es un ambiente humilde pero acogedor en el que la esposa de Tony reina con amabilidad y aromático café. Después de las presentaciones, nos contamos un poco de dónde venía cada uno, ella recordó con una sonrisa su vida en Buenos Aires y me habló con melancólico cariño de algunos amigos que hizo en la Argentina.

La televisión que estaba en la sala era un lcd de 32 pulgadas que no parecía ser tan protagónico en la vida de la familia. Más importancia parecían tener los libros que se acumulaban en un estante, y los dos cuadros que presidían desde la pared más despejada. El primero era una foto en la que estaban sentados Tony, el comandante Piñeiro y Fidel Castro de un lado de una mesa. Hablaban con otro más al que no llegué a reconocer. Pero era claro que estos tres estaban "de este lado" en espíritu de equipo. Era LA foto de Tony. El segundo cuadro era un medallero. Cubiertas por un cristal y rodeadas por un marco trabajado pero discreto, Tony lucía con orgullo las trece medallas que ganó a lo largo de la vida. Le pregunté qué significaba cada una y pasó a enumerar.

—Esta primera la gané por el heroísmo en Combate en la Sierra Maestra. Esta por la lucha clandestina en la ciudad antes de subir a la sierra. Esta más grande por el aporte que hice en el proceso de paz de Colombia cuando fui el delegado de Fidel en las negociaciones entre el gobierno y las Farc. Esta medalla fue por mi labor de inteligencia. En la inscripción dice que es por "haber combatido contra la CIA". Esta otra…

Tony se jubiló porque quería escribir. Después de los tres días que compartimos y hablamos de historia, de libros y de conocidos en común, me pidió con insistencia que de alguna manera le hiciera llegar *Fue Cuba*, el libro de Yofre. En un ida y vuelta de comentarios me dijo que después de lo que le conté tenía ganas de escribir una respuesta que se llamase *No fue Cuba*.

De eso hablábamos mientras nos mecíamos en el living de la casa. Hasta que se hizo la hora de ir a ver a Salvador Prat.

Me imagino que si voy a las oficinas de un consorcio que construye el puerto más grande de mi país, entraré en un edificio alto y vidriado, ubicado cerca en la zona de Puerto Madero o a la vera del Río de la Plata. Lo más seguro es que al ingresar me encuentre con unos inmensos espacios alfombrados llenos de secretarias, oficinas, boxes y computadoras. Ejecutivos de traje. Máquinas de café. Vista a la inmensidad… es decir, todo lo contrario a lo que eran las oficinas que ocupaba Salvador Prat en una vieja casona azul en el barrio Miramar, a unos quince minutos del centro de La Habana. Como cuando fuimos a ver a Víctor Dreke, entramos directamente. No había recepcionista ni guardia que atendiera en la puerta. Abrimos, entramos, y recién en el segundo piso una mulata cuarentona nos salió al paso de casualidad para preguntarnos a quién buscábamos. Se lo dijimos, asintió con la cabeza y comentó que él le dijo que nos esperaba. Nos acompañó apenas dos puertas más allá, golpeó, y cuando la voz del que estaba adentro nos invitó a pasar, abrió la puerta de par en par y nos dejó frente a Salvador Prat, alias Juan Carlos, el segundo de Ulises Estrada en el "Bureau Argentina".

El Bureau Argentina era una denominación interna. Así le decían entre ellos y fue formada por el Che Guevara con la venia de la cúpula cubana. El máximo responsable del Bureau era Ulises Estrada, la mano derecha del Che en todo lo referente a la atención y preparación de los planes para lo que el comandante soñaba en su país natal. El segundo de Ulises era Salvador. Desde aquel entonces, hasta que pasó a otra tarea, en 1972, todo lo referente a las relaciones con el PC de la Argentina, con los cursos de entrenamiento, con la atención a otros movimientos políticos, pasó por las manos de Prat.

—No, no lo conozco a este hombre que tú me cuentas. Y eso es raro. Porque todas las acciones que el Che hacía en la zona nos las derivaba a nosotros. Como lo del grupo de Masetti, por ejemplo. Eso lo manejamos nosotros. Y también el relevamiento posterior para entender qué pasó y localizar los restos de los caídos.

Otra vez en esta instancia, al revisar la entrevista para plasmarla en el papel, me explota el conflicto interno por no haber tenido presente el recuerdo de Orlando de sus contactos con Ulises en Praga. De haberlo tenido claro en el momento de estar frente a Prat, otra hubiera sido la manera de encarar la entrevista. Y muy diferente la reacción de mi interlocutor. Pero Orlando lo dijo como al pasar, de manera borrosa y sin darle importancia, en una de las primeras charlas. En ese momento yo no tenía ni idea de quién era Ulises Estrada, por eso al preparar la información para llevar a Cuba, la pasé por alto. Punto en contra para mí.

A diferencia de los otros entrevistados a los que primero les conté la historia, a Prat le mostré las fotos antes que nada. Las aventuras del Losojo quedaron para después. Miró las imágenes durante unos segundos y contestó sin dudar.

—Esa cara a mí no me recuerda nada. Nada de nada.

Llegó a la foto en la que Orlando estaba rodeado de africanas.

—¿Dónde fue esto?

—Víctor Dreke dijo que es en Tanzania. Él tampoco lo recuerda.

—Y eso que tiene una memoria del carajo.

—Es que Dreke está seguro de que no lo conoció.

No les quitaba la vista a las fotos. Seguía ahí, trataba de encontrar una imagen familiar. Pero no.

—Es que yo, realmente, muchas de estas cosas, desde que me desvinculé, ya no las recuerdo tanto…

—Es lo mismo que dice él.

—Yo me desvinculé totalmente. Pero no recuerdo nada de este hombre. Aquí con nosotros hubo un solo argentino, que era un médico. Por orden del Che lo mandamos para hacer una investigación del grupo Salta. No sé, ese fue el único que te digo que se utilizó de los que vinieron a entrenarse o que pasaron por aquí en ese momento. Fue un médico que estaba radicado en Matanzas, en Cuba. Como él había salido de la Argentina, le propusimos que fuera a hacer la investigación de lo que había sucedido en Salta con el grupo de Masetti. La información que trajo en los tres meses que trabajó fue formidable. Y todo coincidía. Hasta nos trajo noticias de un compañero que teníamos disperso ahí en aquel momento. Él fue el único. No recuerdo a otro argentino que el Che haya utilizado para este tipo de misiones.

—El seudónimo que usaba acá en Cuba era Fernando Escobar Llanos.

—Han pasado cincuenta años…

Como cada vez que cada entrevistado tuvo en sus manos la historia del Losojo, fue Salvador el que comenzó con las preguntas.

—Alfredo, el que tú dices que fue el hermano sí me suena.

—Era dirigente del PC argentino. Él fue junto a otros dirigentes a entrevistarse con el Che en Punta del Este. El Che lo invitó a venir a Cuba. Y como él no podía, mandó al hermano.

—¿Ese es?

—Sí. Llegó y lo llevaron a una casa que él cree que queda en El Vedado. Nosotros ahora dudamos después de lo que recorrimos con Tony. Era una casona, que él recuerda muy grande y con un fondo libre detrás, en la que el Che habría armado una especie de polígono de tiro.

Prat torció el gesto del mismo modo que todos a los que le pregunté por la casa de El Vedado.

—Yo me acuerdo de una casa de seguridad en Kholy…, quizás sea esa —se sumó Tony.

—Ninguna… ninguna… —concluyó Salvador—. Ninguna tenía para practicar tiro ahí. Mira, lo que yo te puedo decir es lo siguiente: el Che, por ejemplo, conoce a Tania afuera. Y desde que llega nos orienta a traer a Tania, a prepararla y toda esa cosa. Así era como operaba él. Había una organización que se llamaba el Bureau, que lo dirigía Ulises Estrada y el segundo era yo. Teníamos seis oficiales. Nosotros éramos todos los que atendíamos lo que era la Argentina, y algunas cosas de Paraguay. Ni siquiera Bolivia. No, la Argentina. Y todo lo de la Argentina caía por aquí. Con el Partido Comunista argentino, hubo, sí. Y era permanente. Cada seis meses venía Lorca, que era el jefe de la seguridad del Partido. Pero de este hombre que tú dices, no recuerdo nada.

—Es que no trabajaba para el Che con acuerdo del PC de allá. No. Se le pidió que ocultase todo lo que hacía. El Che lo nombró "el hombre invisible". Además, y esto vos lo debes recordar bien, en esa época el Partido en la Argentina tenía sus diferencias con lo que decía el Che.

—Sí, claro. Con todos nosotros, no solo con el Che. Yo lo sufrí hasta la última reunión que tuve, en 1974. Es más, mira lo que te voy a contar: las relaciones con el Partido Comunista argentino siempre existieron —aclaró Salvador—. Teníamos un contacto casi semestral con Lorca que era el jefe del aparato clandestino del Partido. Pero hubo épocas en las que en no teníamos el mejor clima político entre nosotros. Yo estuve en la Argentina en junio de 1966, por ejemplo. Me alojaba en el hotel Crillon. En ese momento, cuando estaba ahí, dio el golpe de Estado Onganía. La guardia salió a la calle con unos perros enormes. Un desastre. Entonces el Partido Comunista me citó a una reunión con un miembro del Comité Central, con Héctor Agosti.

—Sí, lo conocí. Era considerado un intelectual del marxismo leninismo dentro del PC.

—La cita fue en una iglesia. Sí, el Partido me citó a una reunión adentro de una iglesia. Y entonces, en ese momento, Agosti me expuso todo un carnaval de los problemas y las diferencias que tenían con nosotros. Yo le dije: ¿Vamos a discutir de esto en medio de un golpe de Estado? Le propuse que armaran una delegación y que la mandaran a Cuba para debatir de esas cosas. Y ahí ya se pudrió todo con el Partido. En ese momento las relaciones entre nosotros no eran las mejores.

Era tiempo de volver al Losojo, un hombre que para ese tiempo integraba el aparato de organización del PC argentino y a la vez —desconociendo las distancias y los desacuerdos— colaboraba con el Che Guevara y los cubanos. Salvador Prat quiso saber qué había dicho al respecto Juan Carretero, al que todavía llamaba Ariel.

—Ariel dice que él no pone totalmente en duda la cuestión de este hombre porque el Che perfectamente podía hacer algo así. Y en eso también coincidió Víctor —le respondió Tony.

—Es cierto —convino Prat.

—Carretero dijo que el Che era un conspirador del carajo, y que es posible que haya reclutado a un tipo, que podría ser este hombre, y haberle pedido que haga eso y lo hubiese mantenido en secreto.

—Yo coincido con Ariel en eso. Yo coincido con Ariel. —La charla ya era solo entre ellos. Yo escuchaba y tomaba nota.

—Siempre fue así y, bueno, Ariel hizo una anotación que es muy importante. El Che era un conspirador, entonces el Che pudo haber tenido a este hombre para averiguar algunas cosas que le interesaran. Pero esto no debe prestarse para pensar que el Che desconfiara de nuestro trabajo…

Ante ese comentario de Tony, se quedaron mirándome y esperando una respuesta. Les expliqué que no. Que en ningún momento Orlando dice algo semejante ni lo pone en boca del Che. Le conté entonces a Prat la anécdota del momento en que Guevara le presentó a Fidel al hombre invisible. Esa pareció ser la escena mágica. La que relajó las cosas. Si Fidel lo supo, entonces estaba todo bien, parecía dar a entender. Les molesta demasiado que se diga que el Che quedó solo o que pudo hacer cosas a espaldas de Cuba. Ese es el límite que no aceptan que se cruce.

Para esa altura la entrevista ya había mutado a una charla en la que los tres teníamos el mismo rol. Ya no éramos preguntador y preguntado, sino que rodeábamos un escritorio y nos indagábamos en voz alta en busca de ese hilo que nos permitiera probar si la historia de Orlando era cierta o no.

—…1963. Si Ariel coincide con que es posible, ¿qué puedo decirles? —comentó Salvador.

—Dice que pudo ser, pero que no está probado. Es lo que me pasa desde el comienzo. Todos los indicios apuntan a que es verdad, pero ninguna prueba es contundente.

—Vamos a ver si encontramos a Pombo para saber qué dice —acotó Tony—. Habría que tener en cuenta que Pombo en ese momento estaba de administrador en una fábrica, no sé si se acordará.

—No, Pombo estuvo en la escolta del Che, también —corrigió Salvador con seguridad.

—El Losojo me dijo que lo conoció a Pombo cuando era escolta.

—Entonces ahí puede ser…

—El problema es que no fue una cosa tan cercana. Tampoco es que estaban todo el día juntos, ni fueron amigos.

A Salvador se le ocurrió una nueva pregunta. Quizás un nuevo rincón en el que buscar.

—¿Sabes si alguna vez fue a visitar al Che al Ministerio de Industria?

—Sí, en la madrugada. Cuando estaba aquí entrenando. Lo iban a buscar por la noche sin que nadie lo viera y volvía casi al amanecer.

—Puede ser. Porque esa era la hora en la que el Che atendía esas cosas, sí. Qué pena que Manresa, el que era su jefe de despacho, se haya muerto.

Otra calle sin salida.

—¿Quién lo llevaba hasta allí? —volvió a preguntar Salvador.

—Un soldado o alguien que el Che enviaba. Él no lo conocía. Lo llevaban casi siempre al Ministerio de Industria y dice que se quedaba hasta las cinco o seis de la mañana. Alguna vez también lo recibió en la casona de El Vedado.

—Si él estuvo en la escuela de entrenamiento de los cincuenta comunistas, tiene que acordarse del nombre de Juan Carlos. Era yo. Yo atendí políticamente esa escuela.

—Él me habló de otro nombre. Me dijo que uno que los atendía en lo político y que estaba siempre con ellos se llamaba Wilfredo Ruz. Me dijo que se acuerda del apellido Ruz porque era el segundo apellido de Fidel, pero que no tenía nada que ver con Fidel.

—Los que atendían a esa escuela eran Ulises o él —interrumpió Tony y señaló a Salvador.

—Lo sé —aclaré—. Pero este Wilfredo al parecer no era alguien de la dirección, sino uno que estaba con ellos todo el tiempo.

—Es que no existió una persona que se llamara así.

Me rendí con respecto a Wilfredo. Si es que existió, ese hombre que recordaba Orlando no se llamaba así, eso ya era indiscutible. Profundicé entonces en la escuela en la que entrenó Orlando y que fue supervisada por Salvador. Ahí teníamos que encontrar algo más.

—Entonces, ¿tú atendiste la escuela de 1963 en la que entrenaron cincuenta militantes del PC argentino?

—Sí.

—Bueno, el Losojo estaba ahí. Era parte de ese grupo. Eso sí ya te podría decir que lo tengo confirmado por varios lados. Él dice que llegó a Cuba como segundo del grupo. Al frente iba un Gordo que era de la capital de la Argentina. Y que a las pocas semanas, después de varias discusiones entre ellos por la línea del Partido y por diferencias políticas, el Gordo se volvió a Buenos Aires y él, Losojo, quedó al frente del grupo. En ese momento, acá, se hacía llamar Fernando Escobar Llanos.

Se sumó Tony.

—Mira, la cosa de la instrucción militar era de los instructores, pero la cosa política la atendían ellos: Ulises y Juan Carlos. Una bronca de ese tipo, la tendrían que haber sabido.

—Yo no recuerdo nada de eso que tú cuentas —cerró Salvador y le creí.

—Imagínate lo que te quiero decir —concluyó Tony—. Es que

una discusión de este tipo donde se sustituye o se va el jefe del grupo… Eso, necesariamente tenía que ser de conocimiento nuestro.

—Sí, claro. Y vos, Salvador, ¿no recordás que alguien se haya vuelto?

—No.

—O sea que vinieron cincuenta y regresaron cincuenta cuando terminó la escuela.

—No, no puedo decirte eso. No lo recuerdo. ¡Entiéndeme que pasaron más de cincuenta años!

De pronto la charla se volvió frenética. Los tres buscábamos pistas y las deshacíamos a la vez. A esa altura ya no era yo el único que quería saber. Tony comentó que a Juan Carretero le había saltado como un dato muy notorio que Orlando hubiera contado que el Che lo envió a hacer un relevamiento de París, cuando nadie sabía que el Che tenía planeado ir a Francia en lugar de a Praga. Que ese dato le daba a pensar que la historia podía ser cierta.

—Es cierto —acordó Salvador—. Fue Ariel el que le llevó la carta de Fidel al Che en la que le decía que ni modo, que no podía viajar a París, que era una locura. Cuando Ariel regresó a Cuba viajó para allá el negro, Ulises, y lo llevó de Dar es-Salam a Praga. Yo fui testigo de eso. Se estaba celebrando la Conferencia Tricontinental y estábamos en el piso 22 que es donde tenía Fidel la oficina. Allí habíamos cinco personas nada más.

—Eso fue en enero de 1966 —aclaró Tony.

—Sí. Estábamos ahí. Fidel le dio instrucciones a Ulises de salir de inmediato, pero de inmediato, media hora después, a buscar al Che, y llevarlo a Praga.

Volvimos al Losojo. A las preguntas.

—Oye —retomó Salvador—, ¿no es posible que este hombre haya leído algo sobre una escuela de entrenamiento que el PC argentino hizo acá en Cuba y se anotó ahí como si hubiera estado?

—Se ha publicado muy por encima. Apenas en uno o dos libros que salieron en los últimos años. Y ninguno de esos libros tiene el nivel de detalle de lo que él cuenta.

—Bueno… pero hay información que hoy se puede buscar en internet quizás…

—Sí —y de pronto se me ocurrió ir por lo más trivial que me

contó Orlando—. Te hago una pregunta de esa escuela… no sé si te acordarás. ¿Es posible que el Che haya organizado un gran asado para festejar una fecha patria de la Argentina?

—Sí, de ese asado me acuerdo. El Che había conseguido un cordero y lo hizo a las brasas como se hace allá.

—No me acuerdo si eso fue un 25 de mayo o un 9 de julio.

—Eso fue el 9 de julio de 1963 —contestó Salvador con seguridad. Memoria emotiva—. ¡Qué exquisitez!

—¿Y cómo puedo saberlo yo? Eso no salió publicado en ningún lado.

El silencio fue absoluto. Uno y el otro abrieron los ojos sorprendidos. Compartieron la certeza de caer en la cuenta de que había algo cierto. Seguí con la descripción que alguna vez me había hecho Orlando.

—El Che reunió a todos los argentinos en ese asado. Pusieron mesas alrededor, y a la cabeza, como en el centro, se sentó el Che.

—Sí —dijo Salvador—, lo recuerdo.

—Y al lado del Che se sentó Emilio Aragonés, uno de los hombres de más confianza de Fidel que algunos años después fue embajador en la Argentina.

—Sí, Aragonés estaba. Es cierto.

—Bueno, Orlando dice que el que estaba sentado al otro lado del Che era él. De un lado Aragonés y del otro lado él.

—Me acuerdo lo de Aragonés, y del asado. Y todo lo que dices fue así. Es verdad. Pero no me puedo acordar de este hombre.

54

Fue en la primera entrevista, el día que lo conocí. Esa primera mañana en el departamento de Caballito, César, Alberto Nadra y yo tomábamos mate y escuchábamos a Orlando contar de la época en que fue el Losojo. Nosotros no salíamos del asombro y tratábamos de hilvanar tiempos y sucesos. Era difícil, sobre todo porque ese día, y a pesar nuestro, lo desordenábamos con decenas de preguntas ansiosas que lo llevaban de acá para allá en el relato.

Ya habíamos descubierto el mate que fue del Che. César ya lo había comparado con el de la foto y la conclusión de que podía ser el mismo ya se había instalado entre nosotros. Alberto era el que más escuchaba. César y yo los que bombardeábamos a preguntas. Ya habíamos cambiado tres veces la yerba y esas mismas tres veces habíamos vuelto a calentar agua para seguir con nuestro mate. El que tomábamos, uno chiquito y de metal.

Terminaba esa que iba a ser nuestra primera entrevista cuando Orlando, que ya se había puesto de pie contó la anécdota. Esa no era una anécdota más, era LA anécdota. Porque contaba a un Ernesto Guevara poco conocido, porque lo ubicaba a Orlando muy cerca y en un plano de mucha intimidad. Porque era una situación comprometida. Porque parecía salida de una película. Y porque erizaba la piel.

Empezó con un comentario al pasar. Orlando hablaba de lo buena gente que era el Che, de lo recto que era, de lo honesto y noble de su personalidad. Pero también decía que los enojos que tenía eran de temer. Que al que le clavaba la mirada podía hasta temblar porque era duro e implacable como pocos.

Y quiso ejemplificar.

El relato nos llevó a la casa de seguridad en la que Orlando estaba con el Che y los hombres de su escolta. Era esa misma casa de la que tantas veces habló, con un portón negro al frente, con un gran fondo descubierto, con salida por dos calles que él supone en El Vedado. Siempre la misma casa, la que no pude individualizar en las primeras entrevistas del viaje a Cuba. En esa oportunidad acababan de traer a un "chivato". Un hombre que había dado información vital para el ataque de los contrarrevolucionarios. Orlando no recordaba bien cuál había sido ese ataque, porque entre 1962 y 1963, que es cuando ubicó la escena, hubo varias operaciones en contra de la revolución. Hasta un desembarco de tropas en Bahía de los Cochinos hubo, que también pudo ser.

El chivato se encontraba sentado en una silla frente al Che. Orlando estaba a un lado y era testigo. Harry Villegas Tamayo, Pombo, el jefe de la escolta de Guevara, completaba la escena. El Che estaba furioso. Caminaba de un lado a otro, indignado. El hombre lo había confesado todo. La información que le había dado a los contrarrevolucionarios, cómo había sido el contacto, desde cuándo colaboraba con ellos, todo. Nadie lo había torturado, ni presionado, nada. Lo sentaron frente a ellos y sin que mediara más que una pregunta, ante la mirada incendiada del Che, el tipo se había puesto a hablar.

Orlando dice que la tormenta se desató cuando se lo indagó por los motivos de lo que había hecho. Cuando el chivato admitió que todo había sido por dinero, el Che explotó. Se le plantó de frente. Lo miró a los ojos y le preguntó algo que Orlando recuerda más o menos así:

—¿Tú admites que has delatado posiciones, le has dado información al enemigo por dinero? ¿Tú sabes que esa información ha facilitado ataques y que en esos ataques ha muerto gente?

—Sí, Comandante —dijo el tipo, y nada más.

Orlando recuerda que en ese instante el Che giró hacia él y le dijo:

—Losojo, dame la Luger.

Orlando le alcanzó su propia pistola y no pasaron más que algunos segundos hasta que el Che lo ejecutó de un tiro.

Esa mañana, la de la primera entrevista en el departamento de Caballito, Orlando nos contó que unos minutos después se acercó al comandante y que por lo bajo le dijo que había cometido un error. Que lo había llamado "Losojo" delante de Pombo, y que nadie tenía que saber que él era el Losojo. Que para todos en ese lugar él se llamaba Fernando Escobar Llanos y que su otra identidad, la más secreta de todas, no tenía que ser expuesta por orden del propio Guevara. Orlando dijo que entonces el Che lo fue a buscar a Pombo y que lo llevó a un aparte.

—¿Has oído como le he dicho a este compañero? ¿El apodo que usé? Pues tienes que olvidártelo para siempre. Tú nunca has escuchado el nombre que usé.

Y que Pombo, leal y respetuoso, le dijo que por supuesto que sí. Que no le había prestado atención al apodo. Que ya se lo había olvidado.

Sí. Era LA anécdota. El mismo día que la escuché, volví a casa y busqué en internet para saber si Pombo estaba vivo. Es difícil olvidarse de una escena como esas si es verdad que la vivió. El de Pombo era el testimonio más importante a buscar. Por esa entrevista es que viajé a Cuba.

Tony me había abierto las puertas de un mundo que desconocía. Después de las entrevistas a Juan Carretero, a Salvador Prat y a Víctor Dreke tenía suficientes indicios que me daban a creer que la historia del Losojo de alguna manera era cierta. El asado que el Che organizó en la escuela de entrenamiento de los argentinos para el 9 de julio de 1963, que Salvador Prat recordó tal como me lo había descripto Orlando para admitir que esa anécdota no fue publicada jamás. El respingo que dio Carretero cuando le conté que el Che lo había enviado a París para que hiciera un reconocimiento operativo, cuando nunca se supo que el Che tenía pensado irse a esa ciudad en vez de regresar a Cuba, como paso previo a Bolivia. La seguridad del propio Carretero al decir que si no era a través suyo el contacto debió ser con el negro Ulises Estrada porque de otro modo la historia era falsa, y el descubrimiento que hice más tarde de las charlas que Orlando me dijo haber tenido en Praga con el marido de Tania, nada menos que el propio Ulises. Y la foto entre las negras africanas que Víctor Dreke identificó con un vestuario típico de una tribu de Tanzania, donde Orlando dijo haber estado. Sí, todos los indicios apuntaban a que la historia del Losojo era cierta. Pero lo que quedaba por saber era si fue tan íntima y tan intensa como Orlando la recordaba. Porque en ese punto fue que dudaron todos los entrevistados.

Por eso lo estratégico del encuentro con Pombo y de la anécdota que Orlando contó el día en que lo conocí.

Pero Pombo no estaba en Cuba cuando llegué. Había viajado a Chile para dar unas conferencias y recién volvió a la isla en la noche del viernes. El sábado no había estado localizable. Salió temprano de la casa y nunca atendió el celular. Mi vuelo de regreso salía a las dos de la tarde del domingo. Solo me quedaba la mañana de ese día para poder localizarlo. Tony me prometió que iba a hacer todo lo posible. Y con esa promesa me dejó en el hotel el sábado a la tarde.

Me quedé en el cuarto, en espera de un llamado de Tony que no llegó. Decidí cenar en el restaurante del mismo hotel para no alejarme del teléfono. Avisé en recepción dónde podían localizarme en caso de que alguien me buscara. Me senté y pedí una copa de vino y el menú que se ofrecía esa noche. Mayonesa de atún. Pollo grillado y ensalada.

El mozo trajo la copa de vino. Hay peores vinos que el de esa noche. Iba a dar el segundo sorbo cuando se me aceleró el pulso. El mozo venía directo a mi mesa con las manos vacías.

—¿Usted es el señor Marcos? Tiene un llamado.

Sí. Era Tony.

—Marcos, buenas noticias. El general Pombo nos espera mañana a las diez de la mañana en su casa. A las nueve te pasamos a buscar, vamos a lo de Pombo y de ahí directo al aeropuerto.

Cuando volví a la mesa, el vino estaba sabroso.

55

A pesar de que se encuentra a no más de seis o siete cuadras de la Plaza de la Revolución, la calle en la que vive Pombo no está en un sector turístico. Algunas casas bajas y despintadas, un par de edificios de pocos pisos con ropa colgada, un único coche desvencijado a mitad de cuadra, y la humildad que los cubanos lucen como una orgullosa bandera.

—Fíjate cómo vive en Cuba un general de la Nación —dijo Tony y golpeó la puerta de un departamento de planta baja en uno de los edificios. Con esa sentencia quería dejar en claro que los cargos militares para ellos no son un privilegio y que la honestidad y la austeridad en este caso eran hermanas.

Golpeamos otra vez y de adentro nos pidieron que aguardáramos un instante. Un soldado muy joven venía desde la esquina. Cuando llegó a nosotros nos sonrió, de un salto se trepó al pequeño balcón, metió la mano por una rendija y abrió una especie de ventanal por el que entró. Era el hijo de Pombo. Un segundo después abrió la puerta del frente y nos invitó a pasar.

El living era pequeño y alargado. De no más de tres metros de ancho por unos cinco de largo. Un lcd de veinticuatro pulgadas como mueble principal. Un sillón doble y otros dos individuales que se le enfrentaban, libros amontonados debajo de la tele, dos o tres pilas de cds, y nada más. El general Harry Villegas Tamayo, alias Pombo, estaba sentado en uno de los sillones y miraba una película vieja que daban en el cable. A su lado, apoyado sobre el sillón, un bastón que empezó a usar poco tiempo atrás, cuando se cayó y se golpeó duro, según nos dijo.

Se puso de pie para saludarnos. A mí me dio la mano y a Tony un fuerte abrazo. Pombo es más bajo de lo que supuse. Era el contraste entre la imagen del mito que sale en las fotos de la guerrilla al lado del Che, contra la del hombre más delgado y menos corpulento, que me invitaba a sentarme, con una sonrisa, en uno de los sillones individuales.

Quedó claro que para lograr que nos de la entrevista ese domingo a la mañana, Tony tuvo que explicarle de qué se trataba. Eso facilitó las cosas. Se acomodó, como todos los cubanos invitó café, y fue derecho al grano.

—Aquí estoy para ayudarlo en las dudas que usted tiene.

Empecé por el comienzo. Le conté como es que Orlando conoció al Che. El encuentro en Uruguay y su primer viaje a Cuba. Hasta que llegué a la casa de El Vedado en el que se alojó aquella vez y que no pudimos localizar con Tony ni con los otros entrevistados.

—...esa casona estaba en El Vedado, el nuevo Vedado, en Kholy... él no lo recuerda con precisión...

—¿Eso fue en el 61?

—No, ya era en 1962.

—No, entonces puede ser en Santiago de las Vegas, una casona vieja que estaba ahí en el campo.

—¿Y atrás había una zona descubierta, libre de construcciones?

—Había un área grande en la que se sembraba y teníamos una casita un poco más distante, casi a una cuadra. Había que salir, dar la vuelta en una calle, y ahí estaba la casita que pertenecía a la misma propiedad. Ahí era donde teníamos el armamento y algunas cosas de estas que el Che preparaba para mandar a Centroamérica. Era Pachungo el que se encargaba de eso. De llevarlo. Ahí, nosotros preparábamos el armamento, lo limpiábamos y le quitábamos la numeración.

—¿Y había un área que se podía usar como polígono?

—Sí, había un área que podía ser usada para eso. Pero nunca disparamos ahí, porque era una zona urbana todavía.

—¡Empezó a cerrar! —se entusiasmó Tony. Yo tenía ganas de saltar sobre el sillón y gritarlo como un gol.

—¿Dónde estaba esa casa?

—En Santiago de las Vegas, es yendo para el Rincón, después del aeropuerto. Pertenece al municipio de Boyeros. Era la finca más grande que había. Quedaba antes de llegar al santuario de San Lázaro. Ahí, antes del santuario había que doblar a la izquierda y te encontrabas con un portón grande, negro, que es por donde se entraba. Se caminaba un poco y había unas matas de mango. Detrás estaba la casa.

—Pero mira que no era un polígono de tiro —dijo Tony—. Había un espacio en el que se pudo armar uno, pero no se usaba como tal.

—Está claro y coincide —le aclaré—. Orlando vio ese espacio y dedujo que se podía usar como polígono, pero no dice haber visto a nadie disparar ahí. Dijo que detrás de la casona había un espacio que podía usarse como polígono.

—Había un espacio, sí —acordó Pombo.

—Y al frente un gran portón negro —dije yo y Pombo asintió.

—Es ahí, entonces —concluyó Tony. Y dedujimos que la confusión de Orlando se puede dar a que no estuvo en una casa, sino en dos. En la de Santiago de las Vegas, que recordaba Pombo y que es tal como Orlando la describe, y una diferente en El Vedado a la que pudo haber ido en otro momento. No sería la primera vez que Orlando se confundía de ese modo por el paso de los años. Y no sería la primera vez tampoco, que puesto a chequear lo que decía, me encontraba con que era verdad, a pesar de lo borroso o de lo impreciso que era el recuerdo del Losojo.

A Pombo le costaba escuchar un poco más que a los demás. A diferencia del resto de los entrevistados, hablaba lleno de entusiasmo y de dolores enterrados. Por momentos tenía dificultades para llevar una línea de tiempo en el relato porque se quedaba detenido en un detalle o en un enojo que lo desviaba a otro tema. Parecía chiquito y viejo, pero al hablar se inflaba y era otro. Como si funcionara con energía neumática.

Avancé con el relato de lo que contó Orlando. Lo veía asentir en silencio. De pronto me interrumpí. También a él me salió tutearlo.

—¿Lo conocés? ¿Lo recordás?

—No. Hasta aquí no.

Tony ya estaba metido en la historia al cien por ciento. Le contó a Pombo que tanto para Ariel como para Salvador eso de que el Che lo mandó a Orlando a explorar las fronteras de la Argentina con Bolivia, con Paraguay, con Uruguay o con Chile pudo ser cierto. Que no les constaba, pero que les resultaba creíble que el Che le hubiera dado esa misión.

—Lo que pasa es que cuando se va a hablar de la historia no se puede hablar de suposiciones, sino de hechos concretos —contestó Pombo con algo de fastidio.

—Bueno, General, por eso es que estoy aquí. Para chequear la información y ver qué es lo que cuadra y qué no —le respondí, y recién al oír la grabación semanas más tarde me di cuenta que en ese momento abandoné el tuteo para tratarlo de "general".

—No, no, no, está claro. Me refiero a lo de Ariel y Salvador. Sí, puede ser. O no. No todo lo que puede ser, fue.

—Eso está claro para todos.

Le conté entonces el enfoque que le pensaba dar al libro. Quería que le quedara claro por qué lado pensaba ir. Asintió y pareció acordar. Seguí adelante.

—Es que han pasado cincuenta años —admitió, comprensivo cuando le comenté que Orlando se confundía algunos de los nombres y los lugares.

Me pareció que tenía que ir al hueso. Se había vuelto a instalar el trato formal.

—El Losojo nunca habló de Ariel o de Juan Carlos. Pero sí me comentó que compartió algunas cosas con usted. Recuerda que no fueron amigos ni tan cercanos. De hecho, cuando lo nombra no dice: "Pombo se va a acordar de mí". Dice: "Espero que Pombo se acuerde de mí". Porque en varias de las charlas que tuvo con el Che en esa casona, usted estaba por ahí. Él está seguro de que usted lo vio.

—Sí, puede ser. Que yo estuviera por ahí, sí. Puede ser. Yo estaba. Ahora, no recuerdo el hecho de que ahí, en esa casona, estuviera con alguien en particular.

Tony le contó de las cosas que dijeron Ariel y Salvador. De lo que se acordaban. De la escuela del 63 que atendió Salvador y de los hechos que ratificaron y de los que no. Pombo escuchaba atento. Ya era uno más de los que ahora querían saber.

—Eso es otra cosa. No sabía que el Partido Comunista había enviado gente a entrenar aquí —confesó de pronto—. El Che nunca pensó en trabajar junto con la gente del Partido Comunista. Por eso es que cuando comenzó el armado de la guerrilla allá al que mandó a buscar fue a Ciro Bustos, que no tenía nada que ver con el PC.

El Che convocó a Ciro Bustos para que armara la logística y las líneas de abastecimiento en Bolivia. Bustos fue capturado junto al francés Régis Debray cuando salían de la base guerrillera. En su libro se defiende de la acusación que más le pesa: la de haber delatado al Che. Si hay alguien del que los cubanos hablan con desprecio, ese es Ciro Bustos.

Sigue Pombo.

—Lo de Masetti en Salta fue en 1961 o 62. Y después el Che lo mandó a llamar a Bustos para que agrupara la retaguardia en Bolivia en 1966. Lo que me importa es decirte que el Che no tenía pensado en contactar para eso al Partido Comunista de la Argentina. Y ahora hablo desde la lógica: debió contactar a alguno de esos cincuenta que vinieron a entrenar a Cuba. Pero no buscó por ahí. No. Insisto: estoy hablando de lógica, no de hechos. El Che debió haber buscado a alguien de ese grupo y no a Bustos. Porque Bustos era de la retaguardia del grupo de Masetti, y no había hecho las cosas bien.

—Es que las diferencias entre el PC argentino y el Che eran grandes —acoté a modo de aclaración.

—Es que todos los partidos latinoamericanos respondían a la línea de Moscú. Y la línea de Moscú era no guerrilla —se sumó Tony.

—Pero, volviendo… En la estructura de Salta estuvo dando vueltas Ulises. Yo no tuve que ver con ese armado. Porque el Che me decía: "Tú vas a ir cuando yo vaya. No antes. Tú vas cuando vaya yo". Eso sí estaba claro para mí. Por eso no conozco tanto de lo que pasó ahí. Pero sí que mandaron gente de mucho nivel. Yo sé que esa es una de las cosas que Ciro Bustos cuestiona en su libro. Que se haya enviado a Furry para armar la base, por ejemplo, y que él lo vio a Furry con un ataque de epilepsia. ¡Imagínate! Furry era uno de los hombres de más confianza de Fidel y de Raúl. Enviarlo a él para armar esa base fue de un compromiso muy alto de parte de la dirección de la revolución. Hasta hace muy poco fue Ministro del Interior de Cuba. ¡Imagínate! Y Bustos cuestiona eso.

El enojo con Bustos era grande. La charla resbaló en esa dirección, mientras yo intentaba que nos volviéramos a enfocar en el Losojo.

—Losojo no tuvo nada que ver con lo que pasó en Salta. Él no formó parte de ninguno de los grupos guerrilleros. Pidió ir a Bolivia, pero el Che le dijo que no. Le dio como misión atender una casa de seguridad que se había armado en Salta, y que ayudara en el reclutamiento de voluntarios para ir a pelear. Según el Losojo, no reclutó a nadie, porque para eso estaba Bustos.

—Yo reconozco que la intención del Che de agrupar a la gente de la Argentina tiene un primer momento que es cuando Tania fue a buscar a Bustos. La tarea de Bustos era contactar a todos los compañeros que habían tenido inquietudes de tomar el gobierno por medio de la lucha armada… Y cuando llegó donde estábamos nosotros, llegó todo cagado por problemas de carácter humano: que no había organizado su retaguardia, que no le había dejado dinero a la mujer, que tenía una hija… Estaba preocupado por todos esos elementos que lo presionaban a él. Y él lo presionó al Che con eso. Después empezó con que tenía que salir porque no sabía cómo iba a atender a su familia, que esto, que aquello… y volvió a presionar al Che para que le diera dinero. Si usted lee el diario del Che, ahí hay una parte donde habla de unos dos mil dólares. Me puso en duda a mí porque yo era el que administraba y él dijo que yo no se lo había dado. Eso se aclaró después. Hasta ahí puedo hablar del papel de Bustos…

Pombo bebió un trago de agua, juntó aire y continuó.

—Porque el vínculo que el Che tuvo con Bustos fue muy elemental. El mismo Bustos hace la historia de su vínculo en ese libro. Él cuenta lo difícil que era venir a Cuba y cómo los partidos comunistas bloqueaban a la gente para que no viniera. Y dice que a él lo bloquearon en la Argentina. Y que no le quedó otra alternativa para llegar a Cuba que ir hasta Colombia, y recién desde Colombia vino para acá. Que en Cuba también lo peloteamos. Todo esto es una autodefensa de Bustos. No es que fuera real. Es lo que él dice. Y que dentro de todas estas cosas en Cuba, él se fue a Oriente a trabajar y que ahí se encontró a una doctora que lo introdujo en la cuestión de la alfabetización. Y que recién después de eso el Che lo mandó a buscar. Dice que el Che no lo atendió, que le dijo "te veo después". Da a entrever una cosa de falta de organización y de informalidad de parte del Che para con él.

—Lo que es raro, porque si alguien era organizado, ese era el Che —acotó Tony.

—Ahora, ¿dónde entra mi cuestionamiento? Que si el Che había tenido este vínculo con este compañero que tú dices y ninguno con Bustos, ¿por qué convoca a Bustos y no a este compañero con el que tú aseguras que tenía tanta confianza?

—Entiendo lo que usted dice, General, pero para el Che este hombre tenía otras características, según lo que él cuenta. Su tarea era otra. Reclutar gente no estaba entre sus especialidades. Y lo que hacía, lo hacía solo. Por afuera del Partido Comunista.

—Lo que trato es de darte elementos para que veas dónde creo que hay cosas que no tienen lógica.

Tengo la sensación, casi diría la certeza, de que si no era por Tony me iba a resultar muy difícil llegar a Pombo. Por momentos se dirigía más a él que a mí, aunque hubiera sido yo el que había hecho la pregunta. Nunca dejó de ser cordial, y menos aún apasionado. Pero en todo momento sentí en él una especie de recelo, hasta diría que de temor, por lo que fuera a contar en el libro.

—Se han escrito muchas mentiras. Pero uno tiene que ser pragmático. No se puede prohibir que se escriba o que se publiquen cosas. Yo pienso que todo lo que se escriba sobre el Che, aunque sea ambivalente, es positivo. Porque hace que la personalidad y la figura del Che llegue a más gente. Aunque haya alguno que diga que era un hijueputa, pues entonces, coño, que va a haber muchos más que van a pensar "déjame ver qué decía, qué hizo, quién era". Y es bueno que se conozca más profundamente la vida y la obra del Che. Siempre es positivo, pienso yo.

—¡Yo también! —se sumó Tony.

Y ahí, creo, Pombo llegó al punto, a la espina que le molestaba.

—Pero hay que tener mucho cuidado. Es muy importante aclarar que el Che tenía su autonomía, y un grupo que trabajaba con él, y que a ese grupo se lo dio la revolución cubana por su vínculo con Fidel y toda esa cosa. Pero el Che era una persona muy disciplinada. No se puede perder de vista eso. El Che no conspiraba contra Fidel ni contra la revolución.

—Nadie dijo eso.

—No, pero esa es una cosa que hay que tener clara. Porque si el Che tenía cosas ocultas que no eran conocidas por los cubanos, y reconocemos que el que tenía con este hombre era un vínculo independiente… se puede llegar a pensar que el Che desconfiaba de los cubanos. Y ahí ya no… Hay que tener en claro eso, por cómo se puede interpretar.

—Sí, pero, según cuenta el Losojo, el Che le presentó a Fidel.

—¿Cómo?

—Una noche, cuando estaba en la escuela, lo llevaron a uno de los encuentros nocturnos que tenía con el Che. Pero ese día él notó movimientos extraños, como una agitación que no era usual, y vio gente que no conocía. Él recuerda que se inquietó, pero que el Che se divertía. De pronto se abrió la puerta y entró Fidel. El Che le dijo: "Fidel, te presento al hombre invisible". Y Fidel se dio vuelta y le hizo un chiste: "¡Cómo quieres que lo salude si no lo veo! ¡Es invisible! ¡No lo puedo ver!", le decía mientras el Losojo, que se había parado para saludarlo, se quedó ahí pagando con la mano extendida.

—Ah, bueno. Eso ya es otra cosa —dijo Pombo.

Y como era de esperar, a partir de ese instante todo se relajó más. Sentí que era el momento indicado para ir a fondo.

—Él dice que una de las personas con las que se cruzó en Cuba fue usted. Su seudónimo era Fernando Escobar Llanos. Me gustaría mostrarle las fotos que traje.

Miró las imágenes en silencio. Como si pensara. Como si tratara de recordar.

—No. No… es cierto que yo estaba en la escolta ahí. Pero no lo recuerdo. ¿Sabes con cuántos hablaba el Che? Uf… No… no me acuerdo de él. Yo te puedo hablar de la casa en la que estábamos, de que teníamos ahí armas que limpiábamos para enviar a otros grupos… hasta ahí es que yo puedo decirte. Lo otro, esto que tú me cuentas… no. Pero te digo de nuevo, lo que me llama la atención es que si el Che tenía este vínculo personal con él, después mandara a recoger a alguien como Ciro Bustos, que tenía que haber hecho el trabajo en la retaguardia y no cumplió.

—General, aquí traigo una grabación que le envía este hombre. Es un saludo. Me gustaría que lo escuche.

—Ah, ¡eso no lo sabía! —se rio Tony—. Te la tenías guardada.

Le alcancé a Pombo el celular en el que, antes de viajar, le había pedido a Orlando que le grabara un saludo a Pombo. El general se lo pegó al oído. La voz de Orlando era nítida y clara, pero solo él la podía escuchar:

"Querido compañero Pombo. Te habla el llamado Hombre Invisible. El colaborador invisible del Che. Quizás es muy difícil que te acuerdes de mí. En aquel tiempo mi seudónimo era Fernando Escobar Llanos. Y era el que dirigía la escuela de los cincuenta argentinos. Y me acuerdo también que por orden del Che su escolta también hizo esa escuela. Lo que no recuerdo es si vos estabas en ese momento en la escolta del Che o te sumaste después.

"Lo que te digo está verificado. El compañero que te va a entrevistar está tratando de chequear todas las cosas que le he contado. Y también ya se sabe que hubo un grupo de cincuenta argentinos que fueron a entrenar a Cuba enviados por el PCA.

"Hay otro pasaje de esta historia, que no sé si lo recordarás, que es un pasaje que traté de borrar de mi vida porque lo sufrí mucho. Me refiero al África. Vos estuviste en África. Creo que nos vimos allá en un momento. Pero no tengo muchos momentos gratos del África por el sufrimiento mío allá.

"Bueno, querido compañero, querido camarada… No sabés qué contento estoy de que acá Marcos me haya podido facilitar que te envíe este saludo y todos estos recuerdos. Un abrazo de compañero. Un abrazo comunista. Y un abrazo para toda tu familia y para todos los compañeros que hoy puedan recordar a ese hombre que era el hombre invisible del Che. El hombre que adoptó el nombre de Fernando Escobar Llanos. Por supuesto que no me llamo así."

Pombo no tuvo una reacción en particular después de escucharlo a Orlando. Me devolvió el celular, lo miró a Tony, después a mí. Y nos dijo que no se acordaba de él. Sin más vueltas. Ni por las fotos, ni por el saludo que acababa de escuchar.

El reloj había avanzado más rápido que de costumbre y me tenía que ir al aeropuerto. Los últimos coletazos de la conversación eran esos. Sobre todo porque a Pombo le había quedado picando algo y necesitaba hablar un poco más.

—En cuanto a esto, no sé… son cosas muy genéricas. Fíjate que asegura que estuvo en África, pero no de manera tan comprometida. Que no, que sí… a lo que dice este hombre me refiero. Tú no lo puedes encontrar en nada de lo que el Che ha escrito. No hay nada.

Hay detalles que yo no conozco. Ahí puede saber más Ariel porque su lugar fue más estratégico que el mío. Me refiero a lo de Francia, a Praga y eso. Son cosas de las que no conozco tanto.

"De lo que yo puedo hablar, por ejemplo, es de nuestra salida de África… porque nuestra salida fue diferente. Cuando estábamos ahí, el Che habló con un grupito de nosotros y nos propuso seguir con él. Éramos Papi Martínez Tamayo, Tuma y yo. Nosotros no salimos como los demás. Nosotros fuimos a París, de ahí a Moscú, y de Moscú volvimos a Cuba. De Cuba viajamos a Praga y ahí nos reunimos con el Che. El Che estaba en Praga con José Luis, que era nuestro oficial operativo ahí. Primero estuvo en un apartamentico, y después le consiguieron una casa allá por los lagos. Una finquita.

"Mientras estuve yo en Praga, este hombre no se vio con el Che. Mientras estuve yo ahí, el Che salió una sola vez a comer a un restaurante. El Che no era un comemierda. Era un conspirador. Se compartimentaba. Tomaba todas las precauciones. No se regalaba. Y esa vez, para salir a comer se tomaron todas las precauciones. Después mientras estuvimos ahí, salía a caminar dentro de la finquita para mantener las piernas, pero más nada. Ahí nos separamos. Compartimentó. El salió con Pachungo y el Tuma y nosotros salimos por otro lado. Porque hasta último momento él no iba a volver a Cuba. Hasta la última carta en la que Fidel lo convence de venir para acá, él no quería volver.

"A mí me parece bien que vayas a publicar esta historia. Pero no te puedo decir que todo lo que dice este hombre sea verdad.

"Ahora… yo estoy de acuerdo contigo en tratar de esclarecer esto. Pero no creo que llegues a esclarecerlo al cien por ciento. Porque fíjate el seudónimo que dice este hombre que ha tenido: 'El hombre invisible'. Pues entonces es invisible, ¿entiendes? Fíjate esto que tú me has contado de que Fidel lo vio como invisible… Pues es que era invisible entonces."

—Está bien… —ya estábamos de pie, ya me estaba por ir, las cosas eran cordiales, simpáticas pero apresuradas.

—Entonces, te lo digo: si es invisible, pues acepta la invisibilidad de este hombre. Yo no recuerdo haberlo visto ahí, pero bueno, él dice haber estado.

—Eso quiere decir que usted nunca oyó hablar del Losojo o mencionar al Losojo.

—No. Pero fue hace muchos años. Uno va perdiendo también la memoria.

—General, ¿es posible que el Che le haya pedido que no se acuerde, y por eso es que no se acuerda de él?

—Y, eso es posible, sí... Pero fíjate que no fue una conversación mía. Yo estaba en ese entorno porque yo era el jefe de la escolta del Che. Pero yo no tuve una conversación con él.

—Si hubiese una situación equis, una situación difícil que les tocara vivir juntos en la que usted escucha que el Che nombra a una persona como "Losojo", y después el Che le pide a usted que se olvide del apodo que usó para llamar a ese hombre. Hoy, ¿usted me lo contaría? ¿O se habría olvidado?

—No, no, si me acuerdo te lo cuento.

—Pero no se acuerda.

—No. Para mí no ha ocurrido. Han ocurrido muchas otras cosas, me acuerdo de un montón de boberías. Pero de algo así, no.

De la casa de Pombo nos fuimos directo al aeropuerto. Nos dimos un abrazo con Tony y con Fernando. Nos prometimos seguir en contacto.

Y me fui de Cuba.

56

El febrero de 2016 fue el más caluroso de los que tenga memoria. Orlando llegó esa mañana de jueves, bañado en transpiración aun cuando no habían pasado más que unos minutos desde que salió de su casa recién bañado para la que —le prometí— iba a ser nuestra última entrevista.

Nos saludamos con un abrazo, como cada vez. Pidió un café, a pesar de lo sofocante del clima, se alistó para escuchar mis noticias de Cuba y, tal como se lo había adelantado, para despejar las dudas que me había traído después de las entrevistas que hice allá. Orlando se veía feliz esa mañana. Hasta exultante, podría decir. Me contó que acababa de jubilarse, por lo que ahora tenía tiempo libre, y que pensaba dedicarse a hacer algún taller literario y retomar el hábito de la escritura.

Empecé por contarle de las entrevistas a Tony, Víctor Dreke, Juan Carretero y Salvador Prat y de lo que había podido averiguar allá.

—Que yo recuerde... no los conocí.

—Bueno, ninguno te recuerda tampoco. Pero Juan Carretero, por ejemplo, estaba en Bolivia cuando vos hacías la escuela del 63 en Cuba. Ahora... al que sí tuviste que conocer es a Salvador Prat. En ese momento se hacía llamar Juan Carlos. Él era la persona que atendía esa escuela.

—Juan Carlos... Juan Carlos... —repetía el nombre por lo bajo... lo masticaba... no lo podía encontrar—. Ese Juan Carlos ¿no era Wilfredo Ruz?

—No. Nadie oyó hablar nunca de Wilfredo Ruz.

—Bueno, yo allá no era Orlando tampoco. Era Fernando...

—Nadie oyó hablar de Fernando Escobar Llanos. Ni de Wilfredo Ruz.

En ese momento giré la computadora y le mostré las fotos de Salvador Prat, de Juan Carretero y de los demás. Las miró con detenimiento. Se hizo un silencio profundo. Y volvió a insistir con que no los recordaba. Me guardé para ese momento una estocada. Quería ver cómo le caía la confirmación de que había podido localizar a Pombo.

—En esta foto está Pombo en el exacto momento en que escucha el saludo que le enviaste.

—Yo creí que Pombo iba a estar más viejo... ¿cuántos años tiene?

—Setenta y cuatro.

—¿Pombo se acuerda de mí?

—No. Nadie se acuerda de vos.

—Claro, si yo era el hombre invisible.

—Ninguno se acuerda de vos. Todos admiten que es posible que la historia sea cierta, pero a nadie le consta. A ninguno le cayó bien lo que les fui a contar, y se mostraron tensos porque les molestó la posibilidad de que se contara que el Che hizo cosas a espaldas de ellos, o de Fidel.

—Pero Fidel sabía.

—En el momento que se los dije, se relajaron. El punto es que todos confirman que en el relato hay datos que nadie conoce. Eso les abrió la puerta a creer que la historia del Losojo podría tener algo de cierto.

—¿Le preguntaste a Pombo por la finca de El Vedado? ¿Te pudo decir dónde era con exactitud?

—Empecemos por ahí. Recorrimos toda la zona de El Vedado, Nuevo Vedado y Kholy. Los tres barrios que están uno pegado al otro. Esa finca que vos describís no existe. Y según me dicen, ahí nunca hubo espacio para una casa que pueda tener en el fondo una especie de polígono de tiro o un espacio libre para que se pueda pensar que es un polígono. Esa zona es superpoblada. Hubo varias casas de seguridad o de protocolo ahí. Eso sí. Pero como la que vos describís, no.

—¿Entonces?

—Pombo habló de otra casa. Que se parece a la que contás vos, pero no está en esa zona sino en otro lado de La Habana, detrás del aeropuerto, en un barrio que se llama Santiago de las Vegas. Esa casa sí tenía un gran portón negro al frente. Estaba cerca de la carretera y después de entrar te topabas con unas matas de mango. Detrás de esas matas estaba la casa...

—Sí, era así. Y detrás había como un descampado grande...

—Entonces no era en El Vedado. Era en Santiago de las Vegas.

—... ya no lo recuerdo eso... ¿Y tenía muchas habitaciones? Porque ahí dormimos cuando llegamos en el 63, antes de ir a Campo Cero a entrenar...

—No. Pombo me dijo que era una casa pequeña, con algunas pocas habitaciones. Que nunca pudieron dormir ahí cincuenta personas.

—Entonces no...

—Ahí está el punto. Una casa, la que vos describís, puede ser esa. Y no está en El Vedado. Ahora, casas en las que alojaban a la gente que llegaba de toda América Latina para ir a las escuelas sí había en El Vedado. Y había varias casas de ese tipo ahí. Pero no son como la que describís vos. ¿Qué posibilidades hay que fueran dos las casas? Porque el Che tampoco usaba esas casas de El Vedado. Él se podía quedar en la de Santiago de las Vegas, que era la que usaba con su equipo.

—Puede ser, puede ser... No me acuerdo bien. De lo que sí estoy seguro es que hubo una casa con muchas habitaciones porque ahí nos alojamos para esperar a que llegaran todos los que después nos fuimos a Campo Cero a entrenar. Y éramos cincuenta en total, así que se necesitaban muchas habitaciones... Hasta que llegó el último, ninguno salió de la casa. Estábamos todos ahí.

—Pero entonces no era la misma que tenía el campo de tiro atrás.

—Es que el campo de tiro lo improvisamos nosotros... Y me acuerdo que se entraba por dos calles. Entrabas por ese portón negro. O podías seguir toda una cuadra y había otra entrada por atrás...

—¿Puede que no sean las mismas casas de las que estamos hablando? ¿Es posible que sean dos?

—Sí, puede ser. Ya no me acuerdo tanto.

—Otro tema: En Tanzania, en Praga... Vos no te encontrabas con el Che. Pero estabas ahí. ¿Correcto?

—Sí, correcto.

—¿Y cómo se comunicaban? ¿Cómo te hacía llegar las órdenes o vos a él las informaciones?

—En principio siempre tenía un enlace que era un negro grandote que estaba con Ernesto. Después lo cambiaron y se fue de Praga porque era tan vistoso que llamaba mucho la atención. Con ese era con el que más contacto tenía. Después hubo otro... no me acuerdo bien el nombre, creo que era un tal Gutiérrez o algo así. Pero con el que yo más me conectaba era con el negro.

—¿Te acordás cómo se llamaba?

—Uh... no... ¿Estrella? Algo así creo que era... Estrella...

—Estrada.

—¡Sí, claro! Estrada se llamaba. ¡Sí! ¡Ulises Estrada! ¡Eso es!

—¿Y en África? ¿Cómo te comunicabas?

—Te pido que te olvides de África. No quiero hablar de eso. La pasé muy mal ahí.

—¿Por qué?

—Por qué la pasé muy mal en serio.

—¿Por la derrota?

—No. Yo la pasé mal. La pasé mal físicamente. Estuve muy enfermo. Mucha fiebre. Me deshidraté. ¡En media hora me deshidraté!

—La carta de Mobuté que está entre los escritos que me diste... es una carta en la que cuenta que el Che fue con sus hombres a ver al jefe de una tribu y vos estabas en una carpa enfermo y pasó a saludarte...

—Sí.

—¿Es verdad? ¿O es literatura?

—Es literatura mía.

—Hace un tiempo me dijiste que era verdad.

—Pero Mobuté no escribe así. Que hablé con Mobuté por supuesto. Pero él no escribe así. Mobuté no hablaba español sino en swahili. Yo hablaba un francés no del todo limpio... No. Eso lo escribí yo.

—La carta la inventaste. ¿El hecho que cuenta también?

—No. Eso sí pasó. Hay algo de cierto. La carta es falsa, pero que yo estaba con fiebre, enfermo cuando pasó el Che... sí, eso es verdad. Y que él entró a verme y a hablar conmigo también.

—El hecho es cierto. La carta es falsa.

—Exacto.

—Igual que el cuento en el que los negros les quisieron robar la comida y las armas.

—Sí. Ahí hay más cosas que son falsas.

—¿Pero eso sucedió o no? Porque me habías dicho que sí.

—Sucedió, pero de otra manera.

—¿Cómo fue?

—Fue así hasta la mitad. Eso de que yo agarro a los negros y los quiero prender fuego es literatura… Hubo un tiempo en que quise escribir un libro sobre África e inventé un par de personajes. También conté cosas que pasaron de verdad, ¿no? Bueno…

—La casa que alquilaste en África, en Dar es-Salam… El Che no vivió ahí con vos.

—No. Él estaba en la embajada. Pero no quiero hablar de África.

—¿Y en qué momentos estuviste con el Che? Porque en Praga no se vieron, en África casi no se cruzaron… todas las historias que contás con él. ¿Dónde sucedieron?

—Muchas veces en Cuba. —Se quedó en silencio, empezó a repasar todo de nuevo: cómo lo conoció en Uruguay, cuando fue a Cuba…—: Sí, claro, también en Uruguay. En Uruguay también la vi a Celia, la mamá del Che… Pero con él sobre todo en Cuba. Eso tengo en claro las veces que iba y venía a verlo cuando estuvimos allá.

—Los textos de Losojo… ¿también son literatura? Ahí decís que es un relato autoficcionado… ¿qué parte es ficción y en qué parte se cuentan hechos reales?

—La mayor parte de las historias son verdad. El entrenamiento en Cuba, el grupo de los cincuenta, Campo Cero, mi encuentro en Uruguay, el viaje de mi hermano allá adonde lo conoció… todo eso es verdad.

—¿Y esa experiencia en la que te llevan en un Jeep y te dejan en un pueblo para ver si podés volver?

—Eso también es verdad.

—Que volvés y te metés en una zona de pantanos donde suponés que te podría haber mordido un cocodrilo.

—Exacto.

—No hay cocodrilos en esa zona, Orlando. Me dijeron que los más cercanos están en Matanzas, a doscientos kilómetros.

—¿Y cómo podía saberlo yo? Vi el pantano y me dio miedo de que me mordiera uno. Yo qué podía saber que ahí no había. Nunca dije que lo haya visto.

—Está bien, es cierto. —No se enoja al contestar. Pero por momentos se repite y vuelva a caminar sobre territorios de la historia que supone más seguros—: ¿Y el cruce con Fidel sucedió?

—Sí.

—Una de las cosas que me dijeron en Cuba es que el viaje que recordás haber hecho desde El Cairo hasta Tanzania en Land Rover era imposible para esa época. Porque no había caminos.

—Sí, había caminos. Ese viaje es cierto. Fue un viaje que hice bordeando el Nilo. Por supuesto que no es la carretera que debe haber hoy. Pero caminos había. En zonas era de ripio o de tierra, pero había. Sí. Y lo tuve que hacer de noche. Porque de día es imposible ir.

—Cuando nos conocimos, la primera vez que fuimos a tu casa con Alberto y César, nos contaste una escena que te tocó vivir en Cuba con el Che, de la que Pombo fue testigo. Era una escena muy fuerte, no sé si te acordás…

—A ver…

—Habían traído a un hombre que había dado información para un atentado… Y cuando el tipo confesó el Che te dijo "Losojo, dame la Luger". Vos le diste tu arma, el Che le disparó, y después vos le fuiste a decir que no debió llamarte "Losojo" delante de Pombo.

—Hay una parte que es cierta, sí.

—¿Qué parte no es cierta?

—El Che no lo mató. Le apuntó, sí. Pero no lo mató.

—Preferís decir eso ahora para protegerlo.

—Como quieras creer. Pero que el Che me llamó Losojo delante de Pombo sí, es cierto.

—Pombo no se acuerda.

—Y hace bien. Es lógico que se haga el boludo. Está muy bien. Y no ante vos. Ante cualquiera que le pregunte cosas delicadas. Está resguardando a Cuba y al Che. Está perfecto.

Miró el reloj. Me dijo que se tenía que ir porque se le iba a hacer tarde para abrirle a la señora que iba a limpiarle el departamento. Le pedí entonces los últimos diez minutos. Le conté cómo pensaba enfocar el libro y a quiénes había entrevistado. De alguna manera le resumí cómo iba a quedar para mí la historia que empecé una mañana de septiembre de 2014 en su casa y que terminaba con esa entrevista, un año y medio después.

—¿Sabés qué, Orlando? No existe ninguna prueba documental de lo que contás. Pero tengo muchos indicios que me dicen que la historia es cierta. Te lo digo con toda claridad: yo creo que la historia del Losojo es cierta. Pero entiendo que no fuiste tan importante para el Che como vos lo contás. Sí creo, y no me caben dudas de eso, que para vos fue muy importante lo que hiciste. Comprendo por qué te marcó la vida para siempre. Pero una cosa es el lugar que el Che y la revolución ocuparon para vos. Otra diferente es el lugar que vos ocupaste para ellos. Y ahí siento que no tuviste un lugar tan estratégico ni tan importante como el que preferís contar.

—Es posible. Es posible que yo no haya sido tan importante para él. Sí.

—Insisto: alguna vez me dijiste que vos para él eras muy importante. Y que tenían una cierta intimidad y confianza, no solo por lo que hacías, sino por el hecho de ser argentino. Bueno, creo que no. Creo que no fue así. Entiendo que necesites sentirlo así. Hasta lo justifico. Pero no creo que haya sido así.

—No, bueno, yo pienso diferente. ¿Qué querés que haga?

—Nada. Es lógico. Si no, no te hubieras jugado la vida.

—¿Entendés que, además de jugármela, viví clandestino? ¿Y que después fui sancionado por eso en el PC? ¿Entendés que me quedé solo y aislado?

—Sí. Es muy claro. Pero una cosa es lo que vos hayas sentido. Y otra el lugar que ocupabas dentro del aparato o de los planes del Che.

—Bueno, sí. Eso es cierto. Lo veo así. Al lado de la gente que trabajó con el Che, me veo minúsculo. Sí.

—A lo que me refiero es que Carretero era el segundo de Ulises Estrada. Por las manos de ellos pasaba todo lo que el Che tenía pensado hacer o lo que hacía. Lo mismo respecto a Salvador Prat y a otros que trabajaron con el Che y Piñeiro. Al lado de ellos, tu labor termina siendo como un puntito allá a lo lejos.

—Puede ser.

—Entendeme que eso no quiere decir que haya sido poca cosa. Es claro que fue muy importante para vos. Y algunas cosas que hiciste me parecen admirables, no sé si cualquiera se anima. Pero trato de ajustar los hechos a su medida.

—Está bien. Yo también lo veo así. Ahora discúlpame, pero me tengo que ir. Está por llegar la señora que viene a casa a limpiar y le tengo que abrir sí o sí.

Nos despedimos con un abrazo, como siempre.

Buenos Aires, 24 de febrero de 2016

ÍNDICE

Marcos Gorbán nació el 7 de noviembre de 1968. Es periodista y productor de televisión. A lo largo de su carrera en los medios argentinos, fue el productor responsable de seis ediciones de "Gran Hermano", cuatro de "Operación Triunfo" y tres de "Talento Argentino" en Telefé, entre otros programas de entretenimiento. Desde 2011 dirige Sinapsis Producción, empresa de formatos y contenidos televisivos con la que trabajó en Perú, Colombia, México y Estados Unidos. Desde 2013 es el productor general de "Combate", programa juvenil que se emite por Canal 9 de Argentina, y el creador de varios formatos de entretenimiento y de no ficción.

Casado y con dos hijos, Gorbán es titular de las cátedras de Televisión y de Producción Audiovisual de la Universidad de San Andrés, y ha dictado conferencias y cursos de capacitación en casi todas las universidades argentinas. Ha publicado el libro de cuentos *Pura coincidencia* (2008) y *Nominados, la historia secreta de Gran Hermano* (2012). *Los ojos del Che* es su tercer libro.

losojosdelche@gmail.com
@mgorban